Kein historischer Bericht, keine Chronik zeigen die Weimarer
Republik und die Zwischenkriegszeit klarer, hellsichtiger und
vielschichtiger als die Gerichtsreportagen von Gabriele Tergit. Diese
Arbeiten, die Tergit ab 1924 u.a. für das Berliner Tageblatt und die
Weltbühne in der ihr eigenen literarischen Sprache verfasste, bilden
das Herzstück ihrer journalistischen Arbeit. Sie verstand den
Gerichtssaal als Bühne, auf der sich bei jeder Verhandlung ein neues
Stück abspielte. Dabei interessierte sie vorrangig der sonderbare
Einzelfall, der interessante, merkwürdige, tragische Charakter des
Tatbestands und der Angeklagten. Und doch beobachtete sie in
jedem Fall, der bei Gericht verhandelt wurde, stets das Ringen der
gesellschaftlichen Kräfte im Hintergrund, die soziale Misere, die die
Menschen erst zu verbrecherischen Taten treibt.

GABRIELE TERGIT (1894–1982), Journalistin und Schriftstellerin,
schrieb drei Romane, zahlreiche Feuilletons und Reportagen
sowie posthum veröffentlichte Erinnerungen. 1933 emigrierte sie
nach Palästina, 1938 zog sie mit ihrem Mann nach London.
Von 1957 bis 1981 war sie Sekretärin des PEN-Zentrums
deutschsprachiger Autoren im Ausland.

Gabriele Tergit

Vom Frühling und von der Einsamkeit

Reportagen aus den Gerichten

Herausgegeben und mit einem Nachwort
von Nicole Henneberg

btb

Sollte diese Publikation Links auf Webseiten Dritter enthalten,
so übernehmen wir für deren Inhalte keine Haftung,
da wir uns diese nicht zu eigen machen, sondern lediglich auf
deren Stand zum Zeitpunkt der Erstveröffentlichung verweisen.

Penguin Random House Verlagsgruppe FSC® N001967

1. Auflage
Genehmigte Taschenbuchausgabe Januar 2023
btb Verlag in der Penguin Random House Verlagsgruppe GmbH,
Neumarkter Str. 28, 81673 München
© Schöffling & Co. Verlagsbuchhandlung GmbH,
Frankfurt am Main 2020
Lizenzausgabe mit freundlicher Genehmigung
Umschlaggestaltung: semper smile, München, nach einem Entwurf
von Schöffling & Co. unter Verwendung einer Zeichnung von
Jeanne Mammen, © VG Bild-Kunst, Bonn 2022
Druck und Einband: GGP Media GmbH, Pößneck
cb · Herstellung: sc
Printed in Germany
ISBN 978-3-442-77251-3

www.btb-verlag.de
www.facebook.com/btbverlag

Vom Frühling und von der Einsamkeit

Die Sittlichkeit auf der Leiter

Ein junger Galizianer J., klein, schnodderig und tüchtig, hatte ein Wohn- und Schlafzimmer bei zwei Damen G., Beamten- oder Offizierstöchtern die in der Mitte der vierzig stehen, gemietet.

Die G.s wollten den J. aus der Wohnung haben, um anderweitig zu vermieten. Als Grund der Exmissionsklage gaben sie an, dass J. Damenbesuche erhalten habe, im Wesentlichen von Fräulein St., die seit fünf Jahren als seine Braut gilt. Vor dem Mieteinigungsamt wird sie gefragt, ob sie jemals die ganze Nacht über bei J. geblieben sei. »Nein, wohl bis 10, 11 Uhr«, sie habe ihm im Geschäft geholfen, aber nicht die Nacht über. Nur darum hatte es sich vor dem Mieteinigungsamt gehandelt. Was bis 11 Uhr geschehen, war gleich. Die Klage wurde abgewiesen. J. blieb wohnen. Fräulein G. aber hat sie beobachtet. Nun steht Fräulein St. des Meineids angeklagt vor dem großen Schwurgericht in Moabit. Sie ist 30 Jahre alt, das richtige süße Mädel, mit blonden Locken, unvorbestraft, eine fleißige Angestellte, eine treue Tochter.

Die Angeklagte, die voll Scham ihr Verhältnis zögernd zugibt, bleibt bei ihrer Aussage. Sie sei mit dem J. verlobt.

J. tritt auf. Vors.: »Sind Sie mit der Angeklagten verlobt?« J.: »Nein« – er verbessert sich, er habe die Absicht, sie zu heiraten. »Ja, ich hatte auch andere Damenbesuche.«

Nun kommen die Fräulein G. Die eine ist mager und groß, mit einer langen, dünnen Nase und kenntnislosen, erstaunten Augen. Mit dem Faltenrock, der bis zum Boden reicht, dem langen englischen Mantel, dem Stehkragen die Verkörperung der sittlichen Entrüstung. Die Schwester ist fett mit einem Mops-gesicht.

Die G. und der J. sind Angehörige zweier Planeten, gezwungen durch die Wohnungsnot, Tür an Tür zu hausen. Fräulein G. sah J. und seine Braut im Bett liegen.

Vors.: »Wie konnten Sie das beobachten?«

Zeugin: »Durch die Scheibe.« Vors. »War die so niedrig?«

In dem feinen Deutsch des gebildeten Bürgertums erzählt die Dame: Die Tür hatte Oberlicht. Sie nahm sich eine Leiter um Mitternacht, die Nachttischlampe brannte, und sie erkannte die St. Die andere G. ist dabei laut auf und ab gegangen, damit das Aufstellen der Leiter nicht gehört werde. Diese Beobachtung aber haben sie nicht dem Fräulein St. vorgehalten, nicht vor dem Mieteinigungsamt erwähnt. Sie haben davon geschwiegen. Dann aber sind die G. umhergegangen und haben Zeugen gesucht.

Einen Säufer, einen längst entlassenen Portier, suchen sie nach vier Jahren auf. Einem Arbeiter haben sie auf seine Antwort, er habe öfter früh eine Dame aus dem Haus kommen sehen, gesagt: »Sie können ruhig sagen, dass es die St. war, denn sie ist es gewesen.« Eine Portiersfrau sah die St. drei-, viermal im Jahre 1920 frühmorgens das Haus verlassen. Die vergrämte Mutter der Angeklagten tritt für ihr Kind ein, nie sei sie die Nacht weggewesen, sie »hofft«, der J. werde sie heiraten.

Die Lebenserfahrung spricht dagegen, so führt der Staatsanwalt aus, dass bei einem fünf Jahre dauernden Verhältnis die St. nie nachts da blieb. Das eidliche Zeugnis der G.s und der Portiersfrau zeigt sie des Meineids schuldig. Auf der Heiligkeit des Eids beruht die Rechtspflege. Er beantragt zwei Jahre Zuchthaus, den bürgerlichen Tod.

Die Geschworenen erkennen auf schuldig und sechs Monate Gefängnis. Die Verurteilte schreit auf. Die Mutter stürzt sich verzweifelt auf die Damen G. Der Geliebte, der offensichtlich Angst vor dem Standesamt hatte, will nun das Geschöpf, das aus Scham einen Meineid schwur und nun in hilfloser Angst vor dem Gefängnis schreit, stützen.

Die beiden Fräulein G. gehen, überzeugt von ihrer Tugend, erhobenen Hauptes davon. Wo aber steht in dieser Weibergeschichte das Erlebnis, das die Fräulein G. zu dem machte, was sie sind, das sie aufstehen hieß, die dürren Verwelkten, gegen das Leben?

(BBC, 3. Oktober 1924)

Der Mann, der die Zeit verstand
Der Hochstapler Oertel-Eggloffstein

Er wurde 1894 in Dresden geboren. Sein Vater, Freiherr von und zu Egloffstein, war völlig degeneriert, krank, hatte eine krankhafte Liebe zu Tieren, war leichtsinnig und füllte den kleinen Zollbeamtenposten mehr schlecht als recht aus. Er legte den Adel ab und nannte sich Oertel. Also von Blut entartet, wächst der Sohn heran, ein Sorgenkind von früh auf, versagt bereits auf dem Gymnasium, schwindelt, lügt und niemand hält ihn, rings um ihn ein entarteter[1] Stamm. Eine geisteskranke Tante überschüttet ihn mit Geschenken, mit Geld, da bricht er, ein halbes Kind noch, bei ihr ein, er soll in Fürsorgeerziehung kommen, der unvernünftige Vater verhindert es. Seine Zerfahrenheit, seine Unstetheit nimmt immer mehr zu, er hält es auf keiner Lehrstelle aus, ist Automobilbesitzer, Reitlehrling im Zirkus, er kennt kein Pflichtgefühl, verlässt sich auf die Tante, die immer wieder Geld gibt, bis der Siebzehnjährige 15 000 Mark als Erbschaft erhält. Ein Vagabund, reist er umher, taucht überall im Reich auf, in Wien, auf dem Balkan. In München lernt er ein Barmädel kennen, völlig ohne Voraussicht, impulsiv und spontan fährt er mit ihr nach London, lässt sich dort trauen. Die Familie entzieht ihm mehr und mehr ihre Hilfe. Die Krankheit kommt hinzu. Im Kriege ist er Armierungssoldat. Dass man sich im Allgemeinen auch durch Arbeiten ernährt, scheint ihm unbekannt. Er lebt vom Schwindel.

Nicht wie wir begnügt er sich mit *einer* Maske sein Leben lang, sondern trägt immer neue Gesichter, wandelt sich in immer neue Gestalten. Er ist der Fliegerleutnant Baron von Lüttichau für Bankdirektoren; Dollaramerikaner für Gräfinnen, die ihre Wohnung vor der Beschlagnahme retten wollen; amerikanischer Arzt für den Apotheker; Baron Egloffstein für kleine, liebende Mädchen; der drohende Beamte für Steuerhinterzieher; und so dicht ist die Haut, in die salamandergleich er schlüpft, dass er sie für angewachsen hält:

»Die beiden Brüder Eppstein haben mich, als preußischen Offizier, so geärgert, dass ich sie betrügen wollte«, sagt er. »Wie«, erwidert der Vorsitzende, »Sie sind doch gar kein preußischer Offizier. Sie sind doch nur Armierungssoldat gewesen.« Oertel stutzt, bis ihm einfällt, dass er wirklich nur Armierungssoldat gewesen ist. Es ist die Göttin, die Phantasie, die ihn begleitet und die auch noch in dieser kranken und verzerrten Gestalt das Interesse in Anspruch nimmt, denn die Zuneigung der Menschen gehört nicht dem Korrekten und Vernünftigen, sondern der Unvernunft und dem Wahn, seit es bei den Griechen einen göttlichen Lügner gegeben.

Oertel ist immer im Affekt, immer in Hochspannung, wie andere minder Nervöse vor seeligster Erwartung oder im

Rausch. Er posiert, macht sich interessant, geht im Untersuchungsgefängnis auf Krücken, kein Mensch weiß, warum, ist gutmütig und hilfsbereit, schickt vom erbeuteten Geld spontan seiner Frau, dem kleinen Jungen vom Friedrichshagener Mord eine Tafel Schokolade, ist ritterlich gegen seine Mitangeklagten. Dabei besitzt der halt- und willenlose Schwindler eine große Suggestionskraft. Er war revolutionärer Generalkommandant von Dresden, konspirierte gegen Erzberger, ist jetzt völkisch; merkwürdig fast, dass er keine größere politische Rolle spielte. Blufft die skeptischen Pfleger in Herzberge, tritt mit vollendeter Dreistheit in das Zimmer eines Untersuchungsrichters, verbeugt sich, erklärt, dass der Landgerichtsdirektor die Akten fordere, erhält sie, verlässt mit ihnen den Raum und lässt sie verschwinden. Er springt von Handlung zu Handlung, immer in bedrängter Lage, hält er nur an einem fest, seinem Recht auf den Adelstitel. Wenn ihm dieser auch vielleicht unbilligerweise entzogen wurde, so ist er dennoch kein Michael Kohlhaas, der aus erlittenem Unrecht anarchisch geworden wäre. Es wäre kaum zu verstehen, warum über diesen Nervenschwächling, diesen unnützen Schelm, dieses durch und durch kranke, entartete Bündel Mensch so viel geschrieben wird, wenn es sich wahrhaft nur um Oertel handelte. Aber ein Hochstapler ist ja der Spiegel der Mentalität einer Zeit.

Man tritt als falscher Waldemar auf, wenn es sich lohnt, Markgraf von Brandenburg zu sein, und man ist Amerikaner, wenn die Jazzband zum Totentanz der Mark und zum Shimmy um den Dollar kreischt. Was herrschte in dieser Zeit von 1914 bis 1921? Angst vor den Spartakisten, also wieder Respekt und Kotau vor der Uniform, dem Schützer des Staates, Angst vor der Steuer, Angst vor der Wohnungsbeschlagnahme, Angst vor dem Vermögensschwund. Der Hochstapler benutzte also die kleinen Ängste der Menschen, sein gesteigertes Selbstbewusstsein konnte gegenüber der verbreiteten Krankheit, dem Minderwertigkeitskomplex, Erfolge erzielen.

Klein und dürftig erscheinen auf dem Hintergrund des ungeheuren Betrugs dieser Jahre die intellektuellen Urkundenfälschungen und Betrügereien des Oertel, die aufzuklären ein ungemein menschlicher und kluger Richter scharfsinnig sich mühte. Klein und dürftig, nicht wegen der Größe des Objekts, sondern weil dieser Oertel des Geistes dieser Zeit nicht zu spotten vermochte, nicht etwa kühn moralfrei unter Amoralischen sich bewegte, sondern das gute Leben, bestehend aus Genussmitteln und Frauen, *sein* Ziel wie das der Bekämpften war. Der große Betrüger der Betrügenden fehlt der Zeit, denn wir vergessen, dass nur die Dilettanten vor Gericht stehen, die Meister aber auf goldenen Thronen sitzen.

(BBC, 18. November 1924)

Jahrgang 1903
Unterschlagung, Betrug, Urkundenfälschung

Ein bleiches, ganz junges Bürschlein mit großen, schwarzen Augen und den hintergebürsteten glatten, schwarzen Haaren steht in der Anklagebank. November 1903 geboren, das heißt 1918 knapp fünfzehn Jahre alt.

1923 wurde er wegen unlauteren Wettbewerbs zu 100 000 Mark oder sechs Monaten Gefängnis verurteilt, wird von zwei Staatsanwaltschaften gesucht. Von der einen wegen Diebstahls. Jetzt ist er der Unterschlagung, des Betruges und der schweren Urkundenfälschung angeklagt. Im Beginn des Jahres 1924 trat er als Provisionsreisender in eine Radiogesellschaft ein. Er verdiente ungefähr 150 Mark im Monat. Dann aber verkaufte er Apparate, ohne das Geld abzuliefern, kassierte Beträge für Montage ein, erschwindelte sich Apparate von Ingenieurfirmen und handelte mit ihnen weiter und versuchte, dies schriftlich mit der gefälschten Unterschrift eines Prokuristen seiner Firma zu tun.

»Junger Mensch«, sagte der Richter, »wo soll denn das hinführen, das ist ja der direkte Weg ins Zuchthaus.«

Das viele Geld brauchte er für ein Mädchen. Das Mädchen gibt an, sie sei lesbisch gewesen, habe nichts von ihm gewollt. Der Angeklagte schließt halb die Augen und sagt in einem Ton, gemischt aus mildem Wissen und Stolz: »Ich bin Kokainist, Herr Vorsitzender.«

Er wird zu neun Monaten Gefängnis verurteilt. Hinter diesem Typus steigt das Bild der Zeit auf: Der Vater im Krieg, der Junge in den Hungerjahren unterernährt an Körper und Seele, der Sturz der Autorität wirkend auf einen Fünfzehnjährigen, und aus dem Hexenkessel der Inflation dann aufsteigend der giftige Brodem, gemischt aus Geldgier, Gift und Lastern. Jahrgang 1903.

(BBC, 28. Dezember 1924)

Kaffeehaus und Falschmünzerei
Ein Prozess aus der Inflationszeit

Zwei Gestalten aus dem Ghetto stehen in der Anklagebank. Der eine, ein kraftvoller, junger Mann, der neunzehnjährig 1922 als gelernter Schneider zu Verwandten nach Berlin kam, der andere ein vollkommen Verstörter. Zwei ihrer Helfer sind aus der Haft entflohen. In der Neuen Königstraße lernte man sich kennen, in der Münzstraße setzt es sich fort. Einer kommt, Februar 1924, bietet Dollars an, die er von einem Bankangestellten am Hackeschen Markt erhalten hat, ein Dritter kauft sie und bittet, da er nicht schreiben kann, den Angeklagten, mit in ein Café zu kommen, wo zwei armenische Studenten kaufen wollten. Die Händler und die Studenten ziehen von dort in ein anderes Café.

Die Armenier erhalten 300 Dollar gegen 2130 Mark. Drei Tage später wiederholt sich der Vorgang. Als der Angeklagte gerade dabei ist 1000 Dollar aufzuzählen, kommen Beamte und verhaften die beiden. Die Dollars sind gefälscht. Der Angeklagte behauptet, dies erst durch die Polizei erfahren zu haben. Er sei nur des Schreibens wegen mitgegangen. Der zweite sitzt apathisch da. In dem völlig deformierten Gesicht rollen nur zwei unheimliche, schwarze Augen. »15 Mark haben sie mir gegeben«, sagt er auf die Frage des Vorsitzenden. Der Sachverständige, Professor Strauch, hält ihn nicht für verhandlungsfähig. Er ist ein schwerer Psychopath, litt an Haftpsychose, hatte Tobsuchtsanfälle. »Blut, Blut«, stöhnte er dann, »sie haben mir meine Familie ermordet.«

Der Vorhang teilt sich, und hinter dem üblen Treiben im Rauch des Cafés zwischen Markthalle, Börse und Polizei hocken die winzigen Häuser im polnischen Dorf mit verschlossenen Läden und verrammelter Tür, die der Kolbenschlag eines tierischen, brüllenden Haufens zersplittert.

Professor Strauch fährt fort: »Nichts davon ist aber wahr. Der Vater ist im Irrenhaus gestorben, der Bruder aus dem Fenster gesprungen.«

Der Staatsanwalt beantragt gegen den Einzigen, der aus der Falschmünzergesellschaft übrig bleibt, drei Jahre Zuchthaus. Der Rechtsanwalt plädiert auf Freisprechung, da dem Angeklagten nichts bewiesen sei; sonst könne höchstens auf Beihilfe erkannt werden.

In der Beratungspause flattert die Familie, sieben, acht Köpfe, ängstlich und besorgt um den Rechtsanwalt. Der Angeklagte wird unter Anrechnung der achtmonatigen Untersuchungshaft zu 1 Jahr und 4 Monaten verurteilt.

(BBC, 31. Dezember 1924)

Das hypnotisierte Mädchen
Die verschwundene Uhr und der große Unbekannte

Ein junges Mädchen, ein liebliches blondes Ding, unvorbestraft, zweiundzwanzigjährig, hat eine goldene Uhr gestohlen. Sie war Bankangestellte, wurde abgebaut, ist jetzt Arbeiterin bei Siemens. Ihr Vater hat eine Schuhmacherwerkstatt. Sie erzählt: »Abends, gegen neun Uhr, ich war gerade im Begriff, schlafen zu gehen, klopfte es an mein Parterrefenster. Ich ging hinaus, weil ich dachte, es wäre mein Freund. Aber da stand ein fremder Mann vor mir. Er sagte, ich solle ihm nur einmal in die Augen sehen. Ich verbat mir die Belästigung, da packte er mich an den Handgelenken und hielt meinen Kopf mit dem Kinn hoch, damit ich ihm in die Augen sehen musste. Er sagte, ich solle auf die Straße gehen und mich ansprechen lassen und Dinge entwenden. Darauf bin ich in der Kastanienallee herumgelaufen, er folgte mir immer, aber es sprach mich keiner an. Er sagte, ich sei zu ungeschickt. Im November kam er wieder und bedrohte mich, wenn ich nichts täte. Ich könne auch die Dinge wegwerfen, er würde sie schon finden. Auf seinen Befehl fuhr ich von der Schwedter Straße nach dem Kurfürstendamm, wurde Ecke Joachimsthaler angesprochen. Der Herr und ich gingen in ein Café in der Meinekestraße, dann in eine Weinstube in der Kaiserallee. Ich habe nichts getrunken, plötzlich, ich weiß nicht, wie es kam, nahm ich die Uhr von dem Herrn und lief davon, warf die Uhr fort, der Herr lief mir nach, brachte mich in das Restaurant zurück und ließ mich feststellen.«

Vors.: Was erzählen sie uns denn da, das ist doch Schwindel?

Die Angeklagte schüttelt nur still den Kopf.

Darauf kommt der Zeuge, der Bestohlene. Es ist ein forscher Kaufmann. Er erzählt den Diebstahlsvorgang. Die Uhr war nicht mehr auf der Straße zu finden.

Vors.: Im Polizeibericht steht: Sie machte ein künstliches Gedränge und nahm mir die Uhr fort. – Was soll das heißen?

Zeuge: Ach Gott, ich sagte, das Mädchen habe sich an mich geschmiegt, dafür hat der Wachtmeister »künstliches Gedränge« hingeschrieben... Im Übrigen hatte ich und der Wirt sofort den Eindruck, das Mädchen habe unter Hypnose gehandelt.

Vors.: Wieso?

Zeuge: Der Wirt sagte, mit uns zusammen sei ein unheimlicher Mensch hereingekommen und habe das Mädchen so seltsam angesehen, außerdem hat sie uns auch in Trance dasselbe erzählt.

Vors.: In Trance? Wann war sie denn in Trance?

Zeuge: Ja, der Wirt und ich beschäftigten uns viel mit Hypnose, und da wir sofort den Eindruck hatten, sie habe nicht von sich aus gestohlen, schläferten wir sie ein, woraufhin sie uns eine Geschichte erzählte von einem Mann ...

Vors.: Die haben wir eben gehört.

Der Sachverständige erklärt, dass Verbrechen in posthypnotischem Zustand nur in den Berichten der Zeitungen existierten. Es habe noch kein einziger Fall nachgewiesen werden können. Die Geschichte von dem wildfremden großen Unbekannten sei höchst unwahrscheinlich. Dagegen sei es möglich, dass das nervöse, sehr labile und phantastische Mädchen gutgläubig so gehandelt habe.

Auf Fragen des sehr feingeistigen Vorsitzenden meint der Sachverständige, es sei auch möglich dass die Zeugen durch ihr sogenanntes In-Trance-Versetzen ihr die ganze Geschichte erst nachträglich eingeredet hätten, was bei nervösen Frauen ein Leichtes sei, doch sei wohl sicher die ganze Tat ein Ausnahmefall im Leben dieses sonst so ordentlichen Mädchens. Das Gericht erkannte dann auch auf zwei Wochen Haft und Bewährungsfrist.

(BT, 29. Januar 1925)

Das umstrittene Datum
Viel Lärm um nichts

In Kaukehnen wohnt ein Forstbeamter, der Berlin nicht grün ist. Er sucht Konflikte mit Behörden. Ein gewöhnlicher Mensch sendet Briefe eingeschrieben. Er lässt durch Zustellungsurkunde bestellen. Ein verwickelter und höchst ungewöhnlicher Weg. Und es kam, wie es kommen musste. Ein Brief vom 9. März wird reklamiert. Er ist angekommen, bloß die Zustellungsurkunde ist nicht da. Eine neue füllt ein Hilfspostschaffner am 11. April aus, er schreibt: »heute, den 9. März«. Der Forstbeamte verklagt den Postschaffner wegen falscher Beurkundung.

Die Amtsanwaltschaft stellt das Verfahren ein, die Beschwerde an die Staatsanwaltschaft bleibt unerhört, das Kammergericht beschließt den Prozess. Was hilft's, eine Urkunde wurde falsch datiert. Recht muss Recht bleiben. Und nun sitzen ein Vorsitzender und Beisitzer, zwei Schöffen, drei Referendare, ein Staatsanwalt und ein Rechtsanwalt in schwarzen Talaren und weißen Krawatten zu Gericht. Vorsitzender: »Es ist ein schwerer Fall. Dürfen Privatpersonen überhaupt auf dem Wege der Zustellung Briefe senden?«

»Jawohl«, sagt der liebenswürdige Postdirektor, der als Sachverständiger fungiert.

»Ha«, sagt der Staatsanwalt, »von einer vereinfachten Zustellung muss ein Duplum ausgestellt werden.«

»Nein«, sagt der Postdirektor, »im Gegenteil, von einer vereinfachten Zustellung darf keine Ersatzurkunde ausgestellt werden. Duplum gibt es überhaupt nicht.«

Der Vorgesetzte des Postschaffners kommt: »Wir lassen immer von vereinfachten Zustellungen Ersatzurkunden ausstellen.«

Vorsitzender: »Der Herr Postdirektor hat soeben gesagt, dass gerade das Umgekehrte richtig ist.«

Der Staatsanwalt springt auf: »Der Zeuge muss wegen Verdachts der Mittäterschaft unvereidigt bleiben.«

Wie aber ist es mit dem Datum, musste »heute« durchgestrichen werden oder nicht? Man streitet. Aber auf keinen Fall darf eine Urkunde zurückdatiert werden.

Der Rechtsanwalt wälzt die Postverordnung. Plötzlich springt er auf: »Nach den Paragraphen 20 und 35 der Postordnung ist die Anklage zu Unrecht erhoben worden. Das Datum ist richtig. Die Urkunde musste vordatiert werden, nur heute war zu durchstreichen. Privatpersonen aber dürfen keine Urkunde erhalten, darin irren Sie sogar, Herr Postdirektor, außerdem dürfte sie aber nur der Briefträger abgeben. Es fiel also außerhalb seiner Zuständigkeit, also auch dieserhalb fehlt die Voraussetzung des §348.«

Der Staatsanwalt beantragt Freisprechung. Amtsanwaltschaft, Staatsanwaltschaft, Kammergericht, Postbehörden hätten mit dem Datum des 11. April eine rechtlich erhebliche Tatsache falsch beurkundet und wären also mit Gefängnis nicht unter einem Monat zu bestrafen gewesen. Nur der 23-jährige Angeklagte handelte nach dem Gesetz.

Der Vorsitzende erklärt demnach: »Der Angeklagte wird auf Kosten der Staatskasse freigesprochen. Wir haben den Antrag für unbegründet gehalten, wir sind durch die vorgesetzte Behörde zu diesem Prozess gekommen.«

Was aber wird der Herr in Kaukehnen am Stammtisch zu der Wirtschaft in Berlin sagen, wo Menschen, die falsche Daten in Urkunden setzen, freigesprochen werden?

(BT, 14. Februar 1925)

Die Tragödie der alten Jungfer
Die Lehrerin Stegemann vor Gericht.
Zu acht Monaten Gefängnis verurteilt

Vor dem Amtsgericht Pankow begann heute der Prozess gegen die 53-jährige Lehrerin Stegemann, die sich mit einem 13-jährigen Schüler vergangen hat.

Vor einem unendlich vornehmen Verhandlungsleiter, dem Amtsgerichtsrat Mühlhaus, der es wohl verstand, die Lebensbeichte dieser armselig Verirrten abzunehmen, stand eine ganz magere, kleine Person mit einem spinösen Vogelgesicht, die typische alte Jungfer der Witzblätter. Ein einfaches Leben zieht vorüber, sie lebte bis vor zwei Jahren, das heißt bis zu ihrem 51. Lebensjahre, ein gutes Kind, bei ihren Eltern. Die Mutter verwöhnte sie, bis zu ihrem 16. Lebensjahre zog sie sie an. Sie besuchte die Volksschule, später die höhere Mädchenschule, und machte ihr Kindergärtnerinnenexamen und lebte weiter bei den Eltern. 1922 wurde die Mutter krank. »Es war nicht mehr schön bei uns, während es früher sehr schön war, sodass ich nie Sehnsucht hatte, mich zu verheiraten.« Die Mutter stirbt, sie verträgt sich nicht mehr mit dem Stiefvater und muss, ein verlassenes Kind, mit 50 Jahren sich auf eigene Füße stellen. Sie flattert, ein törichter Vogel, in die Baracken in Pankow. Sie beichtet ihre Liebesgeschichten. Da ist ein Mann, jünger als sie, der ihr einen Heiratsantrag machte, die Eltern waren nicht dafür, und die Eltern waren ihr lieber. Er hat sie anzufassen versucht, »so am Arm, aber das mochte ich nicht.« Einen Lehrer hat sie angebetet. »Nächst meinen Eltern war er mein liebster Mensch.«

Da ist eine Freundin, die sie ihrem Willen untertan macht, sie wurde ganz verwirrt durch sie. »Die war pervers, sagte mein Arzt. Aber das ist doch ein guter Mensch, antwortete ich.« Dann ist es aus mit Erlebnissen. Bei der späteren Frau von Schönebeck war sie Erzieherin. »Ich fand sie sehr oberflächlich und mochte sie nicht.« Und so fremd dem Dasein, völlig verstiegen, der Tod ihres Hundes wird ausführlich erzählt. Naiv wie eine 14-Jährige, lernt sie den Otto, den 13-jährigen Jungen, kennen. Und nun verwirren sich, nie zu enträtseln, mütterliche und frauliche Gefühle. »Die anderen Leute waren nicht nett«, sie war ja die reichere mit ein bisschen Wäschevorrat und die Gebildetere. Otto war verständig. Er hat zu ihr gesagt: »Sie sind immer so allein, Fräulein Stegemann, das tut mir sehr leid, und wenn ich daran denke, dann muss ich weinen.« Und die hilflose Frau nimmt diese Redewendung eines Kindes für die verstehende Güte des Mannes und schwärmt wie für den Lehrer, so für diesen Knaben; er habe ihrem Ideal entsprochen. Er würde etwas Großes werden. Aber alles dies war »reine Liebe«. Und mit der Scheu und der Unwissenheit einer reinen Frau schildert sie die Verführung durch den Knaben und das Beisammensein mit ihm. Sie wünscht sich ein Kind, aber kein gewöhnliches, sondern eines, aus dem etwas Großes würde, ein Dichter oder Maler; alle Ängste des ganz jungen Mädchens durchleidet sie. Der Knabe, ein hübscher 14-Jähriger, der Friseurlehrling ist, bezeugt das Gegenteil; er schildert gröber, einfach männlicher, und stellt sich als den Verführten hin. Über den Zeitpunkt sind beide verschiedener Meinung. Der Lehrer des Knaben gibt diesem ein glänzendes Zeugnis, nur zweifelt er daran, ob es wahr, dass er seine verblüffenden Aufsätze immer selber machte, oder ob nicht doch Fräulein Stegemann ihm geholfen habe, und dieser Frau steht das Lob des verirrt geliebten Kindes höher als ihre Rettung: »Nein, er hat die

Wahrheit gesagt, die Arbeiten sind von ihm allein.« Und ihr Gesicht strahlt. Genau so gut wie für den Knaben, sind die Leumundszeugnisse für sie.

Der Sachverständige Dr. Magnus Hirschfeld[2] führt aus, dass es sich bei der Angeklagten um einen Fall von schwerer Verdrängung handelt. Ausschluss der freien Willensbildung im Sinne des §51[3] liege nicht vor, doch sei die Zurechnungsfähigkeit infolge schwerer Hysterie und klimakterischer Seelenstörung zweifellos herabgesetzt.

Der Staatsanwaltschaftsrat Tilling kommt zu einem »Schuldig« und prägt das Schlagwort für diese Verhandlung, die Angeklagte gehöre vor das Jugendgericht. Das Geschöpf einer vergangenen Epoche, die die einfachsten biologischen Tatsachen mit 50 Jahren in der Baracke erfahren hat. »Denn im Bürgerstand hält jeder seine Ehe heilig.«

Die Angeklagte wird wegen Vergehens gegen die Paragraphen 174 und 176 (Verführung Minderjähriger und Verkehr zwischen Lehrer und Schüler) unter Zubilligung mildernder Umstände zu acht Monaten Gefängnis verurteilt. Für fünf Monate erhält sie Bewährungsfrist. Sechs Wochen werden ihr auf die erlittene Untersuchungshaft angerechnet.

(BT, 21. Februar 1925)

Der Mord am Scharmützelsee

Am Ostersonnabend 1924 fuhren zehn junge Mitglieder der kommunistischen Jugendgruppe Wedding nach Buckow, zu gleicher Zeit drei Pfadfinder; sie treffen sich am Bahnhof Buckow, ein Pfadfinder, ehemaliger Bismarck-Bündler[4], will einen der

Kommunisten, den er kennt, begrüßen, der verweigert ihm die Hand: »Vom Bismarck-Bund sind zwei von uns im vorigen Jahr erstochen worden, da müssen wir blutige Rache nehmen. Ihr Faschisten steckt ja alle unter einer Decke.« Die Pfadfinder, voll Angst, machen Buckow unruhig, gehen zur Polizei, zum Bürgermeister, zum Landjäger, bitten um Schutz, den sie aus Zufallsgründen nicht erhalten. Am Sonntagmorgen verstecken sich die drei bei einem Rittmeister von G.

Am Nachmittag kommt es zu einem Zusammenstoß, bei dem der eine Pfadfinder Braatz durch einen Dolchstoß in den Rücken getötet wird. Wie kommt es zu diesem Zusammenstoß? Wo liegt die Schuld? Drei junge Menschen, 18-, 19- und 20-jährig, sind angeklagt nicht des Totschlags, denn dieser ist nicht geklärt worden, sondern als Rädelsführer der kommunistischen Sekte, des Landfriedensbruches.

Die Angeklagten und die kommunistischen jugendlichen Zeugen stellen die Sache folgendermaßen dar: Sie lagen friedlich auf einer Wiese am See, als zwei Wanderer vorbeikamen und ihnen erzählten, der Bismarckbund liege oben und wolle sie angreifen. Kurze Zeit darauf kam auch ein Menschenhaufe, zwei Förster, vier Pfadfinder und Stahlhelmleute[5], Bürger aus Buckow. Gerade an der Wiese schwenkten die Förster in eine Schlucht ab, verboten, dass jemand nachkäme, und sofort nach ihrem Weggange kam es zu einem Handgemenge, bei dem nach wenigen Minuten der Pfadfinder tot am Boden lag.

Zum Revierförster und seinen Gehilfen, beide Stahlhelmbündler, aber kommen ebenfalls zwei Ausflügler und erzählen: Leute mit einer roten Fahne seien da, die wollten mit ihnen abrechnen. »Da forderte ich ein paar Leute zu meiner Unterstützung auf, vier junge Pfadfinder folgten uns, Buckower Bürger und Berliner Ausflügler.« Plötzlich direkt an der Wiese, auf der sich etwa fünfzig bis sechzig kommunistische Jugendliche angesammelt hatten, sieht er Leute in der Schonung: »Ich wollte die Leute von den Höhen runterholen und verbot, dass uns jemand auf diesen Dienstweg folge.« So verlassen die Förster den Trupp, den *sie* anführten, und als sie nach wenigen Minuten wiederkommen, war das Unglück geschehen, die Pfadfinder waren von den Kommunisten angegriffen worden.

Der Pfadfinder Münchow vermochte sich in die Schlucht zu den Förstern zu retten, die nun mit ihren drohenden Revolvern zu spät Ruhe schafften. Es blieb unklar, warum sich die vier Pfadfinder, zu deren Ausrüstung im Übrigen der Dolch gehört, die, wie sie immer wieder betonen, nach der ersten Anrempelung Schutz bei der Polizei suchten, ja abreisen wollten, sich direkt in die Höhle des Löwen – zu den Kommunisten – begeben haben. Und wie sie die Förster, die doch die jungen Menschen zu dem Zug zu der Wiese veranlasst hatten, in dem kritischen Moment im Stich lassen konnten? Die Kommunisten, mit Gummiknütteln bewaffnet, die Pfadfinder mit Dolchen, um einen Ausflug zu machen, Erwachsene, die schüren, und keiner, der zum Frieden mahnt, und zuletzt liegt am Ostersonntag ein junger blühender Mensch tot auf dem Rasen, wie ein Jahr vorher, 1923, im gleichen Buckow zwei Kommunisten erstochen sind. Der Osterausflug wird zu einem »Gefecht an den Bollersdorfer Höhen«. Aus den widersprechenden Zeugenaussagen lässt sich kein Bild gewinnen, und der eigentliche Übeltäter, der Rohling, der den Andersgesinnten seiner eigenen Klasse ersticht, bleibt unentdeckt.

Das Urteil des Schöffengerichts Wedding lautete gegen den Angeklagten Jeske auf Freisprechung, gegen Kaminski und Ebeling wegen schweren Landfriedensbruchs auf zwei Jahre Gefängnis unter Anrechnung der Untersuchungshaft von zehn Monaten.

(BT, 14. März 1925)

Der Held im Spiegel

Er trägt einen hellen Sportanzug, aus einem gediegenen Stoff gefertigt, mit dem patentierten deutschen Lederknopf, darunter eine kornblumenblaue Sportweste, lederne Gamaschen bis zum Knie, was der ganzen Gestalt etwas Kühnes, Reiter- und Herrenmäßiges verleiht, und darüber einen bildschönen Klischeekopf für Prospekte erster Schneiderfirmen. Er ist Installateur, angeklagt nächtlicher Ruhestörung und Widerstandes gegen die Staatsgewalt.

Angeklagter: »Ich kann nur erzählen, was man mir erzählt hat, weil ich total betrunken war. Ich hatte wenig Arbeit und unternahm, als ich endlich einen Auftrag bekam, mit mehreren Handwerksmeistern eine kleine Bierreise.«

Vorsitzender: »Wann hatten Sie denn damit angefangen?«

Angeklagter: »Na, so um halb 10 Uhr vormittags.«

Vorsitzender: »Bis um halb 1 Uhr nachts? Denn um diese Zeit war doch der fragliche Vorfall.«

Angeklagter: »Tja, man trinkt die Arbeit ein, das ist im Baugewerbe so.«

Vorsitzender: »Um halb 1 Uhr nachts sollen Sie am Kaiserdamm gelärmt und den Schupo angegriffen haben?«

Angeklagter: »In vino veritas! Herr Vorsitzender, wenn man getrunken hat, da handelt man erst so recht nach seinem Herzen. Wir kamen an dem Laden von so'nem Parfümeriefritzen vorbei.«

Vorsitzender: »Wir wollen lieber Drogerie sagen.«

Angeklagter: »Da stand ein Schupo davor. Herr Vorsitzender, der Inhaber nennt sich Fritz Lede, und noch vor einem halben

Jahr hieß er Sally Levy, und die Polizei stellt sich noch vor so'nen Laden! Da muss einem doch die Galle hochkommen. Ich habe verschiedene Bemerkungen gemacht, wobei es zu einer Schlägerei kam (Und triumphierend fährt er fort:) Dabei habe ich dem Schupo den Revolver aus der Tasche gezogen, ohne dass er es merkte, aber ich habe es ihm gesagt: He, du willst ein Soldat sein, stehst hier zehn Minuten ohne Waffe, da haste den Dreck wieder, ich brauche ihn nicht.«

Vorsitzender: »Erlauben Sie mal, das ist doch nur eine Frage der zufälligen körperlichen Kraft, wenn Ihnen das gelingt, dafür kann der Mann doch nichts.«

Angeklagter: »Herr Vorsitzender, ich bin drei Jahre Soldat gewesen, mein Hauptmann hätte mich aufgehängt, wenn mir das passiert wäre!«

Zeuge, der Wachtmeister, ein ruhiger Württemberger: »Ich habe ihm den ruhestörenden Lärm verwiesen, da schlug er mich sofort mit dem Stock über die linke Hand, dass sie blutete, fiel auf mich und bei dem Ringen, meine linke Hand war ja gebrauchsunfähig, zog er mir den Revolver heraus, hielt ihn mir vor, und es ist nur meiner Geistesgegenwart zu verdanken, dass nicht mehr passierte, denn der Revolver war scharf geladen, ich entriss ihn ihm sofort.« Die übrigen Zeugen bestätigen diese Aussage.

Der Amtsanwalt beantragt wegen Lärms, gefährlicher Körperverletzung und Widerstands gegen die Staatsgewalt und Beleidigung, es fiel ein Schimpfwort während der Szene, 500 Mark. Der Angeklagte aber beginnt eine groß angelegte Verteidigungsrede: »Ich habe jahrelang für die völkische Sache gekämpft, und wenn ich dann vor einem solchen Laden stehe, in vino veritas! so Juden, von denen das ganze Unglück kommt, und da pflanzt sich noch'n Schupo davor auf, wenn ich sehe, wie das deutsche Volk von Kutisker, Barmat[6] und anderen ausgenutzt worden ist und wie dann solche Leute ihre Namen ändern und wie der Justizminister...« Er greift in die Tasche und will ein Zeitungsblatt herausziehen.

Vorsitzender: »Also, halten Sie hier keine Volksreden. Sie haben den Wachtmeister K. angegriffen und verletzt.«

Der Amtsrichter führt in der Urteilsbegründung aus: Das Ganze kam vom Ärger über den Namenswechsel eines Geschäftsinhabers, vor dem der Schupo stand. Trunkenheit sei der ungeeignetste Zustand für politische Betätigung. – Der Angeklagte wird zu 500 Mark Geldstrafe verurteilt.

Während aber der Richter zur Besonnenheit mahnt, zieht der Held einen kleinen, runden, weißen Beinspiegel aus der Tasche und besieht aufmerksam sein Gesicht. Und es erhebt sich die Frage: was würde aus allem Heldentum, wenn es keine Spiegel gäbe?

(BT, 24. März 1925)

Gereiztheiten
Idyll aus einem völkischen Café

Ein Kapellmeister ist wegen Beleidigung angeklagt. Er ist Anfang der vierzig, eine große, prachtvolle Erscheinung, seit 1897 gelernter Militärmusiker.

»Nach dem Kriege«, erzählt er, »habe ich mich selbständig gemacht und spiele in einem Café am Kurfürstendamm täglich von 4 bis halb 1 Uhr als Kapellmeister. Ich bin angewiesen, ›Fridericus Rex‹, ›Deutschland hoch in Ehren‹ und ähnliche Lieder zu spielen, und da werde ich fast täglich provoziert. An dem fraglichen Tage kam ein junger Mann zu mir und sagte, ich solle auch heute provoziert werden. Am Abend nach dem Schluss des Konzerts, ich war in Uniform, bat mich ein Leutnant an seinen Tisch. Als wir dort saßen, setzten sich auch richtig an den Nebentisch fünf Musiker der Reichswehr in völlig betrunkenem Zustande. Plötzlich stand einer auf, kam auf mich zu und sagte: ›Hören Sie, können Sie mir mal eine Frage beantworten?‹ Im selben Augenblick wusste ich, dass das die Leute waren, die mich provozieren wollten, und sagte: ›Ich gebe keine Antwort.‹ Später entstand dann noch ein Streit, bei dem die Reichswehrleute mich beschimpften, und ich sagte im Verlauf dieses Streites: ›Sie können mir den Buckel langstreichen.‹ Aber sonst nichts.«

Die fünf Zeugen sind junge Musiker, die an die Hochschule abkommandiert sind, um zu Militär-Musikmeistern ausgebildet zu werden. Sie behaupten übereinstimmend, nicht betrunken gewesen zu sein. Sie haben sich über die Lorbeerkränze auf dem Podium geärgert, auf deren schwarzweißroten Schleifen stand: »Unserm lieben Musikmeister a. D. gewidmet« mit Unterschriften von verschiedenen vaterländischen Verbänden. Sie zweifelten nach der nicht guten Art seines Dirigierens an seiner Berechtigung, den Musikmeistertitel zu führen. Sie haben sich dann über eine musiktheoretische Frage, den Übergang von C-Dur zu c-Moll gestritten, wobei einer von ihnen sagte: »Lassen wir es doch durch den Ludwig schlichten«, und aufstand, an dessen Tisch ging und ihn darum bat, der erwiderte: »Frechheit.« Etwa zehn Minuten später beim Hinausgehen habe er ihnen »Lump oder Lumpen« nachgerufen, darauf sei der Fragesteller wieder hingegangen und habe sich als Reichswehrmann vorgestellt: »Ihr könnt mir den Buckel langrutschen mit eurer Reichswehr«, sagte der Angeklagte.

Vier Zeugen beschwören, dass die musiktheoretische Frage ernst gemeint gewesen sei, nur der Letzte spricht ganz nebenbei von dem Scherz, den sich ein Kamerad erlaubt habe. Der Entlastungszeuge, der Leutnant a. D., sagt, der Angeklagte habe die Frage, da er ja gewarnt war, sofort als Provokation aufgefasst. Als die Reichswehrleute hinausgingen, entstand eine allgemeine Schimpferei, bei der die Worte Affe, Idiot fielen, auf die der Angeklagte erwiderte: »Ihr könnt mir den Buckel langrutschen.« Gegen die Reichswehr als solche sei bestimmt nichts gesagt worden.

Das Gericht kam zu der Ansicht, dass hier der §198 anzuwenden sei. Da auf das Wort Lump, von der Seite des Angeklagten, der Affe und Idiot von der anderen Seite fiel, auf den das Buckellangrutschen folgte, wurde der Angeklagte wohl für schuldig befunden, aber auf Kosten der Staatskasse freigesprochen.

(BT, 17. April 1925)

Swetana, das Mückenmittel

Ein ehemaliger Landwirt hatte keine Arbeit, kein Geld, aber einen herrlichen Namen für eine nicht existierende Sache erfunden, und so teilte er durch Inserate während der Preisausschreibenwoche des Frühjahrs 1924 mit, dass die Swetana-Parfümerie jedem, der die Lösung des Rätsels und 3,30 Mark einsende, das ideale Sommermittel gegen Mückenstiche und Hautjucken, das millionenfach im Ausland bewährte »Swetana«, in eleganter Packung schicke. Außerdem würden Gewinne in Höhe von 100 000 Mark ausgelost werden.

Drei Wochen Sommeraufenthalt, eine Wohnungseinrichtung, Teppiche, Standuhren lockten. Das Rätselraten, das keines war, begann.

Und das Geld strömte hinzu. In Zeiten heftigster Geldnot hatten der Herr und sein Tippfräulein nichts weiter zu tun, als Briefe zu öffnen, die alle 3,30 Mark enthielten. Mit diesem Gelde wurde eine Fabrik gekauft, die das Mückenmittel aus verdünnten, parfümierten Salmiakgeist, das 30 Pfennig wert war, herstellte. Auch mancherlei Preise, etwa im Werte von 4000 Mark, wurden angeschafft. Bald reichte eine Hilfskraft nicht mehr aus. Büroräume in der Friedrichstraße wurden dazugemietet und vier Angestellte öffneten und registrierten die 22 000 Briefe, die im Ganzen einliefen, sodass der »Fabrikant« nahe an 70 000 Mark in den Krisenmonaten April, Mai, Juni 1924 einnahm.

Aber der Gerissene kam an einen noch Gerisseneren, an einen Bankier, über dessen Bank die Geldbeträge liefen. Um dem Schwindler zu imponieren, mietete der andere Schwindler eine neue Wohnung. Der Bankier verkaufte fürs Erste einen wertlosen GmbH-Mantel der Sapron-Gesellschaft für 9000 Mark, löste dann seine Wechsel nicht ein und verschwand, wie der »Fabrikant« meint, mit etwa 20 000 Mark nach Holland. Er aber, dem der Briefträger ein Vermögen ins Haus gebracht, stand ohne Geld da, denn er hatte verdienen wollen ohne Wissen vom Gelde, ohne Wissen von seiner Verwertbarkeit. Er war drei Monate Miete schuldig, Angestelltengehälter und Inserate. Er flüchtete von Wohnung zu Wohnung, schlief sogar im Asyl. Jetzt steht er in der Anklagebank mit seinen großen, roten Händen, den schmalen Schultern und breiten Hüften. Er macht einen gewöhnlichen, unintelligenten, aber soliden Eindruck, wie alle Zeugen bestätigen, dass er arbeitete, keine Passion hatte und einfach in einem möblierten Zimmer lebte. Ein eintägiger Ausflug nach Swinemünde und ein neuer Anzug sind die einzige Ausschweifung, die ihm nachgewiesen wird.

70 000 Mark sind diesem Manne in der Hand zerronnen.

Das Gericht verurteilte ihn zu sechs Jahren Gefängnis wegen Betruges, unerlaubter Veranstaltung eines Lotteriespieles und Preiswuchers.

Zwei alte Damen aber fanden das Mittel gut gegen Kopfschmerzen und machten eine Nachbestellung...

(BT, 7. Mai 1925)

Der Überfall auf die Chinesen
Das gerichtliche Nachspiel.
Drei Monate Gefängnis für die Angreifer

In den Großstädten des neuen und des alten Kontinents finden sich Viertel, in denen Chinesen wohnen. Sie arbeiten friedlich, sind Händler, haben ihre Restaurants, in denen sie mit Stäbchen merkwürdige, uns ungewohnte Dinge essen und Mah Yong spielen. In Berlin wohnen sie, einfache, stille Leute, in der Kleinen Markusstraße, einer Straße, die, wie man weiß, nicht gerade einen guten Ruf genießt. Am 12. April, einem Sonntag, griffen zwei Arbeiter, sichtlich betrunken, mehrere Chinesen ohne Grund an; die flüchteten in einen Hof, warfen mit Steinen, durch die mehrere Passanten getroffen wurden. Das Überfallkommando wurde alarmiert, führte die Chinesen ab. Als zwei von ihnen zurückkamen, stürzte sich einer der von einem Stein getroffenen Passanten, der im Übrigen auch schwer betrunken war, auf den einen Chinesen und misshandelte ihn. Der andere flüchtete, ein junger Bursche kam hinzu und schlug mit auf den Chinesen ein, bis er bewusstlos am Boden lag. Er war vierzehn Tage im Krankenhaus.

Vier Angeklagte sitzen auf der Anklagebank. Alle sind Arbeiter. Zwei sind jung, zwanzigjährig, bisher unbescholten, der dritte, den der Stein traf, ist vom Schicksal schwer mitgenommen, durch Genickstarre ertaubt und des größten Teils seines Sprachvermögens beraubt. Der vierte, schwer Vorbestrafte, ist nach allen Zeugenaussagen nicht an der Schlägerei beteiligt gewesen, doch soll er an dem liegenden Chinesen »rumgefummelt« haben, was darauf schließen lässt, dass er es war, der ihm 100 Mark, die er bei sich gehabt hatte, stahl. Der misshandelte Chinese ist ein Mandschure, der nur Mandschurisch versteht. Der Dolmetscher, ein chinesischer Student, versteht seinerseits nur Nordchinesisch, sodass man als zweiten Vermittler einen Mandschuren hatte, der auch Nordchinesisch verstand.

Der Kriminalassistent des maßgebenden Polizeireviers bestätigte, dass die Chinesen stille, friedliche Fremde seien, über die keine Klagen laut würden. Die beiden älteren Angeklagten dagegen sind wohl höchst fleißige Arbeiter, der eine verdient als Steinsetzer 66 Mark die Woche, der andere arbeitet doppelte Schicht und schläft so manchmal nur vier bis fünf Stunden, aber sie benutzen ihren Sonntag zu nichts anderem, als sich sinnlos zu betrinken.

Der Staatsanwalt nahm gemeinschaftliche Misshandlung an. Die Angeklagten hätten besonders gesündigt, weil sie einen Ausländer überfallen hätten, der friedlich seinem Erwerbe nachgeht, was dann allen Volksgenossen vorgeworfen wird. Er beantragte neun Monate Gefängnis. Das Urteil lautete für die drei Täter auf je drei Monate Gefängnis unter Anrechnung der Untersuchungshaft von sechs Wochen. Der vierte wurde trotz seines heftigen Leugnens als des Diebstahls überführt angesehen und zu zwei Monaten Gefängnis verurteilt, welches Urteil er auch annahm.

Der Zuhörer gewann aus diesem Prozess über einen rohen Exzess die Überzeugung, dass der Alkohol an allem schuld war. Warum gilt er eigentlich als strafmildernd?

(BT, 17. Juni 1925)

Die falsche Dollarnote

1914 war er 10 Jahre alt. Er ist klein, farblos, verpickelt, schwächlich, wie Menschen werden, die als Kinder schlecht gepflegt und ernährt wurden. Er behauptet, Kellner gelernt zu haben, gibt Adressen, nichts stimmt. Sicher ist nur, dass er zweimal vorbestraft wurde, 1921 wegen Betrugs, 1922 schraubt er Lampen samt Fassung aus den Treppenhäusern, wofür er sechs Monate Gefängnis erhielt. Fest steht ferner, dass er am 28. September 1924 in einer eleganten Bar am Kurfürstendamm Sekt trank und eine Hundertdollarnote wechseln ließ, was er wenige Tage später mit einem zweiten dieser angenehmen Zettel noch einmal im Westen und einmal in der Friedrichstadt wiederholte.

Beim vierten Male, ebenfalls in einem sehr eleganten Lokal, hatte der Kellner nicht genug Geld, der Lebejüngling bat, in die Wechselstube auf dem Potsdamer Bahnhof zu schicken, die Kosten trüge er. Dort erkannte man die Note als falsch. Er wurde verhaftet, brach zusammen und erzählte: die Noten hätte er von »Tutti« erhalten, einer eleganten Frau, deren Mann schwer krank sei. Er hatte sie in einem Café am Potsdamer Platz kennengelernt und traf sich mit ihr in üblen Quartieren um den Alexanderplatz. Sie war etwa 35 Jahre alt. Er konnte weder ihren Namen noch ihre Adresse angeben. Trotzdem glaubte man ihm die »Tutti«, und er wurde in erster Instanz freigesprochen. Die Staatsanwaltschaft aber legte Berufung ein.

So stand er zum zweiten Mal vor dem Richter und verwickelte sich in endlose Widersprüche. Vors.: Was haben Sie denn mit dem vielen Geld gemacht? – Angekl.: Ich habe mir verschiedene Kleidungsstücke gekauft. – Vors.: Früher sagten Sie, Sie hätten das Geld Tutti wiedergegeben und für Ihre Bemühung, das Geld zu wechseln, 80-100 Mark bekommen. Haben Sie Geschwister? – Angekl.: Nein. – Vors.: Sie verlangten doch mehrmals in der Untersuchungshaft Sprecherlaubnis für ihre Schwester. – Angekl.: Na, das war meine Braut. Für Bräute kriegt man doch keine Sprecherlaubnis. – Vors.: Wo haben Sie denn als Kellner gelernt? – Angekl.: Bei B. – Der Oberkellner von B. als Zeuge: Er war niemals bei uns. Wir haben gar keine Lehrlinge. – Vors.: Sie scheinen uns doch hier für komplette Narren zu halten. Wollen Sie uns nicht endlich sagen, ob Sie zur Zeit der Tat arbeiteten? –

Angekl.: Ich sagte es doch schon. Im Restaurant F. war ich Kellner. – Zeuge Kriminalassistent: Da verkehrt alles durcheinander. – Sachverständiger für Falschmünzerwesen springt auf: Das ist ein bekanntes Falschmünzerlokal!

Tutti versinkt, und der Staatsanwalt beantragt 2 Jahre 6 Monate Gefängnis. Das Urteil lautet auf 2 Jahre Gefängnis und fünf Jahre Ehrverlust.

Das elende, verhungerte Bürschlein, das 1200 Mark, die es in vier Tagen erwarb, für Anzüge und Sekt hinauswarf, wurde sofort im Gerichtssaal verhaftet. Interessant ist, wie die Psychologie der historischen Inflationsepoche so nachwirkt, dass noch im September 1924 Kellner in Luxuslokalen nicht stutzen, wenn ein elend aussehender, blutjunger Mensch Hundertdollarnoten wechseln lässt.

(BT, 24. Juni 1925)

Brandstiftungen

Zwei Brüder mit ihren Frauen stehen in der Anklagebank. Der ältere ist Hundedresseur, der jüngere Kaufmann. Der jüngere erstand ein Haus in einem Dorf bei Berlin für 6000 Mark, das er mit 2000 Mark bar bezahlte und mit 30000 Mark versicherte. Die Brüder hatten einen wunderschönen Plan: »Mir geht es schlecht, euch geht es schlecht«, sagte der ältere, »ihr verreist ein paar Tage, und ich zünde inzwischen das Haus an.« Aber die 45,50 Mark für die Prämie waren nicht da. Sie verkauften also schnell einen Schrank, und der Pläneschmied fuhr sofort, denn es war bereits der 31. Oktober, nach Berlin in die Versicherung und drängte noch nach 5 Uhr den Vertrag dem Beamten auf. Und mit wahrhaft unzweckmäßiger Hast trat der jüngere Bruder mit seiner 19-jährigen Frau am gleichen Tage die besprochene Reise nach Hamburg an, aber die ordentliche Hausfrau blieb trotz Brandstiften eine gewissenhafte Bürgerin, sie gab ihre gesamte Wäsche zum Waschen, schrieb sie auf und verwahrte den Zettel in ihrer Handtasche. So weit klappte alles, aber Brandstiftung will verstanden sein. Zwei Tage darauf bemerkte man im Dorfe, dass verkohlte Vorhänge an den Fenstern hingen. Man forschte nach und fand vier hübsch und sorgfältig mit Benzin und Petroleum präparierte Winkel. Balken und Gardinen waren verkohlt, aber es hat offenbar nicht brennen wollen, woraus man ersieht, dass Pläne schmieden leichter ist als einen Brand entzünden. Vor Gericht leugnete der eine Bruder und gestand der andere, aber dies war gleichgültig, denn die Tat war klar, und so wurden die zwei bis dahin unbestraften Leute zu zweieinhalb und drei Jahren Zuchthaus verurteilt.

II.

Ein ordentlicher Arbeiter, dem es aber immer elend ging, hatte an der Wende der vierzig sich von seiner gleichaltrigen Frau abgewandt und ein junges Ding geliebt, das 19-jährig ein Kind bekam und mit ihm zusammen bei einer Wirtin wohnte, die sie draußen haben wollte. Sie bekam das auch schließlich fertig, ohne dass das Mädchen mit dem neun Monate alten Säugling ein Obdach hatte. »Ich will es ihr anstreichen!«, rief sie, als sie aus der Wohnung ging. »Ich werde der Frau die Bude anstecken.« Einige Zeit später brannte eine Matratze, die dort in dem dichtbewohnten Hause auf dem Korridor stand.

Der Mann, der schwer im Felde verwundet wurde, war nun als Anstifter, und das farblos blonde schmale Mädchen wegen Brandstiftung angeklagt. Sie leugneten, aber die Bekundungen der Zeugen sprachen gegen das Mädel. Zuletzt wurde die Frau des Angeklagten vernommen. Sie nahm, nachdem es von der Wirtsfrau hinausgeworfen worden war, das Mädchen mit dem Balg auf. Es stellte sich heraus, dass ihre Wohnung aus einer Stube und einem Korridor bestand. In der Stube schlief die Frau, das Mädchen, das Kind und eine Schlafgängerin, der Mann auf dem Korridor.

Der Vorsitzende, der offensichtlich spürte, dass hier bürgerlich ethische Maßstäbe nicht ausreichten, fragte zögernd: »Wieso haben Sie die Geliebte Ihres Mannes aufgenommen?« – »Sie hat drei Nächte auf der Treppe geschlafen, das Wurm war schon ganz blau gefroren. Fräulein kommen Sie rein, habe ich da gesagt, Sie können nicht umkommen. Das war Christenpflicht. Meine Kinder sind tot«, fügte sie hinzu. – »Was soll denn nur werden?«, fragt der Vorsitzende. – »Ich habe immer hart gearbeitet, hatte Nachtschicht, ich konnte mich um meinen Mann nicht kümmern. Wenn es nun schon so ist, sollen sie meinetwegen heiraten; ich lasse mich scheiden.«

Ganz am Anfang der Verhandlung stand die Frage des Vorsitzenden an die Angeklagte: »Auf demselben Korridor wie die Matratze stand doch Ihre gesamte Habe?« – »Ja«, antwortete das Mädchen.

Ein Gegensatz zweier Weltanschauungen ist formuliert: Die Kleinbürgerin, die, falls die Sache mit den 30000 Mark so nicht klappt, wenigstens die Wäsche retten will, und die Proletarierin, die völlig ihr bisschen Habe vergisst. Daneben steht diese Alternde, die weiß, dass die Lebensnot sie zwang, ihren Mann zu vernachlässigen, und die trotzdem unverbittert einer Jungen die Hand reicht, ja, sie sogar aufnimmt, weil man keinen Menschen zugrunde gehen lassen darf. So zwecklos und so rein können wahrscheinlich nur Menschen handeln, die aus Fülle oder Mangel jenseits des Besitzes stehen.

Der Mann wurde freigesprochen, das Mädchen zu neun Monaten Gefängnis verurteilt.

(BT, 30. Juni 1925)

Russische Falschmünzer vor Gericht
Emigrantenschicksale

Falsche Pfundnoten

Im Jahre 1920 kam die Flut der russischen Menschen herge-stürzt über Europa. Sie wurden, Überlebende einer Sintflut, in die hohen Häuser der Weltstädte gespült. Sie veränderten das Gesicht unserer Stadt. Und mit all ihrer Schwermut waren die Frauen elegant, wussten sich zu schmücken, gründeten die Männer Zeitungen. Buchläden, 84 an der Zahl, Theater, Re-staurants, in denen es Balalaikakapellen gab und Tänzerinnen und in denen man sich daran erlaben konnte, dass am Neben-tisch Iwan Karamasow saß.

Aber nicht alle fanden, nachdem im Weltleben des Krieges, der Revolution, der Pest und des Hungers der Mensch den Mit-menschen anfiel und vernichtete, den Weg in die europäische Zivilisation zurück.

Falschmünzer aus russischen Emigrantenkreisen standen gestern vor zwei Schöffengerichten in Moabit.

Der eine wurde 1886 in Moskau geboren: der Vater war Eisenbahnbeamter. Er besuchte das Gymnasium in Moskau, wurde Ingenieur, machte 1915 sein Examen, hatte ein elektro-technisches Büro in Moskau, eine Fabrik in Tula, war rekla-miert und hatte bis zum Ausbruch der Revolution 15 000 Mark Vermögen erworben.

Er floh zuerst nach der Ukraine, dann nach der Krim, wo die Familie Weingüter in Jalta hatte; alles wurde konfisziert. 1920 kam er nach Konstantinopel, wo er einen Film verkaufen wollte, fuhr von dort nach Triest, Wien, Berlin, aber aus dem Verkauf wurde nichts. Die Seinen aber waren in Russland von Mitteln entblößt; sein sechsjähriger Sohn hatte tagelang durch den Wald marschieren müssen, die Frau war vergewaltigt worden.

Da traf er seinen Freund M. den Sohn eines berühmten Malers, der erzählte ihm, dass er ein Verfahren erfunden habe, um das berühmte Wasserzeichen der englischen Pfundnoten nachzuahmen, auf dem fast allein der Schutz des englischen Geldes beruht. Noch kann er sich nicht entschließen, derartiges Geld anzunehmen, da erhält er einen neuen verzweifelten Brief seiner Frau, Verhaftung und neuer Missbrauch drohen. Nun nimmt er auch Hilfe in dieser Form an. M. schenkte ihm 20- und 50-Pfundnoten. Im Ganzen verbrauchte er nach und nach im Laufe eines Jahres 25 000 Mark. Der größte Teil ging nach Russland und wurde ausgegeben, um Visa für seine Familie, aber auch für Lackstiefel und Zigaretten, zu erhalten. Um die Noten zu wechseln, fuhr er nach Zürich und Danzig, nach Frankfurt a. M. und London. Hier kam man ihm auf die Spur. Er versteckte den Rest, fünfzehn 20-Pfundnoten, hinter einem Anschlag in seinem Hotelzimmer, ein Tapezierer fand sie dort, freute sich über den Fund und entdeckte bald, dass er selber betrogen war.

Der berühmte Maler M., der zu drei Jahren Zuchthaus wegen Falschmünzerei bereits verurteilt worden war, stand als Zeuge vor Gericht. Er ist eine hünenhafte Erscheinung, mit einem Kopf, den man nur als Schädel bezeichnen kann, von grauen Haaren überwallt und einem mächtigen Vollbart. »Wir gewährten Ihnen damals mildernde Umstände«, sagte der Vorsitzende, »um der Gräuel willen, die Sie in Russland erduldeten.«

Durch wie viel Elend muss dieser Mann gegangen sein, bis er

auf die Idee kam, das technische Verfahren zu erforschen, um die englischen Wasserzeichen herzustellen, »um die echten Wasserzeichen herzustellen«, wie er es ausdrückt, was ihm in einer Weise gelang, dass der zuständige Dezernent erklärte, »es waren die besten Falschnoten, die wir bisher hatten, sodass auch Bankdirektoren sie nicht erkannten«. Er bestätigte die Angaben des Angeklagten. Der Antrag des Staatsanwalts lautete gegen ihn, den im Übrigen auch England fordert, auf fünf Jahre Zuchthaus. Das Gericht erkannte auf 2½ Jahre.

Der Kranke

Vor einem anderen Gericht standen vier Angeklagte wegen Vertreibens falscher Dollarnoten in der schlimmsten Inflationszeit. Es sind vier verschiedene Typen des russischen Völkergewimmels. Der erste ist ein geborener Russe – »staatenlos«, lautet die schwere Antwort auf die betreffende Frage –, ein halbes Kind, war er eine Zeitlang hier allein und von den Älteren mitgeritten worden.

Der zweite trägt einen baltischen Adelsnamen, er floh aus Innerrussland 1919. Zuerst eröffnete er hier einen Delikatessenladen, machte damit bald Bankerott, vermittelte dann Immobiliengeschäfte, aber auch das scheint ein allzu dürftiges Brot abgegeben zu haben, da versuchte er es mit Adlern, die er schnitzte, und anderen russischen Holzarbeiten, doch auch das ging nicht mehr, und er erwischte endlich einen Posten in der Passvermittlungsstelle. Kurz darauf erkrankte seine Mutter, musste operiert werden, er verkaufte die letzten Juwelen, erhielt falsches Geld dafür, da half ihm der dritte mit falschem Geld heraus und in diese Verhandlung hinein. Der dritte aber ist ein Graf mit einem Namen von romanischem Klang, ein Rittmeister, der sieben Jahre im Kriege war, nach Auflösung der Wrangel-Armee ins Kalischer Lager kam und zu seiner Frau nach Dalmatien wollte. Er leugnet alles, wird aber durch Zeugen und seine Mitangeklagten beschuldigt, der Führer gewesen zu sein. Er hat mongolische Backenknochen, einen kurzen, schwarzen, assyrischen Bart, schwarze stechende Augen, die platte aufgestülpte Nase der Samojeden, wahrhaft ein Skythe, ein Halbasiate.

Woher das falsche Geld kam, weiß man nicht. Aber dieser gräfliche Offizier der ehemalig kaiserlich russischen Armee und jetzige Falschmünzer, der viele Leute um ihr bisschen Inflationsgeld brachte, ist ein schwer kranker Mensch, der auf einer Tragbahre lag.

Es heißt, dass er durchaus nicht wollte, dass seine Verhandlung abgetrennt werde, und dass diesem Wunsch des Angeklagten nachgegeben wurde. Aber kann man, so fragt der Zuhörer, die kranke Kreatur verurteilen? Ist es noch Recht, dass man in Bezug auf einen Menschen auf einer Tragbahre spricht, oder nicht vielmehr Unfug und wider die Menschlichkeit?

Im Übrigen wurde er zu 2½ Jahren Zuchthaus verurteilt, der Balte zu 1⅓ Jahren, der Junge zu 1½ Jahren mit Bewährungsfrist.

(BT, 14. Juli 1925)

Der Invalide

Kennen wir ihn nicht alle, den Invaliden, den Beinlosen, Armlosen, den Blinden, das Bündel Mensch, das an den Straßen steht, Münzen zu empfangen, herkommend aus der Menschenschlacht? Wenn ein also Geschlagener auf der Anklagebank sitzt, gehört sich im ersten Augenblick ein gefühlsmäßiges Gerechtigkeitsgefühl, aber hören wir:

Er gehört der unseligen Kriegsgeneration derer an, die zwischen 1880 und 1900 geboren wurde, ist jetzt 36 Jahre alt. Sein Vater war Müller und hat sich erschossen. Er selbst war ursprünglich Heizer. Als er 1914 ohne Arbeit war, stahl er den Reisekoffer seiner Braut, so fing es an. 1915 bei Gorlice – ist es wahrhaft schon 10 Jahre her? – 1915 bei Gorlice verlor er ein Bein, bis hoch hinauf. Seit 1917 bis 1924 handelte er auf der Straße mit Zigaretten und verdiente gut damit. Aber mit der Inflation hörte das Geldverdienen auf, und er begann zu stehlen.

Eines Abends sprach er in der Nähe des Schlesischen Bahnhofs einen Mann an: »Habt ihr nicht ein paar Groschen für mich?« Der Mann nahm ihn mit in eine Kneipe, hielt ihn frei. Als sie am Schanktisch standen, rutschte der Invalide aus, fiel auf den Gastgeber, der sofort darauf seine Uhr vermisste, die man in der Tasche des Invaliden fand. Der Invalide weinte, er wisse von alledem nichts, sagte er.

Der Sachverständige schilderte die im höchsten Maße bedauernswerte Lage solcher Schwerverletzten, die tatsächlich auf die Mildtätigkeit der Menschen angewiesen seien. Sie würden alle hysterisch werden, wehleidige, weinerliche Psychopathen.

Die ehemalige Braut des Invaliden, jene Bestohlene von 1924, erschien, eine 41-jährige Reinmachefrau, verarbeitet und indolent steht sie da, die Hände über dem Leib gefaltet, eine, die sich quälte, ihr Leben lang Verstaubtes zu scheuern und Schmutziges zu reinigen, müde in ihr Bett sank, erst in ihrer Mädchenkammer und dann als Schlafgängerin. 1912 lernte sie den Invaliden kennen, verlobte sich mit ihm, er wollte sie heiraten, sie liebte ihn, der ein schwarzer, schöner Mann war, und er nahm ihr dafür ihr Hab und Gut.

»Erzählen sie uns, wie er früher war, vor seiner Verwundung«, sagte der Richter. »Ich weiß es nicht«, antwortete sie auf diese wie auf alle Fragen. Alle paar Sekunden geht das gleiche Nervenzucken über ihr Gesicht. Der Invalide, es ist Diebstahl im Rückfall, er ist sieben Mal vorbestraft, wird wegen der beiden Uhren zu acht Monaten Gefängnis verurteilt. Die Inflationsjahre erscheinen ihm als Glanzzeiten, in denen er sich mit dem Zigarettenverkauf gut und redlich ernährte. Nun, da normale Zeiten eintraten, werden diese Unglückseligen einer verwirrten Epoche ans Ufer geworfen, angewiesen auf die Barmherzigkeit in Tagen, da jeder selbst um seines Lebens Notdurft aufs härteste kämpfen muss.

(BT, 29. August 1925)

Die große Hilflosigkeit

Der Angeklagte ist bald 60 Jahre alt. Vors.: Sie sind vielfach vorbestraft. – Angekl.: Jawohl. – Vors.: 51 Mal. – Angekl.: 57 Mal, Herr Vorsitzender. – Vors.: Immer wegen versuchten Betruges mit Ringen. – Angekl.: Jawohl, Herr Vorsitzender, außer einem Mal wegen Schmalz. – Vors.: Sie beschäftigen sich also mit Ringnepperei? – Angekl.: Nein, mit Kurzwaren! Ich sage es auf Ehre und Gewissen, ich habe noch nie einen Ring verkauft. Ich bin jedes Mal verhaftet worden. – Vors.: Hören Sie mal, das ist aber ein schlechtes Geschäft. Geben Sie doch den Ringartikel auf und bleiben Sie bei den Kurzwaren. Sie sparen sich und uns Unannehmlichkeiten.

Diesmal ist er zum 58. Male wegen versuchten Betruges angeklagt. Einem der Zeugen bot er auch eine goldene Uhr an.

Angekl.: Ich bin nämlich Quartalssäufer, deshalb wollte ich die Uhr verkaufen.

»Ja, ja, das ist so mit mir. Ich habe gut verdient mit dem Hosenträgerhandel, 30 bis 50 Mark am Tag, dann hab' ich mir am Abend eine Droschke genommen, bloß damit ich nicht an den Destillen vorbeikomme. Aber es hat alles nicht geholfen. Ich hab' dann doch halten lassen. Wie ich dann nach Haus kam, hatte ich kein Geld mehr, aber Ringe in der Tasche, ich habe immer nur Ringe nach dem Trinken gehabt. Ich weiß nicht, wer mir die gepumpt hat. Wenn ich dann versuchte, einen zu verkaufen, bin ich gleich ertappt worden, und sie nahmen mich fest. Und ich kam ins Gefängnis, und für ein Jahr Arbeit haben sie mir dann am Ende 12 Mark ausbezahlt, die hab' ich mit drei-, viermal Übernachten ausgegeben. Dann fing der Tanz von vorn an. So ist es gegangen, und 57 Mal bin ich bestraft worden.«

Vorn auf dem Richtertisch türmen sich die Akten, blaue Deckel, grüne Deckel, rosa Deckel, türmen sich die Gesetzbücher. Dahinter sitzen fünf Männer, drei im Talar, dazu noch Staats- und Rechtsanwalt. Aber keiner weiß etwas auf diese in einem höchst kindlichen Ton vorgetragene Rede zu erwidern. »Gefängnisfürsorge?«, fragt der Vorsitzende. – »Hat nie etwas für mich getan.« – »Bodelschwingh?«, fragt ein Beisitzer. – »Ehe ich zu Bodelschwingh gehe, da bringe ich eher 20 Pfennige für einen Strick auf.« – »Tja«, seufzt der Vorsitzende, »wir alle wissen, dass die Gefangenenfürsorge leider noch sehr im argen liegt.«

Der Arzt gibt das typische Bild: Vater und Mutter Trinker, er früh dem Alkohol verfallen, Delirium, Krämpfe, Gefühlsstörungen, dabei ein gutartiges Geschöpf, hat niemals ehrlich gearbeitet. Ein Mädchen verliebte sich in ihn, wollte ihn gänzlich bei sich behalten, für ihn sorgen, für ihn arbeiten. Er lief davon. Einer aus dem ewigen Volk der Landstreicher. – Mühselig versucht die Gesellschaft, mit Irrenhaus und Gefängnis sich vor ihnen zu schützen. Aber was fehlt, sind die Anstalten zwischen diesen. Bewährungsanstalten für die Harmlosen. »Ich will ja nichts weiter als eine Stellung, wenn ich rauskomme«, sagt der Angeklagte.

Die Beratung dauert lange. Das Urteil des Vorderrichters, ein Jahr Zuchthaus (!), wird aufgehoben. Es wird auf ein Jahr Gefängnis erkannt. Sechs Monate soll er davon absitzen. Führt er sich gut, dann soll ihm Arbeit verschafft werden und er sich einer Schutzaufsicht unterwerfen. »Na und wenn mir nun keiner Arbeit verschafft?« »Hoffen wir, dass es möglich ist, sonst, ja sonst müssten Sie eben auch das zweite halbe Jahr absitzen.«

(BT, 1. Oktober 1925)

Nachtgestalten
22 Kokainhändler vor Gericht

An den Ecken der Nürnberger und Tauentzienstraße, an der Ecke der Bessel- und Charlottenstraße standen sie, stehen sie und flüstern Kokain, Tänze, Zigaretten, Spielklubs.

Der Krieg ist vorbei, der Hunger reitet, schwächer geworden, durch die Quartiere der Alten, aber die Seuche schwingt noch die siebenschwänzige Geißel.

Von einem Mittel, kaum benutzt, wurde das Kokain im Kriege als Gegengift gegen das Morphium viel verwendet, 1918 wurden die Heeresbestände verschleudert. Das Gift gelangte ins Volk, das ausgehungert, zerrüttet, entwurzelt war, körperlich und seelisch krank, tausendfach disponiert, Narkotika aufzunehmen. Denn nicht das Kokain verseucht, sondern nur körperlich oder geistig Angefaulte nehmen es. Es gibt nach der augenblicklichen Meinung der Sachverständigen überhaupt keine ärztliche Indikation, die die Verordnung von Kokain für den Selbstgebrauch des Laien notwendig machen würde, den Gebrauch eines Giftes, das mehr als jedes andere seelisch und körperlich vernichtet, dessen Gebrauch schlechthin langsamen Selbstmord bedeutet.

22 Kokainhändler, gefährlichste Schädlinge des Volkes, saßen heute auf der Anklagebank.

Da war der Großhändler, der nur vom Büro aus arbeitet, sein Adlatus, der von Restaurant zu Restaurant mit den kleinen Packungen zieht, die Unterhändler, die sie an der Zentrale an der berüchtigten Ecke Besselstraße an Gebraucher und Wiederverkäufer vertreiben. Es sind üble Existenzen, von Haus aus Schlosser, Gärtner, Kaufleute, sind sie jetzt berufslos, leben vom Kokainhandel, dazwischen zwei Frauen, alle häufig vorbestraft. Und dann die Zeugen. Der Inhaber eines Lokals im Westen, in dem hauptsächlich mit Kokain gehandelt wurde, der Kellner, die Garderobenfrau, und ein Paar, hier ans Licht geworfen aus übelster Tiefe, ein blondes, blassgesichtiges, schmales, blutjunges Bürschlein, gänzlich in ein schäbiges Schwarz gekleidet und schwarzen baumwollenen Handschuhen an den Händen, und seine Begleitung, ein Mädel mit einem blassblauseidenen Kleid, das nicht bis zum Knie reicht, rosa Strümpfen, schwarzen Lackschuhen und unter einem grellblauen Samthut ein grobes Gesicht. Tänzelnd geht sie zum Vorsitzenden, bellt etwas, aus dem man entnimmt, dass sie im Kabarett tätig ist, und Gertrud heißt. Jawohl. Gertrud, nachdem sie früher Paul hieß, aber sie sei nicht Paul, sie sei Gertrud. Im Zuschauerraum dasselbe Publikum. Mädchen, wie Zeichnungen von Rops und Goya, hohle Gesichter, große schwarze Hüte, Monokel im

Auge. Männer führen den gekrümmten Mittelfinger an die Nase, das Gift zu schnupfen. Ein paar weniger werden von nun an an den Straßenecken stehen und heiser dem nächtlichen Bummler den Rausch offerieren, ein paar weniger ins Irrenhaus kommen, die seit 1918 die Kokainisten bevölkern.

(BT, 14. Oktober 1925)

Die »Perle«

Luise Neumann, Ende der dreißig, führte ein ordentliches und arbeitsames Leben bis zum Jahre 1922. Sie war Fabrikarbeiterin, im Kriege Weichenstellerin, ihr erster Mann war 1916 gefallen, 1919 hatte sie, zum zweiten Mal, einen Kutscher geheiratet, der häufig schon wegen Diebstahls vorbestraft war. 1922 wird er arbeitslos. Sie tritt in großer Not die erste Aufwartestelle bei einer Lehrerin an, stiehlt ein Opernglas, verschwindet, verkauft es. Das ist der Anfang. Auf der nächsten Stelle nimmt sie eine goldene Uhr, auf der folgenden Platinkette und Brillanten, verdingt sich unter falschem Namen und lässt von nun an keinen Aufenthalt ungeplündert, nicht nur ihre Dienststellen, auch die kleinen Leute, die das Ehepaar aus Mitleid aufnehmen. Da ist ein Wirt in Hamburg, eine Arbeiterfamilie in Leipzig, deren gesamten Wäsche- und Kleidervorrat sie mitnahm.

Frau Neumann ist eine kleine zarte, blonde Frau, ununterscheidbar von Tausenden aus den Arbeitervierteln unserer Stadt. Sie gibt fast alles zu, spricht klar und intelligent, deckt völlig ihren Mann, der angeblich nichts ahnte. Der Vorsitzende zählt auf: Bei X. in der Y. straße 3 goldene Broschen, ein Kostüm, 3 Kleider, 1 Hut, 1 Skunksboa, 6 silberne Esslöffel, 6 silberne Teelöffel, 6 silberne Dessertlöffel, 1 Opernglas, 2 Herrenanzüge, 2 Herrenmäntel, 1 Strickweste, Wäsche, 1 Perserteppich, 1 Koffer, eine Handtasche, 15 Pfund Nudeln, Reis, ein Kalbsbraten von 7 Pfund, 1 geräucherte Gänsebrust und 2 Keulen.

»15 Pfund Nudeln waren es nicht«, erwiderte Frau Neumann ruhig. – Einmal fällt sie einem Zeugen gegenüber aus der Rolle: »Wat soll ick dir jestohlen ham, Mensch?« Ein Abgrund an Keiferei tut sich auf. Der Mann verspricht sich einmal im gleichen Ton: »so'n Stücke von Assessor.«

Hinter ihr sitzen vier unbescholtene, arme Leute, bei denen sie wohnte, ohne zu zahlen, und denen sie ein paar Wäschestücke überließ, sie sind der Hehlerei angeklagt. Die Neumann legte sie alle hinein und zerstört noch nebenbei eine Ehe. Elf Diebstähle sind ihr nachgewiesen, dem mitangeklagten Mann nur die Beteiligung an zweien.

Der Staatsanwalt beantragt für jeden kleinen Diebstahl drei Monate, für die größeren sechs respektiv neun Monate, im ganzen drei Jahre Gefängnis, für den Mann, der soeben eine anderthalbjährige Zuchthausstrafe abbüßt, als Rückfalldieb in zwei Fällen ein Jahr Zuchthaus. In der Beratungspause hält im Zuhörerraum einer aus der Freundschaft leise eine anarchistische Rede. »Was soll der Mensch denn anderes tun, wenn er arbeitslos ist und vorbestraft, als stehlen; keiner nimmt ihn. Für unsereins kostet das Brot 50 Pfennig, und für so einen, der sich'n Schnitzel kaufen kann, auch.« Gewiss, gewiss, hier liegt das schwerste Problem unserer Gesellschaft. Nur trifft es durchaus nicht auf diese Frau zu, die 14 Dienststellen hatte und wahllos stahl bei Arm und Reich.

Des Rätsels Lösung, wieso sie mit dreißig Jahren plötzlich eine Elster wurde, konnte nicht der Sachverständige geben, der von hystero-neurasthenischen Zuständen, von erhöhter Reflex-erregbarkeit und Ähnlichem sprach, sondern vielleicht die Art des Zusammenlebens dieser Frau mit ihrem Mann. Sie, die gemütsroh sogar eine Beerdigung ihrer Mutter zu irgendeinem Zweck erfand, neigte sich mit zartesten Gesten in der Pause zu ihrem Mann und blickte ihn wahrhaft verzückt an. Sie hat sicher alles unter seiner Leitung getan und tritt nun, ganz gleichgültig gegen sich selbst, nur für ihn ein. Sie hätte ihm wahrscheinlich bei jedem Verbrechen geholfen. – Das Urteil ließ es beim Antrag des Staatsanwalts.

(BT, 29. November 1925)

Der Radiomeineid
Die »leibhaftige Gemeinheit« vor Gericht.
Demonstration für eine Freigesprochene

Des Meineids angeklagt ist ein Dienstmädchen vom Lande, 19-jährig, sehr hübsch, bei einem jungen Ingenieursehepaar H. in Stellung. Sie sagt aus: Eines Abends, die Frau ist fort, kommt ihr der Dienstherr ins Badezimmer nach, umarmt sie, macht ihr einen Antrag, sie läuft davon. Später, als sie merkt, dass die Ehe schlecht, erzählt sie der jungen Frau den Vorfall. Die beantragt die Ehescheidung. Das Mädchen schwört. Der Mann sagt: falsch; zeigt sie an, schmiedet ein Komplott. Ein Mann aus dem Betrieb, der ihm als geschickt bezeichnet wird, wird sein Privatdetektiv. Er spricht das Dienstmädel auf der Straße an, unter dem Vorwand, dass er einen Weg nicht wisse, stellt sich bald als Filmdirektor »Föhn« vor, das Mädel, beglückt – o Film, – verabredet sich mit ihm, gehört ihm, er horcht sie aus, sie erzählt von ihrer Aussage. Und nun habe er ihr gesagt, er brauche für einen Zivilprozess eine falsche Aussage seines Geschäftsführers, um 125000 Mark zu retten, der wolle sich aber nicht dafür hergeben, sie solle doch sagen, das sei nicht so schlimm, sie habe so was auch schon mal getan, in einem Ehescheidungsprozess, man dürfe nur keine Mitwisser haben. »Ja«, sie wird es tun, dann sagt sie, sie hatte ihn lieb! Nun ist es so weit.

Der Ehemann H., der »Detektiv« und drei weitere Kollegen, alles Techniker, veranstalten eine Vorstellung. Ort der Handlung sind zwei Zimmer in einer befreundeten Wohnung, in einem sitzen der »Detektiv«, der den »Filmdirektor« spielt, das Dienstmädchen und ein Berufskollege des Ehemanns, als Filmgeschäftsführer verkleidet, im Nebenzimmer sitzen der Ehemann und seine zwei Freunde, den Schreibblock auf den Knien und den Bleistift in der Hand und den Radiohörer um die Ohren, jawohl, den Radiohörer um die Ohren, denn im Zimmer, in dem die Unterhaltung stattfindet, hatte die feine Gesellschaft vorher einen Aufnahmeapparat eingebaut!

Nun treten die Zeugen vor. Die Ehefrau H., ein sehr zartes und sensibles Geschöpf, sagt, wie unglücklich sie war: »Mein Mann tat nichts, wie am Radio bauen, wenn er zu Haus war, nicht eine Stunde hatte er für mich frei«, im Übrigen haben sie sich wieder verglichen, leben zusammen.

Der »Detektiv« erscheint. »Wie viel«, fragt der Richter, »erhielten Sie von H. für Ihre Dienste?« »Für meine Zeit, die ich in die Sache steckte, 200 Mark, und 50 Mark für die Kurkosten, weil ich mich nämlich angesteckt hatte.«

Radio hin, Radio her, schwor aber das Mädchen einen Meineid?

Der junge Bruder der Frau H. war damals in der Wohnung, lauschte, weil er seiner Schwester helfen wollte, und hörte das

Mädchen: »nicht doch! nicht doch!« rufen. – Zuletzt aber kommt der Ehemann, derb, grob, blond, schwört und gibt zu: »Umarmt wohl, aber keinen Antrag gemacht.« Das genügt. Der Staatsanwalt beantragt die Freisprechung und macht dem empörten Herzen jedes anständigen Menschen Luft in der rückhaltlosen Verurteilung der Zeugen. Der Rechtsanwalt ein Gleiches und stellt den Antrag auf Verhaftung des »Detektivs«. Das Gericht verkündet den Freispruch.

Im Zuschauerraum aber sitzt der Betriebsrat des riesigen Elektrizitätswerkes, in dem die Zeugen beschäftigt waren, sitzt das Volk, und, was nie in Berlin vorkommt, es kommt auf der Straße zu einer Demonstration; dem Rechtsanwalt wird ein Hoch dargebracht. Herr H. und seine Freunde werden mit einem wütenden »Pfui« empfangen. Sie alle machten ihre Aussage mit der natürlichsten Miene, sie merkten gar nicht, wie abgrundtief ihre Gemeinheit. Und das war vielleicht das Allertraurigste in dieser wüsten Verhandlung. – Wann werden all unsere Zimmer mit Horchapparaten ausgerüstet sein?

(BT, 28. Januar 1926)

Die unnatürliche Tochter

Bei, sagen wir, Schulzes kam ein Kind an. Es wurde in eine Windel gepackt. Der Arzt kümmerte sich um die Mutter. Die Hebamme holte warmes Wasser. Der Vater, überflüssiger Gegenstand, kam herein, fragte den Arzt: »Ist es ein gesundes Kind?« – »Sie haben ein gesundes Mädchen«, antwortete der Arzt.

Um dieses »Mädchen« ging es. Denn sechs Wochen später,

als die vermeintliche Tochter bereits eine wohleingetragene Bürgerin Grete war, kam ein Kinderarzt und erklärte: »Das Mädchen ist gar kein Mädchen, sondern ein Junge.« Nun ja, denkt der Laie, der Arzt hat nicht genau hingesehen, irren ist auch hier noch menschlich. Das dachte auch der glückliche Vater, der nun seine Grete in Hans umnennen musste, Lauferei hatte beim Standesamt und auch Kosten, die der Arzt zu tragen sich weigerte. Das ärgerte den Vater, weshalb er mehrere Briefe schrieb, darunter einen beim ersten Geburtstage seines nunmehrigen Sohnes, der mit der unziemlichen Wendung begann: »Am Jahrestage Ihrer Dummheit«, mit »frech« fortfuhr und mit »herumerzählen« endete. Daraufhin erhob der Arzt die Beleidigungsklage.

Der junge Amtsrichter überlegte, ob hier die Öffentlichkeit auszuschließen sei, entschied aber mannhaft, dass weder eine Gefährdung der öffentlichen Sittlichkeit noch vor allem der Staatssicherheit vorliege, und verhandelte vor allem Volke. So begann ein medizinisches Kolloquium von drei Ärzten und einer Hebamme. Wir erfuhren, dass die Sache mit der Einteilung in Männchen und Weibchen, die wir bisher für die natürlichste Grundlage der Welt zu halten uns erlaubt hatten – schon wegen der Institution der Fortpflanzung, der Quälerei mit den lebendigen Jungen –, laienhaftem Übermut zuzuschreiben ist, und wie schwierig es damit bestellt. Wir bereicherten unseren Sprachschatz mit dem Wort »Pseudohermaphroditismus« und unseren Geist, oder was wir so nennen, mit dem Hohelied eines geheimrätlichen Sachverständigen auf die Intuition, dass nämlich in der Medizin, wie in aller Wissenschaft überhaupt, »daran denken schon erkennen« sei. Der Säugling persönlich war nicht erschienen.

Der Richter verurteilte den stellungslosen, verklagten Vater zu 30 Mark Geldstrafe rücksichtlich der schweren Gefährdung des Rufes eines angesehenen Arztes, aber auch rücksichtlich der bedrängten Lage des Beklagten. Wir anderen aber wollen dem Menschlein, das auf so abenteuerliche Weise in dieses Leben trat, das ein schweres Examen ist, wünschen, dass es gut bestehe und dass es nicht in zwanzig Jahren auf bittere und dunkle Wege gerate, deren Ursache nur wir wenigen verstehend wüssten.

(BT, 30. Januar 1926)

Viel Lärm um einen Auflauf
Ein Prozess um acht Mark, das Prinzip und den »Geist der Gemeinschaft«

Prinzipieller Prozess. Ein Schriftsteller, vorzüglicher Übersetzer, tatkräftiger Vermittler französischer Literatur, ist angeklagt. Über der Tür des Gerichtszimmers steht braun und grün: »... die aber widerstreben der Obrigkeit, werden über sich ein Urteil empfangen.« Es handelt sich um den Protest gegen eine Polizeistrafe von 8 Mark wegen Verursachung eines Auflaufs. Leider war hier die Obrigkeit nicht engstirnig, sondern ins Geistig-Intellektuelle »verdorben«, was den Sinn der Szene verschiebt.

Folgendes geschah nach Aussage des Schriftstellers: Er durchfuhr um zwei Uhr mittags mit einem Droschkenauto die Wilhelmstraße, musste Ecke Unter den Linden warten, stieg aus, kaufte eine Zeitung, sah Schupo und Chauffeur diskutieren, wollte dem Chauffeur beistehen, sagte: »Wenn der Chauffeur nicht weitergefahren ist, so habe ich daran Schuld, ich kaufte mir nämlich eine Zeitung.« – »Ach was, Zeitung«, sagte der

Schupo, »scheren Sie sich in Ihren Wagen.« – »Ich verlangte«, sagt der Angeklagte, »darauf aufs schärfste Namen und Nummer des Schupo.« Die wurde gegeben. Infolge der Diskussion hatte sich ein Verkehrshindernis in Form von 45 Wagen und 100 Zivilpersonen gebildet. Der Schriftsteller schritt erregt die Linden weiter, Schupo II trat heran, sollte ihn feststellen, versuchte es aber mit der Menschlichkeit und legte nahe, beiderseits keine Anzeige zu machen. »Aber«, sagte der Angeklagte, »ich bestand aufs schärfste darauf, einem Offizier zugeführt zu werden«, gebrauchte einige Worte wie »verhaftet werden«, was der Richter in »sistieren« milderte und erklärte, dass er den Schupo II wegen Nötigung und Freiheitsberaubung angezeigt habe, denn jedermann wäre infolge des »Scheren Sie sich« wegen Beleidigung verurteilt worden, und ein Beamter?!?

Der Dichter hatte Pech, da er es bei seinem prinzipiellen Prozess durchweg mit sympathischen Personen zu tun hatte, die als Zeugen sowohl das Worten »Scheren« wie das Anerbieten eines Neutralitätsvertrages rundweg als ein Phantasiegebilde erklärten, worauf sich der Amtsanwalt erhob und es bei der Strafe von 8 Mark zu lassen bat. Der Rechtsanwalt aber holte weit aus: »Ein öffentlicher Missstand!«, rief er, »der Schriftsteller, wie es seines Amtes ist, schreitet ein! Repräsentativste Stelle Berlins! Im höheren ethischen Sinne Verpflichtung!« Herrgott, er ließ sich nicht lumpen, die Volkssouveränität führte er ins Treffen und Juristika wie die petitio principii[7]. »Nicht im eigenen Interesse, im Interesse der Öffentlichkeit hat er die Öffentlichkeit gefährdet. Ich beantrage die Freisprechung.« Mirabeau[8] setzte sich, nach einer halben Stunde. »Sie schließen sich wohl den Ausführungen Ihres Herrn Verteidigers an«, sagte verzweifelnd der Richter. »Nein«, erwiderte der Schriftsteller, »aus einer Winzigkeit wurde ein ernster Fall«, und auch er beginnt vom Prinzip und der Freiheit und dem Geiste der Gemeinschaft.

Der Richter erklärte dies alles für einen Auflauf und groben Unfug und erhöhte die Strafe auf 20 Mark.

Ein Handwerksmann, der mit seinem Weibe den Vorgang sah, erklärte, dass der Herr sich wie ein Kind benommen habe. Der Angeklagte lächelte entzückt: »Sind wir nicht alle Kinder, Wunderkinder natürlich, wir Schaffenden?«

Es schwebt noch die Klage gegen den Schupo, auch kann niemand wissen, ob unser Rebell nicht Berufung einlegen wird.

(BT, 16. Februar 1926)

Völkische »Helden«

Ein Prozess wegen Widerstandes gegen die Staatsgewalt und ein Vorsitzender, der sich alles gefallen lässt

Ist eine Verhandlung anberaumt wegen Widerstandes gegen die Staatsgewalt, so handelt es sich meist um eine Sistierung infolge Gebrülls, infolge von Schnaps oder infolge einer Rauferei um eine Braut an einer belebten Ecke, wobei ein Schupo nach dem Namen des Brüllenden oder Raufenden fragt, und dieser statt Schulze, geboren am x. des y. antwortet: »Wat wollen Se denn von mir?« Der Schupo wird dann gleich zur »Staatsgewalt« und der Satz: »Wat wollen Se denn von mir?« zum »Widerstand« und beides zum besagten »Widerstand gegen die Staatsgewalt« zusammengezogen. Manchmal tritt dieser Widerstand im Zusammenhang mit Umzügen, Liedersingen, Stockdrohen auf dem Hintergrund einer Weltanschauung auf, auch dann pflegt er vor Gericht auf irgendeine Ungebühr feuchtohriger Knaben zusammenzuschrumpfen. Vier derartige junge Herren standen gestern vor Gericht. Sie hatten sich nach einer nationalsozialistischen Versammlung in der Berliner Straße an einem Umzug beteiligt, teils ungebührliche zoologische Ausdrücke gebraucht, teils ihrer Sistierung widerstanden, teils waren sie stockbewaffnet gewesen. Aber nicht dies war das Erstaunliche oder Erschreckende, denn erschreckend war diese Verhandlung durch die Dreistheit, um es ganz milde auszudrücken, der Herren Angeklagten und der Wortlosigkeit des Landgerichtsdirektors Tölke ihnen gegenüber.

»Da die Gegner uns mit Messern von hinten, aus Hausfluren zu überfallen pflegen«, sagt der eine, »und ich bereits einmal in der Charité lag, trug ich selbstverständlich einen Stock.« Ein anderer, geborener Russe, läuft mit einem Totschläger in der Tasche herum: »Ich bin täglich in Mecklenburg von Reichsbannerbanditen[9] überfallen worden ...« Von diesen Jünglingen, die vom System und Politik sprechen und gegen den Staat sind, antwortet der eine auf die Frage, ob er deutscher Staatsangehöriger sei: »Mecklenburgischer.« Alle sagen zum Vorsitzenden »Herr Staatsanwalt«. Die Gerichtsverfassung ist ihnen offensichtlich so unbekannt, wie Verfassungen überhaupt, was den einen nicht hindert, zum Landgerichtsdirektor nach irgendeiner Dreistheit zu sagen: »Ich sage das, obwohl Sie ja wohl älter sind als ich, Herr Staatsanwalt«, was ruhig hingenommen wird.

Schuld an allem sind die Schupoleute. »Skandalöser Überfall vonseiten der Polizei«, bis der Vorsitzende endlich ironisch bemerkt: »Natürlich, nur die Beamten veranstalten Umzüge, singen Lieder und schreien Hoch und Nieder.«

Die Zeugen (einer, der Wachtmeister, interessantes Zeichen der Zeit, ist ehemaliger Student der Rechte) werden von den Angeklagten sofort des Meineids beschuldigt. Der Vorsitzende rügt diese Ausdrucksweise nicht. Das Gericht aber folgte den Aussagen der Zeugen, ging sogar in einem Fall über den Antrag des Staatsanwalts hinaus und verurteilte zwei der Angeklagten zu 20, einen zu 10 Mark und den Studenten, der auf einen Schupo mit dem Stock losgegangen war, zu 80 Mark Geldstrafe.

»Wenn Sie die Strafe nicht annehmen wollen, legen Sie Berufung ein!«, sagt der Vorsitzende.

»Vor so einem Gericht!?!«, wird ihm geantwortet, ohne dass der Vorsitzende von dieser Unverschämtheit Kenntnis nimmt.

(BT, 3. März 1926)

Die Doppelgängerin

»Dies ist die seltsamste Verhandlung«, sagte der Richter, »die ich je erlebte.«

Einige Herren vermissten nach galanten Abenden Wertgegenstände, zeigten die Diebin an, hatten Schriftliches und Fotografien von ihr. Man fand die Gesuchte, eine fremde Abenteuerin, eine fahrende Frau Toska Mina. Trotzdem die Schriftprobe fast die Identität ergab, die Fotografien höchst ähnlich waren, blieb, da sie leugnete, ein winziger Zweifel, auch bei den Freunden. So wurde sie freigesprochen.

Mit Recht! Denn fast vier Jahre später stellte sich eine andere Frau, ihre Doppelgängerin, freiwillig der Polizei. Sie steht vor Gericht. Halb sieht sie aus wie eine Aristokratin, die vom Golfplatz kommt, halb wie eine kunstgewerbliche Garçonne; braunes Sportkostüm, die Hände in den Taschen, schlank und schmal, einen breitrandigen Filz auf dem kleinnasigen Jünglingskopf, rassig und nervös, Grete, die Tochter eines Handwerkers aus einem thüringischen Landstädtchen. Sie besuchte eine Haushaltungsschule, wurde ein arbeitsames Wirtschaftsfräulein, bis eines Tages ihr Talent entdeckt wurde, aus allerhand Buntem Puppen zu machen, die ihr ein großer Kunstgewerbler abnahm. Es war der Sommer 1921. Die Stadt dampfte von Spannungen. Da lässt sie sich herauswehen aus ihrer bürgerlichen Stellung, herunter in die Portiersloge, ein Hehlernest, wo sie unterschlüpft, hinaus auf den Bayerischen Platz. Richter: »Sie gingen auf die Straße? Unter vielen Namen? Tatjana? Sonja?« – Sie schweigt und weint. – Richter: »Sie ließen sich Geld geben?« – »Nein!«, sagt sie empört. – Richter: »Aber von Zeit zu Zeit nahmen Sie einen Wertgegenstand mit?« – Sie nickt schweigend. Sie hat ihre eigene, seltsame Ethik. Es werden ihr vier Diebstähle vorgeworfen, zwei gibt sie zu. Es dauerte damals nicht lange mit den Puppen und den Abenteuern. Sie wurde verhaftet, entlief aber der Polizei und ihrem verirrten Sein, traf einen Mann, der sie zu sich selbst, zur Grete, zurückbrachte. Bei dem lebte sie nun seit fünf Jahren wieder still und ordentlich, aber ausgestrichen aus den Listen der deutschen Bürger. Jetzt will er sie heiraten: »Ich will wieder ordentliche Papiere haben, reinen Tisch machen.«

Die Zeugen treten ein, irgendwelche aus dem verlorenen halben Jahr. Ein Grieche, Kimon, mit dem Nachnamen eines persischen Königs, erkennt sie nicht.

Ein feudaler Baron kommt: »Anzeige? Hab' ich nie jemacht.« – »Aber bitte, hier«, sagt der Richter. – »So, so, ja, allerdings, das ist meine Unterschrift. Aber *die* is es sicher nich jewesen, is jar nich mein Typ, ich interessiere mich nur für schwarze Frauen, es war sicher nach nem juten Diner, da weiß ich nichts mehr.«

Der Dritte ist ein derber Kaufmann, der jovial lächelnd ein

Abenteuer erzählt. »Die Nadel hat sie mir ersetzt, ich fühle mich nicht geschädigt.« Er sieht sie an. »Sie hat sich sehr verändert, sieht jetzt gar nicht mehr der Toska Mina ähnlich.«

Dann bleibt als einziger unersetzter Diebstahl eine goldene Uhr.

Das Gericht zieht sich zur Beratung zurück. Das Mädchen sieht starr geradeaus durchs Fenster, abwesend in ihre Vergangenheit. Plötzlich schluchzt sie auf, wirft die Hände vor das Gesicht. Welch widerliches Bild schlug sie ans Kreuz? Die vier Männer sehen nach ihr hin, der 26-jährige Grieche, der alte Baron, der freundlich behagliche Kaufmann und ein gelbes, verknittertes Gesicht. Der weite Abgrund des Gerichtszimmers und des Nichtsvoneinanderwissens von Mensch zu Mensch liegt zwischen dem von qualvollen Erinnerungen geschüttelten Mädchen und den Fremden, die grausame, der Sklaverei entnommene Worte sagen dürfen wie »gehabt« und »besessen haben«.

Der Richter kommt heraus. Die vom Amtsanwalt beantragten zwei Monate Gefängnis mit Bewährungsfrist wurden in 180 Mark Geldstrafe umgewandelt.

Diese Grete wird nun eine ordentliche Hausfrau werden. Toska Mina aber, die für sie Verhaftete, der sie ein halbes Jahr glich, wanderte weiter am Boulevard Sébastopol oder am Corniche in Marseille.

(BT, 1. April 1926)

Der Angeklagte Peters

Peters wirkt durchaus als Mann von Welt. Man könnte ihn für einen Offizier, schwer für einen Beamten halten. Er ist groß und schlank, trägt den kühnnasigen, grauen Kopf auch heute, hier in der Anklagebank, frei aufgerichtet. Er ist 58 Jahre alt, aber trotz seiner erschreckend graubleichen Gefängnisfarbe erscheint er aktiv und jung. Er spricht eine Art von ironisch gefärbtem, leicht zynischem Deutsch, das ebensogut Gewohnheit, wie eine tapfere Verdeckung von Gefühlen in dieser furchtbaren Lage sein kann. Er spricht männlich, nicht von sich, sondern schildert seine Arbeit, aber hinter jedem seiner kurzen, einfachen, klaren Sätze steht eine Persönlichkeit und eine Weltanschauung, die tiefste Kenntnis dieses Lebens, und ein Lächeln, ein etwas bitteres Lächeln darüber ist.

Er stammt aus großem Haus, besuchte das Gymnasium, wurde 19-jährig Fahnenjunker, nahm als Oberleutnant aus Geldgründen vor seiner Eheschließung 1905 seinen Abschied und ging zur Kriminalpolizei. Dort spezialisierte er sich für Einbrüche. Er schildert die Schwierigkeiten seiner Arbeit, er sagt: »Die Herren Einbrecher taten uns ja nicht den Gefallen, ihre Visitenkarte dazulassen. Wir von der Kriminalpolizei müssen Utilitätsmenschen sein. Wenn man Fassadenkletterer überführen will, darf man nicht ausschließlich mit Geheimen Kommerzienräten verkehren. Ich ging viel in Kaschemmen und Bouillonkeller.« Später übernahm er das Hehlerdezernat; da war es noch notwendiger, mit den betreffenden Kreisen Fühlung zu nehmen. »Einbrechen, Hehlen«, sagt er, »das ist ein Geschäft wie jedes andere.« Kurz vor dem Kriege hörten die Herren

Rechtebrecher auf, in Kaschemmen zu verkehren, sie besuchten bürgerliche Lokale und die der Lebewelt; auch für den Kriminalisten war es notwendig, in der Jägerstraße, in der Friedrichstraße, sich zu zeigen. Zwischendurch tat er Dienst bei der Mordkommission. »Es war eine rege und interessante Arbeit. Ich reiste damals oft nach auswärts. Bekam man es raus, dann war es selbstverständlich, bekam man es nicht raus, dann war man ein furchtbar dummer Kerl. Das pflegt im Leben so zu sein. – Man hat mir einen Vorwurf daraus gemacht, dass ich mittags in einer bekannten Weinstube in der Königstraße aß. Ich trank mittags nie Alkohol, so kam das Essen nur wenig teurer als in einem Bierlokal. Aber dafür hatte ich eine stille Ausruhstunde, aß mein Essen, las meine Zeitung, statt der lärmenden Atmosphäre von Gesetztheit, die einen überfällt, wenn man bloß in so ein Bierlokal tritt. Diese ruhige Stunde hatte ich nötig, um meinen Dienst gut zu versehen. Es war«, so zieht der Angeklagte die Summe seiner Existenz, »ein außerordentlich reiches Arbeitsleben, das ich führte.«

1914, bei Kriegsausbruch, rückte er ins Feld, brach sich sehr bald das linke Handgelenk. August 1915 fiel er vom Pferde, brach den Schädel. Mit der Feldtätigkeit war es vorbei. Er kam ins Kriegsministerium, besuchte nebenbei die Handelshochschule. Es war ihm die Stellung eines Personalchefs angeboten in einer Gesellschaft, die nach dem Kriege Rohstoffe aus den Kolonien ausbeuten wollte. Später sollte er Prokura bekommen und 10000 Mark Gehalt. Aber mit dem Gehalt und der Stellung wurde es nichts, wie es ja auch mit den Rohstoffen und den Kolonien nichts wurde. Es kam alles anders. Er kam zur Spionageabwehr. Im Frühjahr 1918 kam er ins Baltikum, hatte die Aufgabe, die politische Stimmung der Bevölkerung zu erforschen und zu berichten. Dann kam die Revolution. Er wurde in den Soldatenrat gewählt, rausgewählt, wieder reingewählt,

begann den Kampf gegen den Bolschewismus, hatte Vertrau-
ensleute in Charkow, in Moskau, stand in direktem Verkehr
mit der deutschen Gesandtschaft. »Als ich 1919 nach Hause
kam, war alles zerstört, kein Beamter, nichts war mehr da. Ich
kam erst zur Landespolizei, dann später in das neu gebildete
Spritdezernat.«

Hier hört die Vernehmung des Angeklagten auf, und seine
Untergebenen haben das Wort, aus denen die erschreckende
Veränderung des Peters nach seinem Reitunfall hervorgeht.
Vorher ein Mann, dessen Anordnungen unumstößlich sicher
waren, jetzt ein beständiges Schwanken, ein Grad von Vergess-
lichkeit, der ihm den Namen eintrug »der verrückte Peters«; »es
war nicht mit ihm auszuhalten«. Früher »vornehm denkend,
edel, hilfsbereit«, »Er war nicht mehr ganz richtig.«

Geheimrat Störmer gab sein Gutachten dahin ab, dass eine
Geistesgestörtheit nicht zutreffe, dagegen leide der Angeklagte
an schwerer Neurasthenie und einem starken Herabsinken seiner geistigen und körperlichen Fähigkeiten.

(BT, 13. April 1926)

Versunkene Zeiten
Ein Inflationsprozess

Noch immer große Tage, die Inflationsleute und die Beamten
vor den Verhandlungsräumen, Damen, Angehörige verschwinden im Zuhörerraum, aber das kleine Leben in den Nebensälen
nimmt seinen Fortgang. Auch hier ein Inflationsprozess. Menschen aus versunkenen Zeiten stehen vor dem Richter. Eine

sehr bleiche, fast gespenstische alte Frau, die einmal sehr schön gewesen sein mag. Dame der neunziger Jahre in einem alten, schwarzen Seidenmantel, der sehr kostbar war, in Stiefeletten. Man ahnt ihre Zimmer voll Makartbuketts, die Fotografien im Samtrahmen, die gestickten und gemalten Ofenschirme, einen Papagei. Neben ihr ein hoher Beamter. Adelig, auch er ahnungslos, ganz fremd dem, was man die Wirklichkeit nennt, hier Geld, hier Ware – hier Arbeit, hier Lohn. Man machte Geschäfte zusammen. Kein Mensch kann daraus klug werden. Er verlieh Geld während der Inflation, verlangte es nach der Stabilisierung zurück, »wenigstens eine Summe, die dieselbe Kaufkraft hätte«. Sie bietet ihm an, Grundstücke zu belasten, die sie zwei Tage vorher verkauft hatte, bietet ihm große Summen. »Woher wollten Sie die nehmen?« Sie gedachte 300 Mark zu borgen, und damit 1000 Mark zu erhalten, und damit 30 000 Mark, in der Art etwa. Alle diese Geschäfte wurden in zierlichsten Werten, auf zierlichen Bögen abgehandelt, in einer Verwirrung von Fachausdrücken, die rührend ist. Sie sagt Hypothek, aber man glaubt es ihr nicht. Sie sagt Telefon, aber es ist unwahrscheinlich, dass sie es kennt. Der Staat nennt die Geschäfte des Herrn Rates Wucher, und die ihrigen Betrug. Der Herr Rat aber hat Pfennig auf Pfennig gelegt, hat eine große Summe erspart und ist damit unter die Kaufleute gegangen, um alles zu verlieren. Die Dame aber besaß große Häuser in der Friedrichstadt, sie verkaufte sie und – nichts blieb ihr. Er erzählt, von seiner Familie in zärtlichen Ausdrücken, die vor Fremden komisch klingen, von dem Präsidenten seiner Adelsgesellschaften, dem er seinen Austritt anlässlich dieses Prozesses ankündigen musste. Musste! »Das ist ja Privatsache«, sagt der Vorsitzende. Nächstens, denkt man, erzählt einer, welche Folgen dieser Prozess für seine Mitgliedschaft beim Tennisklub Sprevia habe! »Privatsache?«, sagt der Angeklagte verstimmt. »Ja, aber er habe doch das Geld so nötig gehabt, und im Übrigen sei an allem nur die Strafänderung der Prozessordnung schuld...«

Die Dame antwortet auf die Frage nach dem Verkauf ihrer Häuser mit der unschuldigsten Miene: »Gewiss, ja, es sind zum Teil auch Schwarzverkäufe gewesen.«

Der Staatsanwalt kann bei so viel Ahnungslosigkeit nichts anderes tun, als den Freispruch beantragen, und das Gericht ihn verkünden.

Wie ein verwirrter, schwarzer Vogel trippelt die Dame hinaus, ihr Gegner folgt; es wartet kein Page und keine Sänfte, und sie werden einer Welt überlassen, die sie verneinen wollen und die sich rächte, indem sie sie für ein paar Stunden auf die Bank der Gestrandeten warf.

(BT, 24. April 1926)

Die große Rede eines kleinen Mannes
Es war einmal eine Revolution...

Herr Rudolf, ein schmaler, dünnlippiger, grauhaariger Herr, tritt in die Anklagebank. Richter: Sie befanden sich ohne Waffenschein im Besitz einer Armeepistole und haben deshalb ein Strafmandat bekommen, gegen das Sie Berufung einlegten. Gehört die Waffe Ihnen? – Angeklagter: Ob die Pistole mir gehört, muss die Beweisaufnahme ergeben. – Richter: Die Waffe wurde bei Ihnen gefunden. – Angeklagter: In meiner Abwesenheit. Ich hätte im Übrigen ein Recht, eine Waffe zu besitzen, da ich in der deutschen Armee war. – Richter. Nach der Verordnung vom 18. Januar 1919 ist der Waffenbesitz ohne Schein verboten. – Angeklagter: Diese Verordnung bezog sich nicht auf die Angehörigen der Wehrmacht. – Richter: Doch. Sie erlangte durch Veröffentlichung im »Reichsgesetzblatt« Gesetzeskraft. – Angeklagter: Das beweist nichts. Die Nationalversammlung hatte recht de facto, aber nicht de jure. In Harburg wurde nach Mitteilung des »Westen« ein desselben Deliktes Angeklagter freigesprochen. Ich beantrage, die Verhandlung so lange auszusetzen, bis über jene Sache in höherer Instanz entschieden ist. – Richter: Woher hatten Sie die Pistole? – Angeklagter: Darauf verweigere ich die Antwort. – Der Amtsanwalt: Durch Verordnung vom 13. Januar 1919 verbot der Rat der Volksbeauftragten den Waffenbesitz. Ich beantrage 30 Mark Strafe.

Darauf erhob sich der Angeklagte: Ich fühle mich nicht gebunden an Verordnungen der Herren Volksbeauftragten, der Herren Novemberlinge, unter denen sich ein Herr Barth befand und ein Herr Dittmann. Wenn durch einen Zufall die Nationalversammlung Gesetze genehmigte für das, was ungesetzlich vorher geschehen war, so kann das nicht ausschlaggebend sein. Außerdem ist nicht erwiesen, dass die Waffe mir gehört. Besteht nicht auch die Möglichkeit, dass ich die Waffe verwahrte? Besteht nicht auch die Möglichkeit, dass ich nichts von der Waffe wusste? Kann ich nicht auch die Waffe für einen dritten gekauft haben? Man darf auf Wahrscheinlichkeit hin niemanden verurteilen.

Er setzt sich. Man spürt, dieser Mann hat die große Rede seines Lebens gehalten, die Rede mit der er seit 1918 seine Frau gequält, die sich durch die Waffe bedroht fühlte, seine Familie, seine Umgebung. Es war einmal, denkt man, eine deutsche Revolution, es war einmal in einer Stadt am Meer...

Der Richter verkündet das Urteil. Nach der Verordnung des

Rates der Volksbeauftragten vom 13. Januar 1919, die tatsächlich die Regierungsgewalt ausübten, wurde Waffenbesitz ohne Schein verboten. Die Nationalversammlung hat späterhin die Akte der Volksbeauftragten sanktioniert. Im Übrigen ist auch das Verwahren einer Waffe strafbar. Es bleibt bei der Strafe von 30 Mark.

(BT, 6. Mai 1926)

Moabiter Bilderbogen
Skizzen aus Berliner Gerichtssälen

I.

Auf dem Korridor, auf der Zeugenbank sitzen drei reizende Mädchen, graurosa, braunrosa, blaurosa Beine, graue, braune, blaue Verpackung, darüber ein orangeroter Mund und Hüte. »Tauentzien«, denkt man, voll Vorurteilen, wie wir sind. Auf der Anklagebank sitzt ein ganz junges, bescheidenes, unbestraftes Ding. Sie war lungenkrank. Mit drei andern älteren hat sie zwei Ladendiebstähle begangen, vor zwei Jahren.

Die Zeuginnen treten ein. Die drei jungen Mädchen. Sie sind selbständige Geschäftsleute. Die eine hat einen Hutladen, die andere einen Wäschesalon. Sie reden von Auslieferung und Arbeitsstube und Einkauf. Sie sagen, womit sie beschäftigt waren, als erst zwei Damen und dann zwei Frauen kamen, nichts kauften, verschwanden und mit ihnen bei der einen eine Handtasche, bei der andern eine Kombination, ja wie soll man das dem Herrn Richter klarmachen, also Gegenstand aus rosa

Crèpe-de-chine unterm Kleid zu tragen, fort war. Sie sind jung, 23-, 24-, 25-jährig, sie haben teure Läden, sie haben mit Arbeiterinnen zu schaffen, mit Banken, mit Kalkulation, mit Kredit. »Wir haben zu tun«, sagen sie zum Richter nach ihren Aussagen, »wir möchten entlassen werden.« Die drei selbständigen Geschäftsleute raffen ihre graue, blaue, braune Verpackung fester und sechs rosa Beinchen marschieren hinaus. Geschöpfe, wie sie in dieser amerikanischen Art noch kaum in anderen deutschen Städten möglich sind.

Die junge verführte Angeklagte bekommt einen Monat Gefängnis und Bewährungsfrist.

II.

Sodann kommt die Beamtenbeleidigung.

Ein großer, starker, sympathischer Mann von 45 Jahren, von Kopf bis zu den Zehen »der Meister«. Er legt sorgfältig eine Säge und einen Zollstab beiseite: »Also das, Herr Richter, was mir hier vorgeworfen wird, mit dem jungen Lümmel, das stimmt ja nicht, ich habe nie junger Lümmel gesagt. Ich stand vorn auf der Elektrischen und hatte bezahlt, und der Schaffner kam und wollte noch mal bezahlt haben, da habe ich gesagt: Sie sind ja gar nich fähig zu de Straßenbahn.«

Der junge Schaffner als Zeuge beharrt, dass er Lümmel genannt wurde, junger Lümmel noch dazu, was er offensichtlich für eine gesteigerte Beleidigung hält, der Glückliche. Aber er ist trotzdem auf Anregung des Richters einer Versöhnung nicht abgeneigt. »Würden Sie ihn auch um Entschuldigung bitten?«, fragt der Richter den Angeklagten. »Ja«, antwortet der Biedre, »wenn's nicht zu teuer ist«, worauf die Gerichtskosten und die Zeugengebühren berechnet werden, wobei unser Vater, der

Staat, einen zivilen Preis macht, für den die Entschuldigung, anmutig stilisiert, dem Gerichtsschreiber in die Feder diktiert wird.

Beide Teile gehen getrennt und höchst befriedigt von dannen.

III.

Dann kommt unser aller liebste Erinnerung: die Kohlrübe und der Weißkohl und ihr Preis.

Auf der Anklagebank die Marktfrau, gegenüber der Sachverständige. Im Großhandel kosten sie 4 Pfennig, im Kleinhandel 6 Pfennig, die Marktfrau verlangte 10 Pfennig. Das ist Wucher.

Auf den Spargel kommt es nicht an, aber 35 Pfennig oder 50 Pfennig für den Mittagskohl – das ist ein Unterschied.

Die Marktfrau sagt: »Ich hab sie in aller Frühe von den Bauern gekauft, da sind sie teurer.« Aber das stimmt nicht, denn der Rieselfeldkohl – jeder Laie kann sich doch denken, dass der Rieselkohl nicht teurer sein kann wie der Holsteiner und der Holländer!, sagt der Sachverständige. Die Gegenseite sagt: »Schwund«; sie sagt, dass sie einen Zwilling erzieht, Schwesterskinder, 14 Jahre alt, das ist nicht leicht, nur mit dem Kohl, jeden Tag auf einem anderen Markt. 20 Mark ist die Strafe.

(BT, 16. Mai 1926)

Gotteslästerung
Ein seltsamer Prozess

Der Führer der Allerradikalsten Jugend ist wegen Gotteslästerung angeklagt. Er erscheint mit seinen Jüngern und Stenographen, gilt als 1894 geboren, ist aber neunzehn oder zwanzig Jahre alt, zart, hat jene ungesunden Hände, die man durchgeistigt nennt, und eine schwarze Flatterkrawatte. Er lehnte den evangelischen Vorsitzenden als befangen ab; der Antrag ging nicht durch, und er dehnt ihn nun auf alle Richter aus: »Wenn ich die Firma Stinnes beleidige, kann kein Prokurist von Stinnes über mich urteilen. Sie aber sind Prokuristen der Kirche, die ich beleidigte, also befangen.« Aber die Prokuristen des lieben Gottes sagen auf juristisch, Chefs gegenüber sei man besonders objektiv, und sie verlesen den lästerlichen Artikel.

Ein rheinischer Priester wurde in einem Freudenhause getroffen. Über diese Nachricht leitartikelt der Radikale mit einem Drittel Ehrlichkeit, einem Drittel Pikanterie und einem Drittel Schlagworten und wirft der katholischen Kirche Erziehung zu Betrug, Heuchelei und Perversität vor.

Der Staatsanwalt beantragt deshalb sechs Monate Gefängnis.

Der Angeklagte erhebt sich zu einem längeren Vortrag: »Ich stehe vor meinen Klassenfeinden. Ich habe die Volksschule besucht, die Kriegsdienste verweigert, bin Schauspieler geworden und seit 1918 berufsmäßig politischer Verbrecher.«

Und nun beginnt seine ausführliche Verhedderung, die man Weltanschauung nennt, unter anderem: »Ja, ich werfe der Kirche sittliche Verfehlungen vor, aber es gibt keine sittlichen

Verfehlungen, denn von meinem Standpunkt ist alles sittlich, was zwei freie Menschen tun«, woraus man sieht, dass auch eine gebrauchsfertige Weltanschauung nicht leicht zu handhaben ist, und endet: »Die Richter, die der Kirche angehören, sind befangen als Missbilligende, und die, die der Kirche nicht angehören, sind befangen als Billigende. Es gibt keine Unbefangenheit.«

Richter: »Was wollen Sie eigentlich? Wollen Sie freigesprochen werden?«

Angeklagter: »Es ist mir gleich, bestraft zu werden gilt mir als Ehre.« Er sagt lächelnd: »Ich lebe in einer anderen Welt«, wobei sein Stenograph sich niederbeugt und es mitschreibt.

So sind diese modernen Christusse, sie gehen nach Golgatha, aber sie mobilisieren die Presse durch Rundschreiben, vor- und nachher mit Namensnennung davon Notiz zu nehmen, sie lassen sich kreuzigen, aber der Stenograph muss es für die Nachwelt aufzeichnen.

Das Urteil will ihm klarmachen, dass eine Beschimpfung der Kirche vorliege, er seinerseits ungerecht sei und die Richter verpflichtet, die bestehenden Einrichtungen zu schützen. Deshalb drei Monate Gefängnis.

»Nehmen Sie das Urteil an?«

Eine Schar prachtvoller Jugend lauscht.

Der Führer sagt tapfer und ohne Besinnen: »Ja.«

Welch merkwürdige Verquickung von Eitelkeit und Märtyrertum, das manchmal nichts anderes scheint als ein besonderer Zweig der Reklame. Aber Gläubige werden gefangen.

(BT, 6. Juli 1926)

Das internationale Papier
Passvergehen vor Gericht

Er kommt flink herein, dreißigjährig, klein und dick, seit Generationen gewohnt, lässig viel süßen Kaffee zu schlürfen, dabei die Eleganz des Südländers, die Bräune des Mittelmeerkindes, die brennenden Wüstenaugen, aber nicht deren Trauer, sondern eher etwas fröhlich, zwinkernd, händlerisches. Sein Vater war Türke, ließ sich aber in Algerien naturalisieren, um einen Posten zu bekommen. Der Sohn, der jetzt angeklagt ist, machte seinen Doktor, studierte in Paris und Oxford, von wo er am 1. August 1914 nach Frankreich eingezogen wurde. Er wollte nicht gegen das Vaterland seines Vaters kämpfen, lief bei Avricourt zu den Deutschen über und wurde im Mohammedanerlager bei Wünsdorf interniert. Nach dem Kriege erhielt er die Aufforderung, nach Frankreich zurückzukehren, folgte ihr nicht, wurde in contumaciam[10] zu zwei Jahren Gefängnis verurteilt. Seit 1920 lebte er in Berlin als Sprachlehrer. Er erzählt, dass er ein eigenes neues System erfunden habe. Er scheint außerordentlich zufrieden und glücklich. Bis zum Jahre 1925 hatte er einen französischen Pass. Eines Tages bestellte man ihn auf das französische Konsulat und nahm ihm den Pass weg, einfach weg. Er bringt nun Briefe bei, die das bestätigen. »Politische Gründe«, sagt er achselzuckend. Jetzt hilft er sich mit einem deutschen Personalausweis durch. Es ist aber dringend notwendig, dass seine Papiere in Ordnung kommen, denn er will heiraten. Seine

Braut hat ihn begleitet, sie ist groß und strahlend hellblond. »Rassentheorien«, denkt man einen Augenblick.

Es ist erwiesen, dass er sich ohne Schuld hier ohne Pass aufhält, und er wird demnach freigesprochen.

Das polnische Dienstmädchen

Sie ist eine runde und angenehme Person mit einer aufgestülpten Nase, war bis zum Kriegsende hier Köchin. Als aber das neue polnische Reich errichtet wurde, ging sie in die Heimat zurück. Es scheint aber dort auch nicht viel anders und keineswegs besser gewesen zu sein, und so kehrte sie zu ihrer alten Herrschaft zurück. Ihre Aufenthaltsgenehmigung ist nicht in Ordnung, wofür sie 30 Mark Geldstrafe erhält, die die Herrschaft bezahlt.

Der Italiener

Er trägt ein blaues Gefängnistuch um den Hals. Aber das geformte Gesicht straft das Halstuch Lügen. Nichts ist dämmerig verschwommen, klar und rein springen Nase und Mund vor. In seinem Pass fand sich ein gefälschtes Visum. Er zuckt die Achseln, er weiß von nichts. »Un collega«, sagt er. Also ein Kollege habe es gemacht, er hatte keine Ahnung, weiß nicht, weshalb er hier ist.

Der Staatsanwalt beantragt sechs Wochen Gefängnis. Der Angeklagte hielt sich unbefugt in Deutschland auf. »Il procuratore«, beginnt der Dolmetsch zu übersetzen. »Haben Sie noch etwas zu sagen?«, fragt der Richter. Da legt der Italiener den Kopf auf die Seite, öffnet weit die Augen, wendet das Innere der Hände bittend nach oben und verneigt sich tief. Unnachahmlich ist die Bewegung von letzter Demut: »Ich übergebe mich der Gnade des Gerichts.« Der Richter lächelt: »Wir haben Sie vollständig verstanden.«

Das Gericht zieht sich zurück. Vergnügt blickt der Angeklagte in den Zuhörerraum. Wie oft haben an dieser Stelle Menschen gestanden, von tiefster Reue erfüllt, die keine Geste hatten und kein letztes Wort, denen der Richter und ihr Rechtsanwalt vorsprachen: »Sie bitten um eine milde Strafe, nicht wahr?« Die ohne Anmut, aber verzweifelt waren. Und man hätte plötzlich sehr viel gegen die, die das Wort und die Geste beherrschen, zu sagen.

Das Gericht kommt heraus. Wegen Übertretung zwei Wochen Haft, verbüßt durch Untersuchungshaft. Beide Hände legt der Angeklagte auf das Herz und verneigt sich dankend. Und alle sehen ihm wohlwollend lächelnd nach.

Die Serbin

Ein schmales, großes, stilles, vornehm und einfach gekleidetes Mädchen. Studentin, mit ihrem Bruder, der auch hier studiert. Sie lernt noch Deutsch. Der Vater, Beamter, fiel im Kriege. Wir hören nicht, in welchem. Gegen die Türken? Gegen die Bulgaren? Im Weltkrieg? Ganz gleich. In der ganzen Welt sitzen Witwen, haben kärgliche Pensionen, sparen den Bissen vom Mund, damit Söhne und Töchter studieren können. Noch nicht 100 Mark kann ihr die Mutter im Monat schicken. 30 Mark Polizeistrafe soll sie bezahlen. Aber es ist ein Versehen des deutschen Konsulats in Belgrad, durch welches ihr der Pass auf einen, statt auf drei Monate ausgestellt wurde. Sie hat sich hier nicht um die Verlängerung gekümmert. Die stillen Geschwister haben Berufung eingelegt. Sie haben Empfehlungsbriefe der serbischen Gesandtschaft und des deutschen Konsulats, die sich ihrer annehmen, sind offenbar vornehme Kinder aus gebildetem Haus. Die Schwester wird zu 5 Mark Geldstrafe verurteilt.

Der Rumäne

Nächstes Zimmer. Ein kleiner Mann, wildes schwarzes Kopfgelock, ein düsterer Skythe. Er kam von Konstanza nach Hamburg, dann nach Berlin. Ist Lagerverwalter, verdient gut 200 Mark im Monat. Er wirkt abenteuerlich, aber es ist wahrscheinlich gleich, ob man in Konstanza das Getreide aus den Donauniederungen verwaltet oder in Hamburg und Berlin argentinischen Weizen. Es ist dies eine Sache von Registratur und Frachtbriefen, und von Abenteuer nirgends die Rede. Er hat sich auch auf der Polizei gemeldet, aber den Pass nicht verlängern lassen. Er wird zu 40 Mark Geldstrafe verurteilt, in zwei Monatsraten zu zahlen. »Ich weiß nicht wofür, ich habe so gehandelt, wie man es mir gesagt hat.« – »Aber Sie hätten sich den Pass verlängern lassen müssen.« – »Das hat mir ja keiner gesagt.« – Er verschwindet höchst ärgerlich.

(BT, 18. Juli 1926)

Der Kampf um die Fahne
»Politik« vor Gericht

Zwei junge Frauen, Schuster und Huntke, sind angeklagt. Sie machen kein Hehl daraus, dass wir 1926 schreiben, kurze Röcke und Haare tragen und mehr für Keckheit sind als für Distinktion; hinzu kommt, dass sie ihr Deutsch auf nördlichem Berliner Pflaster lernten. Es geht um Politik. Im wunderschönen Monat Mai fand ein Umzug vaterländischer Verbände statt. Fräulein Fulge hängte eine schwarzweißrote Fahne heraus, was im Hause, in dem sämtliche Schattierung der deutschen Politik beisammen waren, Ärgernis erregte, das sich bis zu einem Volksgemurre und zu einem Auflauf vor dem Hause steigerte, aus dem einige Männer sich lösten und zu dem schwarzweißroten Fräulein Fulge eindringen wollten. Dies wurde durch heftiges Zuschlagen der Türe verhindert, hingegen gelang es den Damen Schuster und Huntke. Sie wollten die Fahne wegnehmen, wobei das Wort »Drecksau« fiel.

Als zwei Tage nach diesem Zusammenstoß Fräulein Fulge mit einer Freundin heimkehrte, lauerten ihr Frau Schuster und Frau Huntke im Hausflur auf und – wie die Freundin sich ausdrückt – stürzte eine vor und »stoße ihr und haute ihr«. Kurzum, es entspann sich eine regelrechte Prügelei oder vielmehr Kratzerei.

Und alles das, denkt der Chronist, wegen des Flaggenstreites? Wie unwahrscheinlich! Wie höchst zweifelhaft, trotz Frauenstimmrecht. Um Weltanschauungsabgründe handelt es sich trotzdem, denn die Zeugin Fulge ist mit dem großen, blonden Zopfknoten im Nacken, dem weißen Batistkleid, das bis zum absatzlosen Schuh reicht, der verkörperte Protest gegen 1926 und Frau Huntkes und Frau Schusters wirklichere und kurzröckigere Lebensbetrachtung. »Und denn hat se gesagt, ich stehe unter ihr«, sagt Frau Huntke, »unter solche Person stehe ich nicht.« Und wir erfahren, dass denn auch während des Kampfes um die Fahne Worte fielen, die durchaus nicht politisch, hingegen äußerst weiblich waren.

Die ehrlichen Männer im Talar aber sahen nur die Politik, die der Amtsanwalt missbilligte: »Frauen sollten solche Dinge nicht machen«, sagte er und zog die Nase nach oben und den

Mund nach unten. »Fast wäre es eine Nötigung geworden, nur die Drohung fehlte.« Auch fielen böse Worte, für die er je 60 Mark beantragte.

Der Amtsrichter verminderte die Geldstrafe auf 30 und 40 Mark, weil es sich um Erregung, um politische Erregung gehandelt hatte. Wobei Worte wie der vorhin erwähnte Kosename und eines, das eine missachtete weibliche Art des Geldverdienens benannte, wie es scheinen will, als parlamentarische Ausdrücke betrachtet wurden (Der Chronist machte hier einen dicken Trennungsstrich zwischen dieser Auffassung und der seinigen!)

(BT, 25. August 1926)

Rassereinheit am Richtertisch
Die Vorgeschichte einer üblen Nachrede.
Ein Beleidigungsprozess nach der Ehescheidung

Ein Beleidigungsprozess, der gestern in Moabit verhandelt wurde, verdient weniger durch den Gang der Verhandlung, als durch seine Vorgeschichte und Begleitumstände das allgemeine Interesse. Ein Ritter v. B. hatte in Eingaben an den Minister und den Kammergerichtspräsidenten gegen den Landgerichtsrat L. den Vorwurf der Rechtsbeugung und der Parteilichkeit erhoben. Die Verhandlung gegen B. wegen Beleidigung und übler Nachrede sollte vor einer Kammer stattfinden, deren Vorsitzender zwar evangelischer Konfession, aber von jüdischer Herkunft, und deren Beisitzer Jude war. B. erhob deshalb gegen die Kammer den Vorwurf der Voreingenommenheit. Der Vorsitzende der Beschlusskammer, M., hielt den Vorwurf für berechtigt. Es ist dies ein Präzedenzfall von Bedeutung, der im Ministerium zu mehreren Rücksprachen führte, da das Reichsgericht immer den Standpunkt vertrat, dass Vorwürfe allgemeiner Natur nicht hinreichend für die Besorgnis der Befangenheit sein könnten, vielmehr immer noch ein spezieller oder privater Gegensatz hinzukommen müsse.

Es ist nicht ohne Pikanterie, dass wenige Tage später vor der gleichen Kammer ein Prozess wegen Gotteslästerung und Beschimpfung der katholischen Kirche gegen einen Anarchisten stattfand. Der Anarchist erhob gleichfalls gegen die Kammer den Vorwurf der Voreingenommenheit, und zwar, weil Mitglieder einer Kirche, gleichviel welcher Kirche, nicht unbefangen gegen Atheisten sein könnten. Dieser Vorwurf wurde aber als unberechtigt angesehen und die Kammer durfte deshalb in dieser Sache verhandeln.

Der Prozess gegen B. fand nun vor einer neu zusammengestellten Kammer statt, deren Vorsitzender allerdings erklärt haben soll, dass auch er nicht für Rassenreinheit garantieren könne, da von seinem Großvater her vermutlich jüdisches Blut in seinen Adern sei. Doch diesmal fand Landgerichtsdirektor M. das Blut, da in dritter Generation, schon genügend gesäubert.

Der Prozess selbst hat, wie gesagt, wenig Interessantes. Der Ehescheidungsprozess des Herrn v. B. war in erster Instanz zu seinen Ungunsten entschieden worden. Er glaubte, auf Veranlassung des Beisitzers Landgerichtsrat L. Das Kammergericht entschied in zweiter Instanz, wie B. es sich gewünscht hatte, zu seinen Gunsten.

B., ein Mann von 73 Jahren, der, wie er sagt, in seiner Ehe sehr viel gelitten hatte, konnte das erstinstanzliche Urteil nicht vergessen. »Der Herr Landgerichtsrat L.«, sagte er, »hätte nur acht Tage mit ihr zusammenleben sollen, dann würde er anders entschieden haben.« – »Sie können wirklich nicht verlangen«, sagte der geistvolle Vorsitzende, »dass in den Ehescheidungsprozessen der Richter mit der Partei zusammenlebt, um selber Eheerfahrungen zu sammeln.«

B. hatte in seinen Eingaben geschrieben: es sei das Urteil eines jüdischen Demokraten gegen einen deutschen Aristokraten, der Richter sei von ungewöhnlicher Borniertheit, es herrschten bei der Kammer Zustände wie in der Negerrepublik Liberia. Dann kamen schwere Vorwürfe: Pflichtverletzung und Rechtsbeugung. Vergeblich versuchte er heute vor Gericht den Wahrheitsbeweis zu erbringen. Bestehen blieb allein, dass die Kammer in Berliner Anwaltskreisen als schwierig galt. Ehescheidungen waren in zweifelhaften Fällen immer sehr schwer durchzuführen. Landgerichtsrat L. hatte eine Art der Gesetzesauslegung, die heute nicht mehr geteilt wird.

Der Staatsanwalt plädierte auf üble Nachrede, nicht auf Verleumdung, und beantragte 300 Mark Geldstrafe für den Mann, der sich in eine Idee verrannt hatte. Der Angeklagte fragte, was das heiße, sich in eine Idee verrennen, und gab damit den Schlüssel zu seinem völlig sinnlosen Handeln.

Das Gericht beließ es in seinem Urteil beim Antrag des Staatsanwalts. Der Wahrheitsbeweis sei missglückt, auch habe der Angeklagte nicht in Wahrung berechtigter Interessen gehandelt, da sein Prozess ja schon zu seinen Gunsten entschieden war. Mildernd sei sein Alter zu berücksichtigen und dass sein Rechtsanwalt in leichtfertigster Weise dem rechtsunkundigen Angeklagten diese Ausdrücke in den Mund gelegt habe.

»Wann bekomme ich das Urteil?« – »Acht Tage nachdem Sie Berufung eingelegt haben«, sagte der Richter. – »Das werde ich auch tun«, sagte der Mann, der nicht wusste, was das heißt, sich in eine Idee verrennen.

(BT, 23. Oktober 1926)

Paradoxa

Vor wenigen Wochen wurde hier über einen Prozess gegen ein männliches Wesen berichtet, das in Frauenkleidung spät in der Nacht in der südlichen Friedrichstadt, Krausen-, Ecke Friedrichstraße sistiert wurde, weil es in Frauenkleidung daselbst Würstchen gegessen hatte. Es machte vor Gericht in seiner schlichten Gewandung einen wohlanständigen Eindruck. Ein Rechtsanwalt war ihm beigegeben. »Wer kann«, so fragte er, »an dem ruhigen und diskreten Anzug einer bescheidenen Bürgerin Anstoß nehmen?« Und das wurde auch nicht, sondern es geschah, dass sie freigesprochen wurde.

Und nun geschieht dies wenige Wochen später: Zuerst sieht man einen bildschönen, blonden Lockenkopf, dann erhebt sich ein ganz kleines Mädchen und plötzlich sieht man, dass es sich männlich gekleidet hat, ein bisschen männlicher noch, als üblich ist, sie trägt nämlich Hosen. Das ist ein abstoßender Anblick, und so ist die Atmosphäre geladen mit Widerwillen. Auch dieses ist ein Mann, auch dieser aß Friedrichstraße, Ecke Krausenstraße Würstchen, auch dieser wurde sistiert, auch dieser ist wegen groben Unfugs angeklagt und ist ebenso unbestraft wie der andere. Aber der erste wurde freigesprochen, dieser zu drei Wochen Haft verurteilt.

Und so ergeben sich folgende Paradoxa: Ein Mann steht vor Gericht in einem weiblichen Aufzug und macht darin einen so anständigen Eindruck, dass das Gericht das Umherstehen in diesem Aufzug nicht als groben Unfug zu betrachten vermag und freispricht, das heißt, er wird um deswillen freigesprochen, um deswillen er sistiert wurde.

Ein anderer Mann von der Größe und Gestalt einer Zwölf-jährigen steht in Männerkleidung vor Gericht und macht allein durch diese Diskrepanz zwischen Kleidung und Erscheinung einen so widerlichen, abstoßenden, jedes Schamgefühl so tief verletzenden Eindruck, dass er verurteilt wird, obwohl Tatbestand und Persönlichkeit dem ersten Fall gleicht wie ein Ei dem andern, das heißt er wird verurteilt, weil er das, um deswillen er sistiert wurde, ablegte und änderte, nämlich die Frauenkleidung. Hinzu kam, es muss gesagt werden, die Geschicklichkeit des Rechtsanwalts im ersten Fall.

Und so geht aus diesen zwei winzigen Fällen hervor, wie hilflos das Gesetz dem Zwischenwesen gegenübersteht, dem Zwischenwesen jeder Art, dessen Wesen vom amoralischen Gesichtspunkt immer Tragödie ist, und vom moralischen immer Unsittlichkeit, dessen Schuld begann, längst ehe es geboren wurde, und vor dem es dennoch einen Schutz geben muss.

(BT, 16. November 1926)

Politik in der vierten Klasse
Auch ein Prozess um die Schwarze Reichswehr

Verhandlung vor dem Amtsgericht. Schauplatz ist ein Coupé vierter Klasse auf der Strecke Zossen–Berlin. Insassen sind zwei Wanderkollegen, zwei jugendliche Pärchen und der Reichswehrfeldwebel Rasch. Der eine Wanderbursche Kurze, wandervogelblondmähnig, angeklagt, stellt die Sache so dar: Er las eine Zeitung, schüttelte den Kopf und sagte zu seinem Kollegen: »Hast du schon von der Schwarzen Reichswehr[11] gelesen und vom Freispruch des Oberleutnants Schulz? Ich glaube, die existiert noch, und mit dem Freispruch kann ich mich auch nicht einverstanden erklären.« Woraufhin sich der Feldwebel erhob und sagte: »Das können Sie nicht beweisen, dass eine Schwarze Reichswehr existiert, und überhaupt ist das eine Beleidigung für mich!« Und dann ließ er den Wanderburschen feststellen.

Ganz genau so war die Sache nach der Darstellung des Feldwebels nicht, aber doch beinahe. Er hat eine Schrift über die Coupévorgänge verfasst und blättert darin, aber sie enthält manche Verwechslungen. Der Vorsitzende sagt, das sei keine persönliche Beleidigung, wenn einer von der Schwarzen Reichswehr spricht.

»Er sprach von der Schwarzen Reichswehr und meinte mich damit, überhaupt, da ja die Schwarze Reichswehr uniformiert gewesen sein soll...«

»Nicht nur sein soll, sie war es«, sagte der verteidigende Rechtsanwalt, der es wissen muss.

»Also, die Leute im Coupé haben mich alle angesehen, als wollten sie sagen: Wollen Sie denn nichts unternehmen? Und da habe ich den Mann feststellen lassen.« Aber es sind noch andere Äußerungen gefallen, so zum Beispiel: »Mein Vater arbeitet auf Offizierstreffen. Heute gibt's Offizierstreffen wie Bockwürste.« Aber wer das gesagt hat, ist nicht festzustellen, und eine Menge kann sagen was sie will, wenn der einzelne Schreier nicht festzustellen ist. Sodann wird ein Mädchen verhört, und das ist kein kleines Stück Arbeit. Tatsachen? Nein.

»Hatten Sie also die Empfindung oder das Gefühl«, sagt der gescheite Richter, »dass Herr Kurze den Angeklagten reizen oder an der Ehre kränken wollte?« – »Gefühl« und »Empfindung«, das sind die richtigen Frauenvokabeln. »Ich hatte die Empfindung, er wollte ihn wütend machen«, sagt nun das Mädchen. Gefühl und Empfindung will der Rechtsanwalt hingegen nicht gelten lassen. Jedes Wesen hat eben seine eigenen Vokabeln. Der Staatsanwalt beantragt die Freisprechung.

»Der Zeuge lässt einen feststellen, weil er von der Schwarzen Reichswehr spricht, zu einer Zeit, wo von nichts anderem die Rede ist, und der Betroffene erhebt nicht etwa die Privatklage, sondern der Staat nimmt sich des Falles an«, begann der Rechtsanwalt und schloss sich sonst den Ausführungen des Staatsanwalts an. Was auch der Richter seinerseits tat.

So ist das Echo politischer Ereignisse oder ihr Schatten oder ihr Nachklang Sonntagabend, im Sommer, wenn man von Zossen heimfährt nach dem Potsdamer Bahnhof in einem Coupé vierter Klasse.

(BT, 27. Januar 1927)

Die Schönheit

Die Schönheit steht vor Gericht. Sie ist 19 Jahre alt, begnadet und verflucht mit einem untadeligen Körper, mit der Reinheit eines klassischen Profils, mit schmalen seltsamen, suchenden, sehnsüchtigen Augen, begnadet und verflucht mit heißem Blut. Sie ist ein uneheliches Kind, unerzogen, hat nichts gelernt, wird jung in ein Geschäft gesteckt, wo sie geisttötende, mechanische Arbeit tut, früh tritt ein Mann in ihr Leben, Angst vor dem §218 treibt sie aus dem Elternhaus, der Heimatstadt, sie kommt nach Berlin.

Hier weiß man Schönheit zu kapitalisieren. Revue und Kino, aber bei beiden hält sie es nicht aus, ist schön, aber nicht begabt, ist weich und süß, aber noch nicht zynisch, ist weich und süß, aber noch guten Herzens, und »wenn dich erst mal einer hat, dann hat dich auch die ganze Stadt, dann haben sie dich alle«, und so wird sie das Liebchen eines Studentencorps, wohnungslos, wie sie ist, von Bude zu Bude weitergegeben, und zwar nicht etwa als bezahltes Mädchen, o nein, sondern sie nannte sich Ruth v. Bergelow, Tochter eines Fabrikbesitzers und Hauptmann a. D., gab vor, Studentin zu sein, und hatte nicht den geringsten materiellen Vorteil, außer dem Dach überm Kopf, trotzdem hat keiner unserer zukünftigen Herren Landwirte, Ingenieure, Juristen und Mediziner, zum Teil schon Mitte der zwanzig, keiner hat sie gefragt nach Zukunft und Weg, haben sie gejagt wie einen Hasen und dann wegen zwanzig Mark, ja ganz genau wegen 10 Mark 20 Pfennigen, die sie sich aneignete, die allzu Gefällige angezeigt. Und so steht sie in der Anklagebank wegen einmal 20 Mark, einmal 10,20 Mark, die sie sich aneignete, wegen 20 Mark, die sie einem nicht zurückgab, wegen einer Wolljacke, wegen eines kostbaren Ballkleides von einem großen Modehause und wegen Abrechnungsschummelei, als sie acht Tage Barmädchen war. Mit dem Ballkleid aber war's so. Ein Filmdirektor, mit ihr befreundet, rief das Modehaus an und sagte, man solle einem ihm bekannten jungen Mädchen ein schönes Kleid geben, darauf händigte man ihr das Kleid aus. Sie gab's nie zurück, glaubte, der Filmdirektor würde es ihr bezahlen.

Der Richter fragt einen der Herren: »Konnte Sie den Betrag nicht als Dankbarkeitsbezeugung ansehen?« »Nein«, sagte der Student, »ich hätte ihr das Geld nie gegeben, wenn ich sie nicht für ein Fräulein v. Bergelow, Tochter aus gutem Hause, gehalten hätte.«

Der Staatsanwalt beantragt acht Monate Gefängnis und Bewährungsfrist.

Der Richter redet ihr ins Gewissen, wie man mit einem leichtsinnigen Kind redet, und gibt ihr sechs Monate, auf die drei Monate Untersuchungshaft angerechnet werden. Für die übrigen drei Monate bekommt sie Bewährungsfrist, unter der Bedingung, dass sie sich unter Aufsicht des Jugendamtes stellt.

Ganz sanft sagt sie: »Ich füge mich.«

Wollen wir wünschen, dass die Natur nicht stärker sei als der gute Wille.

(BT, 29. Januar 1927)

Die Schuldnerin

Eine starke Vierzigerin, in dem langen schwarzen Plüschmantel der Bürgersfrau, der oben mit Pelz verbrämt ist, einen zeitlosen schwarzen Federhut auf dem sicherlich farblos blonden Haar, die deutsche Mutter und Frau. Aber man kommt nicht auf die Anklagebank, wenn man nichts ist als das. Sie erzählt ihr Leben: Stiefmutter gehabt, zwölf kleine Geschwister, Baby auf Baby wird ihr in den Arm gelegt, sie zieht sie auf. Zwanzig Jahre alt, heiratet sie dann selber einen Magazinier, also Lagerverwalter. »Aber ich hatte keinen Mann.« D. h., er sorgte nicht für sie, sondern sie stand mit zwei kleinen Kindern allein da: sieben Jahre lang wird sie wieder und wieder wegen Betrugs bestraft, vierzehn Mal, da lernt sie ihren zweiten Mann kennen, einen fleißigen und strebsamen Menschen, dessen Frau sie ein paar Jahre später wird. Sie gründen eine Fabrik im Berliner Südosten, haben 200 Arbeiter und Angestellte. Vorn die Fünfzimmerwohnung, im Hof der Betrieb. Sie verdienen sehr gut, leben das einfache, tüchtige, unendlich arbeitsreiche Leben der kleineren Fabrikanten, die zwischen Halleschem und Kottbusser Tor sich abrackern, um mit den Großen mitzukommen. Das gelingt sehr gut bis 1924. Da verlieren sie in einem Jahr 89000 Mark. »Schließen«, rät die Frau. »Was ich mühsam aufgebaut habe?«, fragte der Mann dagegen, »Nein«. Eher greifen sie zu einem gefährlichen Mittel. Sie nehmen Darlehen auf zu fünf Prozent im Monat (!), nun ja, 1924, und verpfänden als Sicherheit ihre Wohnung viele Male. Jedes Mal geht die Frau mit zum Notar, jedes Mal zu einem anderen Notar, jedes Mal unterschreibt sie mit. Etwa 100000 Mark erhalten sie auf diese Weise, aber sie halfen nichts, die Gläubiger verloren ihr Geld. Anklage wurde erhoben, das Urteil lautete auf zwei Jahre Gefängnis.

Mann und Frau gingen nach der Verhandlung nach Hause. Die Frau hatte noch die letzten fünf Mark in der Tasche. Ich muss wieder hochkommen, sagte der Mann; ich muss die fünf Mark haben, damit ich eine Annonce aufgeben kann. Die Frau gab sie ihm nicht.

Als sie zu Hause waren, erschoss er sich.

»Ja«, sagt der Richter jetzt in der Berufungsverhandlung gegen die Ehefrau, »ja, aber denken sie auch einmal an die Leute, die sie um ihr Letztes gebracht haben, da ist ein Offizier a. D. Der gab ihnen seine ganze Entschädigung, da ist ein Portier, der alles Ersparte verlor. Warum haben Sie Ihren Mann nicht abgehalten?«

»Ich konnte nicht«, sagt die Frau, »mein Mann bedrohte mich mit dem Revolver, ich wollte mich sogar scheiden lassen.«

Der Arzt wird vernommen, als starrköpfig charakterisiert er den Ehemann. Vermutlich ist die Frau der stärkere Teil gewesen, die Frau sei ja etwas pathetisch und exaltiert und wer könne in eine Ehe hineinsehen?

Der Konkursverwalter nennt die Zahlen: »10500 Mark Darlehensschulden, im Ganzen 119000 Mark Passiva, Aktiva 6,40 Mark. Gewiss – 34000 Mark Außenstände, aber 1924 waren Außenstände gleich null, die Schuldner waren sämtlich im Konkurs. Die scharfe Finanzpolitik der Reichsbank, die maßlosen Zinsen, das war die Zertrümmerung der schwachen Existenzen. Aber, andererseits, die Rentenmark sollte stabil gehalten werden.« »Und schreibt den größten Anteil ihrer Schuld den unsichtbaren Sternen zu.«

Der Staatsanwalt beantragt Verwerfung der Berufung. Es bleibe bei den zwei Jahren Gefängnis. Ein Einbrecher, der 100000 Mark stehle, bekäme sicherlich mehr.

»Ich mache es genau wie mein Mann«, schreit die Frau.

Das Urteil lautet auf ein Jahr Gefängnis, Bewährungsfrist nach genauer Auskunft.

(BT, 30. Januar 1927)

Der Reiter auf dem Regenbogen
Wieder einmal der rote Tausender vor Gericht

Er heißt von Haus aus Jungbluth. Seine guten katholischen Eltern haben ihm dort in der wunderschönen Stadt am Rhein den Namen Iwan gegeben.

Er wurde Kaufmann, dann aber tat es ihm die Politik an und er übernahm den Vorsitz der nationalsozialistischen Arbeitergruppe in seiner rheinischen Heimat. Aber als solcher konnte er nicht mehr den Namen Iwan Jungbluth tragen, denn schon Jungbluth klingt verdächtig nach Judenstämmling und Iwan ist ein ausgesprochen internationaler Kapitalistenname. So nannte er sich einfach und teutsch Hans Müller. Der deutsche Sozialist, der seinen ihm eigentümlichen, individuellen Namen leugnet und aus Angst vor Blutsschnüffelei lieber ein farbloser Hans

Müller sein will als ein saftvoller Iwan Jungbluth, das ist ein herrlicher Ausdruck des völkischen Ideals. Dieser junge Mann hat dem Reichsbankpräsidenten eine Postkarte geschrieben, in welcher sich der Satz befand: »Ich zeihe Sie der dreisten Lüge und des Betrugs am deutschen Volke.«

»Ich wollte Schacht beleidigen, damit er sich vor Gericht verantwortet. Im Jahre 1922 und 1923 sind 128 Milliarden rotgestempelte Tausendmarkscheine mit dem Datum vom 21. April 1920 herausgegeben worden; Scheine also, deren Wert in Deutschland noch nicht ein Pfennig war. Wozu tat das der Reichsbankpräsident? Die Inflation war eben kein Naturereignis, sondern die Internationale wollte Gold aus der deutschen Wirtschaft herauspressen, und zwar in der Weise, dass die roten Tausender aufgekauft und ins Ausland verschoben wurden, von wo aus sie wieder der Reichsbank präsentiert wurden, damit der volle Goldwert nach der jüdischen Wall Street wandern sollte.« »Wirtschaftsmord«, setzt er fort.

»Und daraufhin haben Sie eine Postkarte an Schacht geschrieben?«, fragt der Vorsitzende sachlich.

»Ich wollte eben Schacht gegenübergestellt werden.«

»Aber«, sagt der kluge Staatsanwalt, »das ist doch eine völlig verkehrte Methode. Sie begehen eine formale Beleidigung auf Grund von Paragraph 185, da wird doch kein Wahrheitsbeweis angetreten. Wenn sie dem Reichsbankpräsidenten die Fenster einwerfen, dann werden sie auch wegen Sachbeschädigung bestraft, und von Gegenüberstellung kann keine Rede sein. Außerdem kann der Schacht nichts dafür, was 1922/23 geschehen ist.«

Angeklagter. »Doch, denn ich meine ja nicht Schacht als Person, sondern Schacht als Reichsbankpräsidenten.«

Bei diesem Höhepunkt der Verwirrung gibt der Vorsitzende auf und erteilt seufzend dem Staatsanwalt das Wort, der nun die Worte des Angeklagten ins Irdische übersetzt, der Angeklagte hätte gemeint, Schacht hätte das im Jahre 1922 Geschehene wiedergutmachen sollen. Nun beantragt er im Hinblick auf die schlechte Lage des Angeklagten und sein unklares Gemüt 300 Mark Geldstrafe.

Der Vertreter des Nebenklägers erklärt, niemals hat ein Ausländer mehr für eine Reichsbanknote bekommen als ein Inländer.

Das Urteil lautet auf 300 Mark Geldstrafe. Müller nimmt es an mit dem Tonfall des Märtyrers für eine Idee, eine Idee, für die es notwendig ist, seinen guten Namen aufzugeben. Denn das Ideal dieses Menschen ist es, dass alle Leute Hans und Peter und Schulze und Müller heißen und sind und ein »Jungbluth« und ein »Schacht« können bereits zu der trübsten Verdächtigung der Rassenreinheit führen.

(BT, 5. Februar 1927)

Der Fall Machan-Kolomak
Das Mädchen, seine Umgebung und sein »Fall«

Was ist's mit dem »Fall Machan«? Es ist nicht mehr daraus klug zu werden, wenn man in Berlin sitzt. Erst erscheint im Dezember 1926 im Herder-Verlag, dem angesehenen, katholischen, ein Buch »Vom Leben getötet«, Bekenntnisse eines Kindes, Grete Machan, herausgegeben von der Oberin eines Klosters. Es erregt größtes Aufsehen, denn ein wertvolles Geschöpf erscheint durch Institutionen des Staates oder der Gesellschaft vernichtet. Dann heißt es: Das Buch ist eine Fälschung, von der Mutter verfasst. Zuletzt: Die Mutter wegen Kuppelei verhaftet.

Das ethische Interesse an abzustellenden sozialen Schäden, das ästhetisch-literarische Interesse an dem Kunstwerk, an der genialen Fälschung ist nun verfilzt mit der Erregung über einen Kriminalfall.

Der Inhalt des Tagebuchs

Es ist das Tagebuch eines Mädchens vom 14. bis zum 16. Lebensjahr, eine Beichte aus der Zeit zwischen Kind und Frau, ergreifend, weil dies in jedem Fall heißt, einen Blick tun in das Mysterium der menschlichen Seele selber. Ergreifend umso mehr, weil diese Beichte abgelegt wird von einem Menschenkind, das begnadet und geschlagen ist mit dem Reiz des Körpers und mit der Wärme des Blutes, die es liebenswert macht und gefährdet, mit jenem jungen Fragedurst, jener seligen Sehnsucht, wissen zu wollen, was es denn auf sich habe mit dem Geheimnis, das die Großen das Leben nennen, die es hinaustreibt mit einer gefährlichen Freundin aus der Idylle des handwerkenden Elternhauses in die Welt, nach Berlin, wo nichts ist als Hunger, Elend und Angst vor der Heimkehr und von wo sie von der Mutter heimgeholt wird.

In dem Schicksal, und also in dem Buch, das disponiert scheint nach aristotelischen Regeln, setzt nun die Peripetie[12] ein. Auf der heimischen Polizei wird sie schamlos verhört und untersucht, auf schauderhafte Weise so aufgeklärt über ihr Weibtum.

Vierter Akt. Der Leser kann wieder hoffen. Der Eindruck Berlin versinkt, nur die klatschenden Nachbarn quälen weiter.

Auch wird sie verschleppt und eine Vergewaltigung in einer Art Lebemannsklub versucht. Diesen gegenüber aber stehen interessierte, gute Menschen, Doktor Reißmanns' junge, ernste Liebe kommt. Alles scheint zum Glück zu führen.

Fünfter Akt. Da greift wieder die Polizei ein. Eine obdachlose Bekannte wird aufgenommen, schläft mit dem Mädel zusammen, wird von der Sittenpolizei abgeholt. Der Beamte kommt noch einmal zurück, holt auch sie, Grete Machan, ab, bringt sie ohne Untersuchung ins Krankenhaus, wo fürchterliche Zustände geschildert werden, sie wird dann als syphiliskrank befunden und nach den Spritzen und Rückenmarkspunktion immer kränker. Der Schluss ist die Todesanzeige. Das Einzige, was nicht von ihr selber herrührt.

Die Entdeckung und Entstehung der Fälschung

Dies Buch ging in die Welt. Man erkannte Ort und Personen des Buches, nämlich Bremen und Grete Machan, die Tagebuchschreiberin, als Lisbeth Kolomak, die Tochter eines Schusters. Anfang Januar erschien der erste Presseangriff gegen Polizei und Krankenhaus. Die Polizei erklärte den Inhalt dieses Buches für unwahr, die Polemik ging weiter. Niemand zweifelte, dass man es mit dem Tagebuch der kleinen Grete zu tun habe. Man hielt es für echt. Alle äußeren Daten stimmten. Polizei und Medizinalverwaltung bekamen den Auftrag, amtliche Ermittlungen anzustellen. Der Chef der Kriminalpolizei referierte in einer Fraktionsführersitzung: Die Angaben des Buches stimmen nicht, das Mädchen war nicht unschuldig und schwer krank. Die Ärzte lehnten ab, schuldig zu sein. Es gibt keinen Salvarsantod[13]. Und während die Polemik weiterging, um Polizei und Krankenhaus, während die junge Tote als Ruferin im Kampf gelten konnte um die Herausnahme der Jugendlichen aus dem Arbeitsfeld der Sittenpolizei, erklärte die intime Freundin der Frau Kolomak-Machan, die einzig Eingeweihte, Frau Grete Abt, in einem zwei Zeitungsdruckseiten starken Brief, dass das Buch von der Mutter herrühre und also eine Fälschung sei. Zwei Tage darauf gestand dies Frau Kolomak-Machan in zwei Briefen an den Chefredakteur Faust der »Bremer Volkszeitung«, der sich warmen Herzens ihrer Sache angenommen hatte. Der erste dieser Briefe hat diesen Wortlaut:

»Bremen, den 20. Januar 1927.
Sehr geehrter Herr Faust!
Ihnen und allen denen, die es gut mit mir meinten, gestehe ich, dass ich das Tagebuch selbst geschrieben habe. Nicht allein das traurige Schicksal meiner Tochter, der Klatsch, die Verleumdung und die Vorurteile gegen uns und die anderen Kinder gaben mir die Kraft, Erzähltes und Geschriebenes wiederzugeben. Ich versetzte mich in die Natur meines Kindes, das ich als Mutter am besten kannte. Alle ihre Vorzüge und ihre Schwächen durchlebte ich und konnte daher alles leicht aufs Papier bringen. Ich wusste kaum noch, dass mein Kind tot war, und so raffte ich mich nach und nach auf, ohne je daran zu denken, dass das Geschriebene veröffentlicht werden könnte. Bei kleinen Missverständnissen in der Schule, worunter die Kinder sich gekränkt fühlten, verteidigte ich sie dadurch, dass ich das Buch dem Lehrer brachte und um volles Vertrauen bat. – Dann ging es allein seinen Weg. Ich konnte es nicht mehr unmöglich machen. Man wollte es ja benutzen zu einem guten Zweck. Ich habe nur die Ehre meiner Tochter und der lebenden Kinder wahren wollen. Und als das Buch zum Wohl der heranreifenden Jugend dienen sollte, gab ich meine Einwilligung zur Herausgabe.«

Dies ist ihr eigenes Geständnis, das die Entstehung des Buches ebenso schildert wie Frau Abt, als Ehrenrettung nämlich des toten Kindes und der anderen Kinder. »Der Lehrer soll Respekt bekommen.«

Hinzu kommt ein drittes philologisches Kriterium für die Fälschung. Frau Kolomak-Machan schreibt »Th« (Thränen, thun und so weiter) sowohl im Manuskript wie auch sonst, während das Kind natürlich »T« schrieb.

Viertens die Schriftprobe. Frau Kolomak-Machan schreibt drei Schriften, eine deutsche Schrift, die sie in ihren Briefen anwendet, eine Lateinschrift und eine nach links geneigte Schrägschrift, die ganz ähnlich der des Tagebuchs ist und in der sie auch eigene Gedichte niedergeschrieben hat, sie hat also gleichsam eine dritte literarische Schrift.

Das Originalmanuskript besteht aus einem Poesiealbum der Tochter, in dem sich vorn die Widmung einer Schulfreundin befindet, zwei vollgeschriebenen Schulheften und einem Haufen Zetteln. Es ist geschrieben in der täuschend nachgeahmten Kinderschrift der vierzehnjährigen Grete, die im Laufe des Tagebuches erwachsener und reifer wird, ein ans Mystische grenzender Vorgang, der sich vielleicht rational dadurch erklärt, dass die Frau sich sozusagen in die Schrift ihres Kindes einschrieb.

Was ist nun die bisher erkannte Wahrheit über das Schicksal der kleinen Kolomak?

Wahr soll hier heißen: Welche Fakten und Personen existieren, was ist erfunden?

Wahr ist, dass das Kind mit einer Freundin nach Berlin durchbrannte. Wahr, dass die Eltern sie als vermisst bei der Polizei meldeten, wahr, dass es mit einem übelbeleumdeten Mädchen geschah, wahr, dass sie mit Hilfe eines Brasilianers durch die Mutter zurückgeholt wurden. Wahr ist ferner, dass Grete auf die Polizei geladen wurde, weil der berechtigte Verdacht des Mädchenhandels vorlag. Dass das Kind dort untersucht wurde, ist erfunden, dagegen hat ein Verhör stattgefunden. Ein solches Verhör durch Sittenpolizisten bei einem 15-jährigen Mädchen richtete natürlich nicht wiedergutzumachenden Schaden an. Es besteht ein Protokoll, seltsamerweise ohne Unterschrift, in dem Grete zugibt, nicht mehr unschuldig zu sein.

Wahr ist die Figur der Nachbarin Klein. Dagegen ist Dr. Reißmanns aller Wahrscheinlichkeit nach erfunden. Weder Paul Lange noch Gerd waren je im Hause Kolomak-Machan. Der Vater hat sie nie gesehen. Paul Lange existiert, aber die Geschichte des Kennenlernens ist falsch. Und von Gerd weiß man nur, dass er krank wurde.

Gerade das, was am unwahrscheinlichsten klang, nämlich die Erzählung aus der Parkstraße, ist wahr. Das phantastisch elegante Absteigequartier bestand samt den Personen, die an dem Gelage teilnahmen. Einer davon ließ später bei dem Vater Kolomak seine Schuhe besohlen. Das Quartier wurde von der Polizei ausgehoben.

Das Mädchen war der Polizei bekannt, weil sie in Cafés ging und sich ansprechen ließ. Es kann kein Zweifel bestehen, dass sie vielerlei Abenteuer hatte. Hinzu kommt ihr Umgang mit jungen Dingern, die fast schon als Straßenmädchen anzusprechen sind, von denen eine einmal bei ihnen übernachtete, was dann zu der bösen Wendung in ihrem Schicksal führte. Es besteht ferner kein Zweifel, dass sie krank war. Trotz all dieser Tatsachen glaubten zwei edle Menschen, der Seelsorger und der Jugendrichter, an den guten Kern des begabten Mädchens. War es nicht eine wilde Zeit, das Jahr 1923/24, wo mit dem Wertmesser, dem Geld, auch alle sittlichen Begriffe in den aufgetanen Abgrund flogen, da der Tanz um den Dollar, das Carpe diem[14], Gefestigtere hinabzog als ein Sechzehnjähriges. »Sie fiel nur auf im Unterricht«, sagte der Pfarrer.

»Sie war also lebhaft und klug?«, fragte ich. Er nickte: »Und also gefährdet«, nannte er sie mit einem umfassenden und wundervollen Wort. Gefährdet war sie wie alle warmblütigen Geschöpfe, aber liebevoll wie diese sorgte sie für die kleinen Geschwister, war immer gefällig und gut. Auf einem Klassenbild aus der Schule strahlt das heitere, schöne, lebendige, interessierte Gesicht der Dreizehnjährigen unter dreißig Kindern heraus, die alle noch ein bisschen dümmlich und dumpf ausschauen, der verkörperte Übermut, »hungrig«, wie die Mutter schreibt, »nach Sonne und Leben«. Der Pfarrer und der Jugendrichter, die in Menschenverstehen und Menschenliebe an sie glaubten, erwogen die Fürsorgeerziehung, aber beschlossen sie nicht und suchten nach einem Weg, sie zu retten. »Sicher ist eins, es war ein Wendepunkt in ihrem Leben.« Und während so vorsichtige und tastende Hände sich um sie mühten, dass es der Wendepunkt zum Guten sei, kam der brutale Zugriff der Polizei mit ihrer beklagenswerten Vermengung sanitärer und strafender Befugnisse.

Bei der Polizei war eine Anzeige eingelaufen, dass eine wohnungslose Gertrud W. krank sei. Die Sittenpolizei kam zu Kolomak-Machan, von wo sie sie fortholte. Unterwegs sagte sie: »Warum nicht auch die Grete, die ist genauso krank.« Der eine der Beamten kehrt zurück, holt nun auch die Grete. Sie wird als krank erkannt und, erneute Brutalität, im grünen Wagen ins Krankenhaus transportiert, wo die Jugendliche mit alten Dirnen zusammenkommt. Um das Geschehen im Krankenhaus nachzuprüfen, hat der Senat eine Prüfungskommission eingesetzt, zu der auch auswärtige Ärzte zugezogen werden.

Aus dem Krankenjournal ist die schwere Geschlechtskrankheit der Margarete ersichtlich; die weiteren Eintragungen betreffs Behandlung, Komplikationen und so weiter entziehen sich einer Kritik.

Die Verbreitung der Fälschung

Als die Mutter das Buch geschrieben hatte, ging sie mit dem Originalmanuskript, dem Poesiealbum, den zwei Schulheften und den Zetteln, die Grete im Krankenhause geschrieben haben sollte, zum Lehrer. Der war gepackt, wollte es weitergeben, die Mutter sträubte sich, gab schließlich ihre Erlaubnis. Das Manuskript kam in die Hände des Jugendrichters, der aus dem Gefühl der Erschütterung über das Schicksal, dem Glauben, es könne beitragen zur Erkenntnis des gefährdeten jugendlichen Menschen, es etwa ein Dutzend Mal mit der Schreibmaschine abschreiben ließ. Es ging an die interessierten Stellen weiter, an Menschen, die in der Jugendfürsorge tätig sind, an die Polizei und das Krankenhaus. Alle Kenner der Jugend hielten das Buch für den echten Ausdruck jugendlichen, weiblichen Seelenlebens. Niemandem kam der Verdacht der Fälschung. Das alles war 1924. Im vergangenen Jahr nun interessierten sich wiederum und erneut einige Damen für das Manuskript. Die Oberin des Klosters Haselünne beschloss, für seine Herausgabe zu sorgen, alle Beteiligten wollten es betrachtet wissen als ein Erziehungsbuch für Erzieher, ein Dokument gegen die Pharisäermoral. Genau wie der Jugendrichter, wollte auch der Seelsorger, die doch beide wussten, dass das Kind die Tatsachen in seinem Tagebuch zumindest stark beschönigt hatte, nicht, dass dies Dokument einer ringenden Seele verschwinde. Sie sahen das Wollen für wichtiger an als das Geschehen. So entstand das Buch. Die Mutter nahm nichts von der Einnahme. Sie überließ sie dem Kloster Haselünne als Erziehungsbeitrag für ihre Kinder.

Das Verfahren wegen Kuppelei gegen
Frau Kolomak-Machan

Als die Polizei 1924 das Schreibmaschinenmanuskript bekam, hatte sie, so erklärt sie, kein Interesse, die Fakten des Buches auf ihren Wahrheitsgehalt zu prüfen, weil es gleichsam ein privates Manuskript in den Händen weniger war. Als im Dezember 1926 das gedruckte Manuskript dalag, wurde sie aufmerksam. Am 30. Dezember wurde Gertrud W. auf die Polizei geladen und verhört. Sie beschuldigte Frau Kolomak-Machan schwerer Kuppelei. Ihre Angaben wurden nachgeprüft im Umkreis der Bekannten der Gertrud W., also im Wesentlichen bei Dirnen und Zuhältern, und bestätigt befunden. Man wird das Gefühl nicht los, die Polizei, die eine objektive Behörde sein soll, wollte sich gegen Angriffe wappnen. Wurde doch sogar in einer sehr gut orientierten Zeitung offiziös erklärt: »Als dann die Angriffe in der Presse einsetzten, stellte die Polizei Ermittlungen an, die zum Verdacht und im weiteren Verlauf zur Verdichtung des Verdachtes und damit zu dem eingeleiteten Verfahren gegen Frau K. führten.«

Frau Kolomak war nach ihrem Geständnis Ende Januar in das Kloster Haselünne vor dem Gerede der Nachbarn geflüchtet. Ihr Mann wollte ihr acht Tage darauf Wäsche und Kleidung bringen. Als er hinkam, fand er seine Frau nicht mehr vor. Sie war schon seit drei Tagen in Bremen, im Untersuchungsgefängnis, war im Kloster verhaftet worden.

Ein entsetzlicher Fall, denn Nachbarn und fühlende Menschen, die sie kannten, glauben nicht an die massive Beschuldigung. »Meine ganze seelsorgerische Erfahrung würde zusammenbrechen, wenn diese Frau eine Kupplerin ist«, sagte ein Priester, kundig der großen katholischen Tradition von der Kenntnis der menschlichen Seele. Auch die Untermieter und die Nachbarn halten die Beschuldigung für unmöglich. Dagegen spricht, dass die Mutter auf die Einnahme aus dem Buch verzichtete. Dagegen spricht die Lage der Wohnung, in der der Vater alles hätte bemerken müssen. Man beginnt nun die Entlastungszeugen zu vernehmen. Die Mutter ist noch in Haft. Unbegreiflicherweise!

Bei Kolomak-Machans

Das Buch schildert das Heim als Idyll, und so zeigt es sich auch dem, der unbefangen eintritt. Die Ludwig Richter'sche Holzschnittwelt. Zwei Schritte von der Contrescarpe, was gegenüber den Wällen bedeutet, von der Straße, in der die Villen der reichen, gewichtigen Bremenser stehen, vornehme, stille Häuser in Gärten, zwei Schritt von hier stehen ein paar winzige gegiebelte Häuschen, Tür und Fenster breit, ebenerdig und ein Stockwerk hoch. Das Kolomak'sche ist frisch gestrichen mit grünen Rahmen. Macht man die Tür auf, kommt der Schuster Kolomak aus seiner Werkstatt, die auf das kleine Gärtchen blickt, mit Birnbäumen, jetzt braunen Beeten zwischen dem Mäuerchen. Unten ist noch die Küche und die Wohnstube. Fünf Mandolinen und Gitarren hängen an der Wand mit Lautenbändern. Um das Bild der Lisbeth ein Immortellenkranz, unterm Stehspiegel zwei Reihen Bücher. »Der Katzensteg«, Sudermann, Frenssens »Klaus Hinrich Baas«, »Der Trotzkopf«, die Bibel, katholische und Backfischbücher. Eine jüngere Schwester der Toten, jetzt selbst 16 Jahre alt, steht dazwischen mit blonden Ohrenschnecken, im blütensauberen Waschstoffkittelchen, ein anmutiges, noch ganz kindliches, bescheidenes Ding, rührend in seiner Ahnungslosigkeit. Oben sind die Schlafzimmer. Drei winzige Räume für Bett und Waschtisch und Schrank. Nur durch das Schlafzimmer der Eltern konnte man in das der Grete gelangen. Ich sprach zwei Untermieter. Der eine hat drei Jahre dort gewohnt, ein ruhiger, ernster Mann, nie hat er etwas Unrechtes bemerkt. Der Mann saß auf dem Schusterbock. Die Frau plättete und wusch; Grete half. Die Frau las gern, eine Woche lang diskutierte man über Haeckels »Welträtsel«. Und obgleich ich wusste, dass viele Tatsachen des Buches nicht stimmen, wirkt dies Haus so, wie es im Buche geschildert wird. Die Leichtgläubigkeit und Gutmütigkeit der Leute beweist Folgendes: Auf dem Boden steht ein Bett. »Wer hat da geschlafen?« – »Ach«, sagt Herr Kolomak, »da kam neulich ein junger Bauer aus L., der war abgebrannt, und da gaben wir ihm für drei Tage Obdach. Er ist schon wieder weg.« Und das tun die Leute, in einem Augenblick, wo über ihnen die Anklage schwebt.

Der Wunschtraum der Mutter ward in dem Buch gestaltet. Sie schildert die Möglichkeiten, die in ihrem Kinde lagen, nicht die Wirklichkeit. Sie will, offenbar aus einem Schuldgefühl, gutmachen, was ihre Blindheit verschuldet, indem sie ihrem Kinde ein Denkmal setzt. Ihr Wunschtraum ist die längst durchlöcherte Ethik des Christentums, die gleichzeitig die bürgerliche Ethik ist. Tief in dieser Frau, wie in Grete, wie in den meisten ist Hoffnung und Wunsch, der Wille sei stärker als der Trieb. Der Erste sei auch der Geliebte, der geliebte Erste sei auch der Letzte. Jedes Begehren trage in sich den Wunsch nach Ewigkeit. Lüstern und kokett ersehnt sie daneben, möglichst viele Männer sollen begehren, aber abgewiesen werden, pikante Situationen, aus denen sie aber rein hervorgeht. Der sittliche

Halt ist das Elternhaus. Alles Üble kommt von dem Klatsch der Nachbarn, dem sie sich ausgeliefert fühlt, gegen den es nichts gibt, gegen den erfindet sie den Doktor Reißmann, der sie so sieht, wie sie gesehen sein will.

Folgerungen und Forderungen

Zu folgern und zu fordern ist aus diesem ganzen Fall, abgesehen vom Kriminalistischen, vor allem:

Für Minderjährige und polizeilich erstmalig Erfasste keine Sittenpolizei, sondern Pflegeämter! Auch in Berlin ist die Einrichtung eines Pflegeamtes beschlossen, und es ist dringend zu wünschen, dass die technischen Hindernisse endlich überwunden werden.

Aber darüber hinaus: Alle Fürsorge wird sein, wie ein Tropfen auf einen heißen Stein, solange die Ehrbarkeit des bürgerlichen Hauses beruht auf dem Opfer der jungen Kinder aus dem Volke.

(BT, 16. Februar 1927)

Gestalten aus dem Femeprozess
Gespenster

Moabit ist seit einigen Jahren Quelle für die Erkenntnis der Zeit. Nicht mehr um die individuelle Tat des Einzelnen, die Sensation einer saturierten Gesellschaft, um zeitlos menschliche Triebe, wie im Prozess Hau, Tarnowska, Kwilecki, um die Erbschaft, die Geliebte, das Kind handelt es sich, sondern das typische Geschehen selber, die Epoche, res gestae steht vor Gericht. Willkür fast, so scheint es, dass wirkliche Menschen auf der Anklagebank sitzen. Musterbeispiele gleichsam. In zwei Schwurgerichtssälen macht sich die Historie breit.

Im alten Haus ist der Teil, der unter »Einleitung« zu stehen haben wird: »Zustände zur Zeit der Okkupation durch Frankreich, 1919 bis 1925. A. Wirtschaftliche Zustände. I. Die Inflation und Große Konzerne.« Und dann ist als ausgezeichnete Quelle von dem Prozess Barmat[15] die Rede. Internationales Vermittlertum. Reichsbehörden verquickt. Gründer, die Gewinner, die Aktiven der Epoche, sind nun Angeklagte, Zeugen aber die Passiven, die Zermalmten. Der Dollar als das Goldene Kalb, um das im Jazztempo ein Volk tanzte, wirbelnd alle ethischen Begriffe mit dem Wertmesser, dem Gelde, in den Abgrund. Der Dollar müsste als Flagge aufgehängt werden hinter dem Richtertisch. »Es war keine menschliche Zeit.« Aber sie schien die Epoche, die die Revolution geboren hatte. Das war der historische Irrtum aller jener, die die Weltgeschichte mit dem Jahre 1918 beginnen. Es war die tief unsittliche Situation, die der Versailler Vertrag geschaffen.

Oben aber beim Landgericht III ist Shakespeares Atmosphäre. Landsknechtstum, Verschwörer auf Gütern, in Forts, in Zitadellen, in den Büros im roten Hause in der Kurfürstenstraße, Desperados, dunkle Gestalten herkriechend, wo sich Draufgängertum und Verbrechertum schneiden, wo das Gewissen erstickt ist durch den Befehl. Wirklich dies, Befehlshaber, die den Mord diktieren, Spießgesellen, gedungene Mörder: »Seid mir schleunig bei der Ausführung, zugleich verhärtet euch, hört ihn nicht an.« »Pah, gnäd'ger Herr. Wir schwatzen nicht erst lang. Wer Worte macht, tut wenig: Seid versichert, die Hände brauchen wir und nicht die Zungen.«[16] Sie aber haben auch die Zungen gebraucht, nachher, sich gleichsam als Mörder vorgestellt. Moderne Menschen, die sie sind, aussprachebedürftig, zugleich verwirrt durch Ideologien, die den Meuchelmord billigen. Unsichtbar steht ein großes Hakenkreuz vor dem Richtertisch.

Putsch oder Business war die Situation des Jahres 1923...

Nicht die Überreste einer großen Tradition sitzen auf der Anklagebank, kein alter Name klingt, sondern diese stehen da: der Leutnant von kleinem Herkommen, der, als Schulknabe fast noch, Herr wurde über Leben und Tod, der nicht Führer wollte, sondern Vorgesetzte, selber ein kleiner Gott für Mutter und Vater: »Mein Sohn, der Leutnant«, der nun reden konnte wie die feinen Leute: »Mein Kamerad vom Regiment X.« und nicht mehr heimfand in den Zigarrenladen, in das kleine Bürgertum, die Alltäglichkeit und die Bürostellung.

Der preußische Wachtmeister Schulz, der im Militärwaisenhaus aufgezogen wurde, für den die menschlichen Beziehungen bestanden Zeit des Lebens in Befehl und Gehorsam. Der ein Scharnhorst[17] werden wollte, aber gegen den brüderlichen Arbeiter. Äußerlich allerdings ein Verkäufer, der seine Ware mit den Händen anpreist.

Der Dr. Ing. Stantien, Typus des staatsfeindlichen Hochschülers, Freiwilliger, Zeitfreiwilliger, weil er völlig besessen ist von der Terminologie des Krieges, weil das Lernen Unsinn scheint, die Wissenschaft eine überlebte Angelegenheit. Ein junger Mensch fand nicht mehr durch. Wer war technischer Nothelfer und wer Hochverräter, seit es eine Vaterlandspartei gab?

Unhofer, der Asoziale, roh-draufgängerisch.

Klapproth, der Untermensch, geduckt, gewalttätig, dessen Visitenkarte die Ohrfeige ist. »Wenn ich einen packe«, sagt er und hebt die Arme über den Kopf empor, als hätte er einen

Stein, »und auf den Zementboden schmeiße, dann ist er eben ohnmächtig!« Alle bereit zu allem, wenn einer ein Schlagwort sagt.

Grauenvolles wird in diesem Saal gesprochen. Die Gespenster des Jahres 1923 gehen um. Einer, der zum Tode verurteilt war, reckt sich hoch, schleudert die Faust wider die Schulz und Fuhrmann: »Die Offiziere sind schuld!«, erzählt von einer Verschwörung in der Villa Kuhnheim zur Ermordung Sinowjews[18]. Gutsarbeiter, die Lohnbücher führen, aber nach Rathenow gehören, Mitglieder der heimlichen Armee.

Schwere Eisenmuffen werden in den Saal geschleppt. Einen Toten hat man mit ihnen ins Wasser versenkt: »Heute haben wir einen schwimmen lassen.« – »Wenn der Auspuff offen ist und es knattert, dann kann der Schuss krachen.« Der Schuss, den Fuhrmann »ein Schüsschen in den Hinterkopf« nennt. Die Atmosphäre der Fußtritte, des Ochsenziemers. Das Soldatenhandwerk war nie eine zarte Sache, aber nun schleicht auch der Mord. »Ansiedeln« nannte man ihn.

Wo begann der Mord? Die größte Frage aller Rechtsphilosophie: Wann ist die Macht Recht? Alles in diesen Köpfen ist dunkel und wirr. Die technische Nothilfe war erlaubt, wie weit hatte sie zu gehen? In Oberschlesien war der Grenzschutz notwendig, die fünfzig ungesühnten Morde, die dort geschahen, die als Selbstjustiz gelten, hat sie das Recht gedeckt? Legal war es, dort einzutreten, illegal war die Organisation Consul[19], aber sie wurde wiederum legal, als sie in die Schwarze Reichswehr eingeschmolzen wurde.

Der Zeuge Schmidt-Halbschuh, Kunstgewerbler, dessen Aussage nicht verwirrter ist als sein Denken, der als eine Art militärischer Wandervogel gekleidet ist, sagt: »Wir gründeten eine nationale Armee. 1920. Ziele der nationalen Armee war Vernichtung der Republik in allen ihren Organen. Wir beschlossen die Tötung Severings, Seeckts und die Befreiung Ehrhardts[20].«

Vorsitzender: »Wie groß war die nationale Armee bei ihrer Gründung?«

Zeuge: »Sechs Mann.«

Oder: »Verräter mussten mundtot gemacht werden.«

Vorsitzender: »Das ist doch nicht gleichbedeutend mit tot, man kann doch zum Beispiel mit Geld...«

Zeuge: »Wir hatten ja kein Geld.«

Aber sie hatten bei der Organisation Consul den Femeparagraphen. In der Schwarzen Reichswehr, sagte ihm einer, hatten sie ihn nicht, aber sie wandten ihn praktisch an. Die Befreiungsversuche des Ehrhardt machte dieser Zeuge mit Umhofer, mit Reichswehrausweisen, in Reichswehruniform; denn die hatten sie ja als Mitglieder des Arbeitskommandos.

Ein alter Bürokrat tritt auf, der »Gerichtsoffizier« Thieme, Schulz zugeteilt, er selber nannte sich einen »Mann von Eisen«, was mehr ein Wunschtraum scheint, wenn er im Cut vor Gericht erscheint.

Er tut so, als ob alles in Ordnung sei.

Vorsitzender: »Erlauben Sie mal, es sind doch Morde vorgekommen.«

Zeuge: »Ja, ich habe davon gehört.«

Und er prägt dann den herrlichen Satz: »Mir aber kann nicht zugemutet werden, dass ich Kameraden, ehrenwerte Männer, als Mörder betrachte.«

Der Umhofer nennt sich Tell. Das ist ein Programm. Und ein merkwürdiger Mann, namens Graffunder, den die Soldaten Herr Graf nennen und der sich selbst Ebersbach nannte (wer ist er wirklich?), steht breitbeinig da, mit einer unsichtbaren Standarte in der Hand, statt des historischen hohen Gardehelms den Pinsel am grünen Hut, und erklärt, dass er nichts weiß.

Der Major Buchrucker aber lächelt, wenn er vortritt, mit seinen überlangen, mehrmals geknickten Beinen, mit seinem rosigen, weißblonden Gesicht, da ist nichts als Vergnügen in seiner Aussage: Es ist ein hübsches, abgekartetes Spiel, scheint er sagen zu wollen, aber ich spiele mit.

Schulz bleibt allein. Er hat eine große, heimliche Organisation aufgebaut, man braucht sie nicht mehr, man lässt ihn versinken.

Die Mörder beim Shakespeare sahen weiter:

»Und hab' ich meinen Sold, so will ich fort,

Dies kommt heraus, drum meid' ich diesen Ort.«[21]

Sie wussten, wenn York mit Lancaster sich verträgt, wehe uns. Aber sie vertrugen sich nicht. Es hieß: Hie Reichswehr! Hie Abteilung Ia. Preußische Schutzpolizei verhaftete vor der Zitadelle Spandau Leute des Arbeitskommandos, wenn sie herauskamen. Dass Preußen und Reich jetzt einig gehen, klärt die Lage. Es hat Jahre gedauert. Nun weiß man, dass es da war, die Parodie eines »Krümpersystems«[22], winzig, aber da, töricht, aber vergiftend. Das Arbeitskommando in Rathenow war die Kerntruppe eines Regiments Westhavelland, das im Falle der notwendigen Landesverteidigung im Nu aus der Erde wachsen sollte. »Die Schwarze Reichswehr, das waren Rahmendinge, die offiziell nur auf dem Papier bestehen durften«, sagt der Sachverständige des Wehrministeriums, der Herr von Hammerstein.

Es ist, als ob eine Wolke von Giftgasen sich höbe und davonzöge aus diesem Raum, Guerillakrieg und Putsch, Verschwörung und heimlicher Mord und die Lüge selber. Es war eine »Rahmenorganisation« in wilder Zeit gegründet worden, nach der Ansicht manches ihrer intellektuellen Urheber ein Verteidigungsmittel für das Land mit den endlosen Grenzen; für die Träger aber der Organisation hatte man ein rotes Tuch, die Fahne des Kommunismus, und ein schwarzrotgoldenes, das der

Republik, aufgehängt, in das sie wie wild gewordene Stiere hineinrannten. Man beging ein ungeheures Unrecht an den deutschen Jungen, die sich als »politisch denkende Soldaten« empfanden, wie Schmidt-Halbschuh sagt: Sie scheuten nichts, »sie klauten der Polizei die Waffen« (Klapproth) und töteten die kleinen Verräter. »Überflüssig«, sagte Major Buchrucker, »denn die kleinen konnten nicht schaden und große gab es nicht.«

Und über dem allen sitzt Landgerichtsdirektor Siegert zu Gericht. Seine Stimme weht wie eine große, tiefe Glocke alles hinweg, was Zeugen und Angeklagte, was Staatsanwälte und Verteidiger dünn und hoch vorbringen. Er bringt Klarheit.

Er hat jetzt zu richten über eine Tat, die Mord ist und Mord bleibt, mag man sie auch aus Milieu und Zeit erklären wollen, mag man noch so sehr mit Fingern deuten auf die Rolle des Reichswehrministeriums, das am Anfang des Prozesses von Angestellten und Arbeitern redete – fast Zufall, dass keine Invalidenmarken geklebt wurden – und am Ende des Prozesses von den Arbeitern als Soldaten des Regiments Westhavelland spricht.

(BT, 25. März 1927)

Der alte Kutscher und die »neue Zeit«
Ein Chauffeur unter Anklage
fahrlässiger Tötung

Angeklagt ist ein junger Chauffeur, wegen fahrlässiger Tötung, und zwar nach dem Deutsch des Herrn Staatsanwalts: »indem er zu der Aufmerksamkeit, welche er aus den Augen setzte, vermöge seines Berufes besonders verpflichtet war« (Schön, nicht?)

Aber, wenn dieses Deutsch auch barer Ulk ist, so ist doch die Sache tragisch, so tragisch, dass man sich fast schon entschuldigen muss, wenn man sie erzählt, weil sie nach 19. Jahrhundert riecht, nach dem Kampf zwischen Maschine und Mensch, zwischen Webstuhl und Jacquardmaschine, wovon wir eigentlich nun nachgerade längst genug gehört haben sollten. Aber weil sie wahr ist, sei sie nachgetragen.

In der Frankfurter Allee fuhr ein ganz alter Droschkenkutscher, im Schritt natürlich. Er war auf dem Bock eingenickt, und das Tier fraß Hafer. So zottelten sie entlang und kümmerten sich um nichts. Da aber kam die Jugend, die neue Zeit, das Leben, hui, der Frühlingssturm und hupte und stampfte und tutete und blies. Aber der uralte Kutscher hörte nichts, er achtete nicht auf die neue Zeit, das Pferd zwar, hellhörige Kreatur, sah sich um, aber wie sollte es den Alten warnen? Ein paar Passanten gingen vorbei und sagten als gute Bürger: »Wenn det man jut jeht.« Sie hatten ihre begründeten Bedenken gegen die neue Zeit. Es ging auch nicht gut, das Auto überfuhr die Droschke. Der arme, alte Mann flog aufs Pflaster, aber er sah nur, dass sein Wagen kaputt war, fühlte sich so ein bisschen wirr, aber weiter schien ihm nichts passiert zu sein. Aber er hatte das Leben und die neue Zeit unterschätzt, wofür sie sich rächten. Sie sind eine harte Sache und nach drei Tagen war der Kutscher tot. »Schädelbruch«, wurde konstatiert.

Und es erhob sich im Gerichtssaal die schwere Frage: Geht es, dass die alte Zeit ihre Rechte geltend machen will, beherrschen will dies Neue, Junge, Harte, das keine Milde kennt und keinen Zuckeltrab, sondern nur einen zweiten Gang und eine Verkehrsordnung? »Es geht«, sagte der Staatsanwalt und vertrat die Menschlichkeit, indem er ein Jahr Gefängnis beantragte.

»Nein«, sagte das Gericht, wir haben die Verkehrsampeln, den winkenden Schutzmann und den lauernden Tod an jeder Straßenecke. Jedermann hat sich der neuen Ordnung zu fügen. Und es verkündete: Drei Monate Gefängnis und Bewährungsfrist, wobei man daran denken soll, dass der Chauffeur 23 Jahre alt ist und grad geheiratet hat und dass Wagen oder Auto, beseelte Kreatur oder herzlose Maschine, ein so überaltertes Problem ist, dass nur noch Feuilletonisten ein solch sentimentales Thema zu behandeln sich einfallen lassen können.

(BT, 29. März 1927)

Die weibliche Psyche

Der Sachverständige sagte: Es liegt im Wesen der weiblichen Psyche, sich nicht präzise ausdrücken zu können. Sie ist unlogisch, sie bringt die Dinge durcheinander, kurzum, sie habe eine Neigung, Tatbestände quasi zu verquasseln. Die extrem weibliche Psyche, so meinte er, habe nicht gerade den §51 für sich, aber viel fehle nicht daran.

Die Angeklagte ist ein schönhäutiges, altes Mädchen, eine liebe, freundliche Ausbesserin, ein Geschöpf, dem man ansieht, dass sie immer auf eine zierliche Weise Fäden durch weißes Leinen zieht. Eine Dame erzählte ihr, ein Auto sei wie geheizt gewesen. Am nächsten Tag gab die Angeklagte eidesstattlich die Versicherung: In das Auto war eine Heizung eingebaut.

Man wird nicht bestreiten können, dass dies einen Tatbestand realiter nicht nur quasi zu verquasseln heißt. Da dies eidesstattlich geschah, so wurde es ein fahrlässiger Falscheid, der im Hinblick auf weibliche Gehirne im Allgemeinen und auf dieses im Besonderen mit 30 Mark vom ersten Richter bemessen wurde.

In der Berufungsinstanz wurde nun des Näheren Folgendes klar. Sie hatte nie eine Heizanlage gesehen. Die Aussage war also objektiv unwahr. Aber subjektiv? Die Schwester der Angeklagten sollte im Verlauf ihres Scheidungsprozesses ins Irrenhaus von ihrem Gatten gebracht werden, ihr selber wurde das Gleiche angedroht. Da kann, so konnte man annehmen, auch ein Mann etwas durcheinandergeraten, wie viel mehr eine »extrem weibliche« Psyche? Die Arme sagte auch jetzt vor Gericht, immer noch in völliger Verkennung des Sinnes einer eidesstattlichen Versicherung: »Ich wollte meiner Schwester helfen.« Der Rechtsanwalt, vor dem die Versicherung abgelegt wurde, und die Schwester erklärten ebenfalls, sie habe sich in höchster Aufregung befunden. Und so wurde die Gute mit Recht auf Grund von §51 freigesprochen.

Und dies ist wieder einmal ein Beweis dafür, was es für ein Unsinn ist, der Schleiermacher'schen Aufforderung zu folgen und sich gelüsten zu lassen nach der Männer Klugheit, Wissen und Weisheit, denn niemand, der sich danach hat gelüsten lassen, wird irgendwo und wann freigesprochen werden und als ein Einfältiger in das Himmelreich eingehen.

(BT, 18. Mai 1927)

Nach dem Urteil im Prozess Kolomak

Im Prozess Kolomak wurde, wie im größten Teil unserer heutigen Morgenausgabe bereits mitgeteilt, die Angeklagte wegen schwerer Kuppelei zu acht Monaten Gefängnis verurteilt.

»Eltern machen sich der Kuppelei auch dann schuldig, wenn sie sich bewusst sind, dass die Kinder in Gefahr sind, sittlichen Schaden zu nehmen, und wenn sie dies nicht verhindern. Die Angeklagte wäre also auch zu bestrafen, wenn sie nur gewusst hätte, dass ihre Tochter Unzucht getrieben hat, und wenn sie es nicht verhindert hätte!« So heißt es im Urteil, das dann weiter sagt: »Liesbeth Kolomak hat nach ihrer Rückkehr aus Berlin bei der Polizei in Bremen angegeben, dass sie schon vor ihrer Reise nach Berlin mit einem Herrn in Bremen verkehrt habe. Die Mutter hatte nach diesen Erfahrungen doppelt darauf zu sehen, dass die Tochter vor weiterer Verführung bewahrt werde. Das hat sie nicht getan, sondern seit dem Herbst 1923 ist Lisbeth Kolomak erheblich weiter herabgekommen. Sie verbrachte viele Nächte außer Hause, sie wurde im Auto abgeholt, sie machte verschiedene Reisen. Es kann gar keinem Zweifel unterliegen, dass die Angeklagte das Bewusstsein und das Wissen gehabt hat, dass ihre Tochter auf bösem Wege war. Wenn sie aber dies Bewusstsein hatte, so genügt dies allein zu einer Bestrafung.«

Das steht im Urteil. Das wurde gestern in später Nachtstunde von den Journalisten in die Welt telefoniert. Kein Wort dieses Urteils, soweit es eben zitiert wurde, kann von denen, die diesem trüben Prozesse beiwohnten, angegriffen werden.

Vor dem Urteil erheben sich viele Fragen. Frau Kolomak ist

und bleibt ein Rätsel. Sie ist eine blonde, starrköpfige, jugendliche Handwerkersfrau, die ein kluges Lächeln um den Mund hat. Was sagt ihr Lächeln? Sie will nichts gewusst haben. Sie leugnet, dass die Tochter spät nach Hause kam. Ein oder zwei außerhäusliche Nächte gibt sie zu. Aber es sind durch die Verhandlung viel mehr klar erwiesen. Soll Mutter Kolomak alles geduldet haben? Soll sie erst bei ihrer Verhaftung erfahren haben, was ihre Tochter war? Ist sie von ihrer Tochter wirklich in ungewöhnlichem Ausmaße belogen worden? Ihre Familie, ihre anderen Kinder sind untadelig. War sie nur blind oder aber war sie eigennützig? Sah sie ihr geliebtes Kind nur als geliebtes Geschöpf oder als Geldquelle an? Diese Frau ist sicher romantisch und sicher sehr unklar. Sie ist sicher ebenso unobjektiv wie jeder andere phantasievolle Mensch. Sie hat sicher die Dinge durch einen rosigen Schleier gesehen und hielt sicher oft für platonische Liebe, was Amüsement war. Sie hat fünf Kinder geboren, sie hat eine gute Wirtschaft geführt und sich nach dem »Höherem« gesehnt. Wer weiß, ob die Proletarierfrau nicht die Diele und die Bar, das Auto und die distinguierten Fremden für das »höhere« Leben hielt. Hinzu kommt unverstandene Philosophie: »Hörst du, wie die Katzen jeden Abend röhren, so verlangt es die Natur«, soll sie zur Frau Z. gesagt haben. Hinzu kommt mütterliche Verliebtheit. Hinzu kommt noch etwas: Frau Kolomak ist bestimmt von einer persönlich freieren Auffassung. Aber wo beginnt heute das Sittliche? Und so legte sie sich auf die strengste Forderung fest. Unehelicher Verkehr überhaupt ist strafbar. Also sagt Mutter Kolomak: Ich habe gar nichts gewusst. So fordert es das Bürgertum, so will es der Nachbar, so erscheint es auch Frau Kolomak als das Einzige, was man öffentlich sagen darf. Dass diese Ethik überall durchlöchert wird, dass sie dies wusste, dazu bekannte sie sich nicht.

Nun ist das Urteil gefällt, der ungeheure Satz steht da. »Wenn die Angeklagte das Bewusstsein hatte und nichts dagegen tat, so würde dies allein schon zur Bestrafung genügen.« Gut, stellen wir uns also nunmehr auf den Standpunkt des Urteils. Frau Kolomak hat gewusst, sie hat nicht gehindert; so erhebt sich wiederum eine Welt von Fragen. Was hätte sie tun sollen? Wäre das Jugendamt, wäre Fürsorgeerziehung imstande gewesen, die Tochter auf andere Wege zu bringen? Aber über das »Hätte«, das über dem Schicksal des toten Mädchens schwebt, weit hinaus, ist brennend für uns alle die Frage: Was gedenken nunmehr die Staatsanwälte deutscher Großstädte zu tun?

Hier ist ein Präzedenzfall gegeben. Was geschieht mit den Müttern der übrigen »süßen Mädeln«, die als Zeuginnen auftraten? Der außergewöhnlich begabte erste Staatsanwalt der schönen Stadt Bremen, dessen glänzende Rede nur allzu starken Eindruck machte, wird er, so fragen wir, sich in die Dielen und Bars seiner mit schönen Mädchen und übermütigen Fremden reich gesegneten Stadt begeben und über ihre Mütter das Strafgericht verhängen? Was gedenkt man in Berlin zu tun? Wo wird man die Grenze ziehen? Was ist Unzucht? Was ist bloß Leichtsinn? Wenn Wissen und Duldung allein schon ausreichen...! Wie viele Mütter stehen in Berliner Hinterhäusern und sprechen offen vom Liebhaber der Tochter! Werden sie nun der Kuppelei angeklagt? Hält das Gesetz noch Schritt mit dem Leben? Nein. Aber der neue Strafgesetzentwurf tut es auch nicht.

Ist dies die große Frage, die über dem ersten Teile des Urteils schwebt, so handelt es sich im zweiten Teil des Urteils um viel Angreifbareres. Es heißt dort: »Was Gertrud W., die bisher Lotte genannte Freundin der Lisbeth gesagt hatte, wird zum größten Teil durch andere Aussagen bestätigt. Darum schloss sich das Gericht der Aussage dieser Zeugin an, dass im Kolomak'schen Hause selbst Unzucht getrieben wurde und dass die Angeklagte Vorteile daraus gezogen hat. Die Angeklagte ist also zu bestrafen wegen aus Eigennutz begangener Kuppelei auch an der Trude W.« Hiermit begeben wir uns auf das schwierigste Gebiet der Bewertung der Zeugenaussage der Trude W. Noch einmal sei hervorgehoben, der große Ernst und die Redlichkeit, mit der vonseiten des Vorsitzenden dieser Prozess geführt wurde. Aber so fragen wir, wie ist folgender Punkt zu erklären. Vater Kolomak, von allen Seiten als Biedermann anerkannt, blieb aus dem Verfahren. Gegen ihn ist keine Anklage erhoben. Trude W. aber sagt, dass sie Frau Kolomak zum Kaffeekochen heruntergeholt habe, als das Ehepaar im Bett lag. Der Vater spricht von seinem leisen Schlaf, um immer wieder die Reinheit dieses Hauses zu erhärten. Also hält das Gericht diesen gescheiten Mann für taub und blind. Oder aber Trude W. sagt die Unwahrheit.

Und warum hat das Gericht dieser Mutter von vier guten, wohlgeratenen Kindern keine Bewährungsfrist gewährt?

Nachgetragen sei noch das Schlusswort der Angeklagten: »Es ist wahr, wir sind arm gewesen, aber niemals so arm, dass wir es nötig gehabt hätten, vom schändlich verdienten Geld unserer Tochter zu leben, die wir so geliebt haben. Seit einem halben Jahre stempelt man mich zur Bestie, weil ich die Wahrheit gestreift habe. Hass und Neid haben mich umgeben, und gerade meine früheren Freunde haben mich getäuscht und verfolgt.«

Nachgetragen sei noch das Wort einer Zeugin: »Die Mütter sagen immer, sei anständig und komm nicht so spät nach Hause, und wenn es dann doch spät geworden ist, hats Schelte gegeben. Na, das ist doch so.«

Das Gesetz aber fordert, dass die Mutter ihrer Tochter die Haustür versperrt oder die Anzeige des eigenen Kindes zur Fürsorgeerziehung.

(BT, 18. Juni 1927)

Montag und Donnerstag Überfall
Heimkehr zu den deutschen Belangen

Man kommt zurück nach Europa, nach vielen Wochen gelösten Inseldaseins, traumfern vom Gerauf und kommt zurück nach Moabit. Grüß euch Gott alle miteinander auf der Anklagebank, zwei Rote Frontkämpfer, ein alter SPD-Mann, ein Nationalsozialist, welches im Volksmund zu Nazialist zusammengezogen wird.

Es war eine von den leichteren Bolzereien unserer schlagfreudigen Jugend. Alle führen Worte wie »überfallen«, »auf die Nase schlagen«, »niederstechen« und »trampeln« im Munde, mit denen sie selbstverständlich nur eine passive Bekanntschaft gemacht haben.

Der eine war überhaupt nur Passant, er war in einem benachbarten Lokal wegen eines Preissingens. »Wer die schönste Stimme hatte, bekam eine Gans.«

Der Nazialist ist Schlächtergeselle und soll ein Messer bei sich gehabt haben, aber er sagt, es war ein Malerpinsel. Warum, fragt sich der Laie, geht ein Schlächtergeselle mit einem Malerpinsel aus?

»Wir haben«, sagt der Nazialist, »jeden Montag öffentliche und jeden Donnerstag geschlossene Versammlung, und da werden wir immer in der Warschauer Straße überfallen.« Montag und Donnerstag Überfall! »Wir wollten kleben gehen, was doch verboten ist (Plakate), und da sagte der Feldke zu mich: ›Du bist schon zu alt. Du kannst nich türmen, dir verhaften se bloß.‹ Ich bin doch schon zwanzig, ich bin nu auch nich mehr bei de

Politik, ich widme mich nur noch dem Sport, bin Ringkämpfer.«

Der diesmalige Kampf hatte bedeutsame Ursachen: Dem Reichsbanner war ein »Paukenschlägel geklaut« worden.

Reichsbanner und Rot-Front[23] vereinigten sich 200 Mann stark zur Wiedererlangung des Paukenschlägels. »F. pfiff die Internationale«, sagt der Nazialist, »aber ich habe weiter keinen Anstoß genommen.«

Die Kämpfer waren meist 16 bis 17 Jahre alt.

Die drei Linkser waren wegen Zusammenrottung alias Landfriedensbruch angeklagt. Der Rechtser wegen Körperverletzung. Auf beiden Seiten hatte es je einen Verwundeten gegeben.

Der Verteidiger des Nazialisten meinte, es sei vielleicht paradox, wenn ein Schlächter mit einem Malerpinsel ausgehe, aber auch der Schlächter legt abends sein »Schanzzeug« weg.

Schanzzeug, welch' ein Kraftwort! Ein Militäraroma strömte durch den Saal.

Vom Staat wurde diese Bolzerei für Politik angesehen, daran zu erkennen, dass sein Prokurator, Staatsanwalt Kirchner, die Anklage vertrat. Er beantragte für die Körperverletzung (Messerstiche!) fünf Monate Gefängnis, hingegen für den Landfriedensbruch neun, sieben und vier Monate.

Das Urteil lautete für zwei Körperverletzungen von rechts und links auf die reichlich hohe Strafe von einem Jahr Gefängnis. Für die beiden anderen auf Landfriedensbruch und vier beziehungsweise sieben Monate Gefängnis.

(BT, 11. August 1927)

Zwischen Tür und Angel
Sehnsucht nach dem Café ist manchmal Hausfriedensbruch

Elegantes Café im Westen. Straßenarbeiten davor, Buddelei, Schweißerei, Stampferei. Drei Arbeiter mit ihren Spaten, junge, kräftige Männer denken sich: »Warum die anderen, warum nicht wir?« Kurzum, sie werden Revolutionäre, nehmen ihre Spaten über die Schulter und gehen, wie sie da sind, durch die Glastür ins Café. Das heißt, sie gehen natürlich nicht bis ins Café, sondern nur in die Garderobe – hier hält sie der Portier auf: »Erstens, weil sie in Arbeiterkleidung waren, zweitens, weil sie Spaten trugen.« Dergestalt wurden sie am Eintritt verhindert. Das Café aber ließ sie nicht ruhen und sie versuchten, ein zweites Mal einzudringen, um wenn nichts weiter, so doch wenigstens Zigaretten zu erlangen. Auch diesmal verstellte ihnen der Portier den Weg, und es handelte sich nun vor Gericht darum, ob sie sich bereits im Hause oder erst auf der Schwelle befunden hatten.

Man kam dahin überein, dass sie zwischen der ersten und zweiten Glastür den Frieden des Hauses gebrochen hatten. Um nun die Eindringenden zu beruhigen, weil es doch unfein ist, wenn in einem eleganten Lokal ein Krach entsteht, offerierte der Geschäftsführer den Spatenträgern Zigaretten. Der Aufrührer nahm aber nicht etwa eine oder zwei, sondern die ganze Schachtel. Das war vom Geschäftsführer als Erpressung betrachtet und angezeigt worden. Der Staatsanwalt aber sah die Zigarettenschachtel milder an und wollte sie nur als Mundraub betrachtet wissen. Außerdem handle es sich um einen wilden Exzess, der mit 150 Mark zu sühnen sei.

»Strafe muss ja wohl sin; wenn's nu mal nich anders is, möcht' ich um ne Geldstrafe bitten«, sagte der Angeklagte, offenbar ein Revolutionär von der sanfteren Art. Worauf der seine Sehnsucht nach dem eleganten Leben mit 100 Mark zu büßen hatte.

(BT, 23. September 1927)

Der gesteinigte Nebenbuhler

Der Werkmeister Klembke ist angeklagt, weil er Herrn Hahn mit Steinen beschmissen hat, derart, dass dieser in das Krankenhaus musste.

Der Zeuge ist der beste Freund des Angeklagten, der ein glückliches, höchst trockenes Gesicht hat und eine Aussage macht, die wie Öl von seinen Lippen fließt: »Na, und dann sagte mein Freund zu mir, erst ist sie den ganzen Abend dort oben in der Wohnung gewesen, sie will mir ja einreden, dort wohne ihr Rechtsvertreter, und nun geht sie mit ihm in ein Restaurant, geh doch bitte nach und beobachte die beiden. Und da bin ich auch nachgegangen und habe beobachtet. Und da saßen die beiden nebeneinander, so recht vertraulich, und er legte ihr die Hand übers Knie.«

Vorsitzender: »Haben Sie das denn gesehen?«

Zeuge: »Ich will es ja nicht mit aller Bestimmtheit behaupten, aber ich glaube bestimmt, dass es so war. Und dann hat sie sich vorgebeugt, und da hat er sie wieder angefasst, so oben.«

Vorsitzender: »Können Sie das denn bestimmt behaupten?«

Zeuge: »Ich glaube mich genau erinnern zu können, aber ganz bestimmt... das möchte ich nicht sagen. Um 2 Uhr nachts bin ich aus dem Lokal gegangen, aber die beiden saßen noch immer da, und da sagte ich zu Herrn Klembke, für mich biste kein Mann, wenn du dir das gefallen lässt. Einmal hat mir das eine Frau so gemacht, da habe ich ihr gesagt, die Frau gehört in die Wirtschaft und nicht in die Kneipe, raus mit dir.«

Was blieb dem Angeklagten Klembke anderes übrig, wenn er seine Frau auch noch so liebte, als sich, koste es, was es wolle, als ein Mann zu erweisen. Er sammelte also Steine in der Greifswalder Straße, um sie auf das Haupt seines Nebenbuhlers zu versammeln, sobald dieser das Lokal verlassen würde. Alles gelang programmäßig, und Herr Hahn musste ins Krankenhaus wegen eines verletzten Auges.

Der Nebenbuhler aber ist ein derber, blonder, lebenssaftiger, jovialer Herr, ein Werkmeister von 42 Jahren: »Ich bin doch siebzehn Jahre verheiratet, wo habe ich denn da nötig, mich an andere Frauen zu vergreifen«, so beginnt er, »der Mensch muss ja blödsinnig gewesen sein, zappelt rum wie ein Hampelmann und schmeißt mit Steine wie ein kleiner Junge. Herr Vorsitzender, der Mensch muss blödsinnig sein.«

Frau Klembke hat Herrn Hahn beim Warten auf dem Amtsgericht kennengelernt, wo sie alsbald von ihrer unglücklichen Ehe erzählte, worauf ihr Herr Hahn seinen vorzüglichen Rechtsbeistand empfahl. Frau Klembke war sehr dankbar für die Empfehlung und ging am nächsten Tag mit Herrn Hahn zu einer Besprechung hin. »Als wir runterkommen«, fährt der Zeuge fort, »sagte ich zu Frau Klembke, ich habe so Hunger und möchte noch eine Bockwurst essen. Wir fanden ein Lokal, das uns bürgerlich eingerichtet schien. Als wir so dasaßen, gegenüber natürlich, kam das Fräulein vom Büfett und sagte: ›Frauchen, nehmen Sie sich in acht, hier ist ein Herr im Lokal, der beobachtet Sie, und Ihr Mann lauert Sie draußen auf.‹ Und da haben wir bloß schnell die Bockwurst gegessen und sind gleich gegangen.«

Verteidiger: »Warum haben Sie aber Frau Klembke untergehakt?«

Zeuge: »Sie hatte so Angst.«

Verteidiger: »Warum sind Sie mit ihr die dunkle und nicht die helle Straße langgegangen?«

Zeuge: »Sie hat doch ein Seifengeschäft und Angst für ihre Kunden, wenn ihr Mann Skandal macht.«

Verteidiger: »Herr Hahn, haben Sie für den Rechtsbeistand Beobachtungen gemacht?«

Staatsanwalt: »Ich beanstande diese Frage. Es handelt sich doch nur darum, ob hier Steine geworfen wurden.«

Vorsitzender: »Ich sehe gleichfalls den Sinn dieser Frage nicht ein.«

Aber der Verteidiger lässt nicht los. Er bitte um einen Gerichtsbeschluss. Darauf zieht sich der Richter mit seinen zwei Schöffen zurück. Eine halbe Stunde dauert die Beratung, die mit einem vollen Sieg des Laienrichtertums endet. Die Frage wird zugelassen: »Haben Sie also Beobachtungen gemacht?« Der Zeuge antwortet klar und deutlich: »Nein.«

»Der Herr Zeuge«, sagte nachher der Verteidiger, »hatte eine halbe Stunde Zeit zur Überlegung, wie die Frage zu beantworten ist.« Wie man's macht, macht man's falsch.

Die femme[24] der ganzen Affäre ist eine überaus resolute Person, obzwar erst fünfundzwanzig Jahre alt. Diese Seifengeschäftsinhaberin war bereits einmal geschieden. Sie hat es offenbar mit der höheren Bildung. Sie sagt häufig: »Meine alte Dame« und sie erklärt: »Ich zog Herrn Hahn in die dunkle Straße, weil ich nicht wollte, dass eine Schlägerei produziert wird.« Sonst kennt sie Herrn Hahn gar nicht, er hat ihr nur einmal später zum Geburtstag gratuliert, »er sah aber, dass der Laden voll mit Gratulanten war«. Dann setzt sie sich und hat ihren zweiten Scheidungsprozess auf der Pfanne.

Der gelbgesichtige Freund, im Bewusstsein seiner sittlichen Weltanschauung, mit der er wie vor zweitausend Jahren zum Steinewerfen animierte, rückt weit ab von Herrn Hahn und der üppigen Frau. Aber der Staatsanwalt ist milder: »Diese Art von sizilianischer Blutrache«, sagt er, »ist in Berlin weder üblich noch zulässig.« Und er beantragt 50 Mark Geldstrafe.

»Ohne jede Veranlassung ist der Angeklagte dem Zeugen gefolgt und hat mit Steinen geworfen«, resümiert das Urteil und lässt es bei den 50 Mark.

Wie aber findet man in der Greifswalder Straße Steine zum Werfen? Sie ist doch kein Acker in Galiläa.

(BT, 30. November 1927)

Alfred Döblin vor Gericht
Der Zahnarzt und der Dichter

Der Dichter und Nervenarzt Döblin[25] hatte im *Berliner Tageblatt* vor ein paar Monaten von seinem Erlebnis mit einem Zahnarzt erzählt, der ihn infolge seiner Ungeschicklichkeit dem Tode nahegebracht hatte. In einem zweiten Artikel hatte Döblin gesagt: »Was ich geschrieben habe, ist mein persönliches Erlebnis, und solch' Erlebnis, mit dem Hintergrund eines schweren Verhängnisses, mitzuteilen, ist schon Pflicht jedes einzelnen Menschen und noch das ganz besondere bis zur Pflicht gedieh'ne Recht des Schriftstellers.«

In dem Aufsatz waren aber Art und Wohnung des Zahnarztes mitgeteilt. Eingeweihte konnten unschwer erraten, wer gemeint war, und so hatte der Zahnarzt, der den Aufsatz des Dichters zumindest als ungerecht, wenn nicht als unwahr empfand, Beleidigungsklage erhoben. Nun standen sich der gekränkte Mensch und der Dichter gegenüber. Es geschah dies. Als der Aufsatz verlesen wurde in Anwesenheit jenes Zahnarztes, der als hilflos bezeichnet worden war, da klang so ein Satz wie der, er sei »nach Sprache und Art nicht von besonderer Bildung«, als Kränkung, und man fühlte deutlich, dass die Entschiedenheit und die künstlerische Wahrheit keine Äquivalente seien. So war gut zu begreifen, dass trotz aller Leiden, die der Dichter Döblin gelitten hatte, der Zahnarzt Anonymus ein Recht hatte zu betonen: »Es gibt keine Erklärung, um das gutzumachen, was Herr Dr. Döblin mir angetan hat.«

Es folgten die Gutachten der Professoren, in denen es hieß, dass kein Kunstfehler stattgefunden hatte, dass das Vorgehen des Zahnarztes sachgemäß und einwandfrei gewesen sei.

Der Verteidiger des Dichters Döblin erklärte: »Das Gericht sah in dem Aufsatz einen Tatsachenbericht, wir aber sehen darin ein Erlebnis, das dichterisch gestaltet ist. Darf der Dichter ein äußeres Erlebnis gestalten? Ja. Denn der Zahnarzt Dr. X. ist ja nach der Schilderung des Dichters Döblin nicht mehr der Doktor X., sondern er ist ein Aliud, ein neues Geschöpf, und so kann auch nicht Beleidigungsklage erhoben werden von den Personen des ›Zauberberg‹ und des ›Sergeanten Grischa‹. Außerdem aber steht dem Dichter der Paragraph 198, Wahrung berechtigter Interessen, zur Seite. Als Schriftsteller, als Leidender, als Arzt, hatte er die Feder ergriffen, er wollte vom Standpunkt des Leidenden die Richtigkeit der ärztlichen Kunst vorstellen.« Und der Anwalt führte eine entsprechende Reichsgerichtsentscheidung ins Treffen.

Döblin wurde freigesprochen: »Dieser Aufsatz ist ein literarisches Erzeugnis. Ein Schriftsteller kann seinen Stoff nur aus seiner Umwelt nehmen und hat dabei Wiedergabefreiheit. Der Zahnarzt ist nur gekennzeichnet durch Wohnung und Beruf, das reicht nicht zur Identifizierung aus.« Was aber sagt Döblin dazu? Wollte er nicht sein ein Sprecher aller Zahnleidenden und in diesem Fall, gerade in diesem einen Fall, eben kein Dichter, sondern ein Referent, ein Berichterstatter?

(BT, 21. Dezember 1927)

Zwei rote Rosen...
Ein zarter Kuss und Hohn auf Spartakus

Im August, gerade in den heißen Tagen, wanderten zwei junge Burschen von Birkenwerder nach Oranienburg. Sie hatten Lieb' im Leibe und sangen das schöne Lied »Zwei rote Rosen, ein purpurner Mund«. Aber sie sangen dann den Text »Zwei rote Rosen, ein zarter Kuss!« Mitten im August.

Zu gleicher Zeit aber kamen zwei Männer die Landstraße herunter von Oranienburg nach Birkenwerder. Sie hatten Politik im Leibe, denn sie kamen von einer Liebknecht-Feier, und sie missverstanden die Sache von den roten Rosen und dem zarten Kuss. »Was singt ihr da?«, schrien sie, »Zwei rote Hosen, o Spartakus[26]?« Stürzten sich auf die Liebessänger und schlugen die Armen so heftig gegen die Backzähne, dass sie bluteten. »Ihr wollt euch wohl über uns lustig machen?«

Nun steht einer der Schläger in Moabit, ein unbestrafter Mann, und sagt, er sei es nicht gewesen. Und er bringt Leumundszeugen, die behaupten, er könne um diese Zeit gar nicht auf der Landstraße gewesen sein. Aber auf der Polizei, bei der ersten Vernehmung, war davon keine Rede.

Nun soll er plädieren. Es ist Berufungsinstanz, und er sagt: »Ich bin nicht richtig bemessen worden, und die Strafe wurde mir als einem Unschuldigen zudiktiert. Es muss eine Personenverwechslung sein. Und in Oranienburg, das war nur, weil ich Kommunist bin. Ich bin ein paar Tage vorher im Zuhörerraum gewesen und habe mir das angehört, und da waren Freisprüche und Geldstrafen, und wie ich drankam, da hat der Rat da drüben (Staatsanwalt) gesagt, mehrere Monate Gefängnis, und einen Monat habe ich bekommen, wo ich es doch gar nicht war.«

Vorsitzender: »Sie wollen demnach freigesprochen werden?«

Ja, er will, aber er wird nicht. Er bekommt zehn Tage Gefängnis und soll beim ersten Richter um Bewährungsfrist einkommen. Es ginge wirklich nicht, dass ein zarter Kuss für einen Hohn auf Spartakus gehalten und mit blutigen Backzähnen bestraft wird.

(BT, 18. Februar 1928)

Tegel – Klein-Kleckersdorf
Kleiner Moabiter Bilderbogen

Wo ist der Angeklagte Altmüller, wo? »Herr Rechtsanwalt. Ihr Mandant ist nicht gekommen, nimmt er die Berufung zurück?« Soviel ich weiß, nicht«, sagt der Rechtsanwalt. Herr Altmüller meldet sich nicht, trotzdem der Wachtmeister mit altgermanischem Gebrüll das Wort Altmüller über den gekachelten Gang schallen lässt: »Altmüller und Zeugen eintreten.« Die Zeugen treten ein. Altmüller kommt nicht. Der Rechtsanwalt hat telefoniert, er kommt zurück, etwas betreten. »Altmüller soll inzwischen in Strafhaft genommen worden sein.« Frau Altmüller wird vorgerufen. Eine alte Frau tritt vor, abgemüdet, mit dem Marktnetz, vom Leben kaputt, mit abgetretenen Hacken, mit dem schwarzen Mantel, sie senkt den Kopf.

In Moabit ist es so selbstverständlich dass einer in Haft ist, so die Alltäglichkeit, dass man sich schon gar nicht mehr umschaut. Aber wie die müde Frau dastand und nicht »ja« sagte auf die Frage des Vorsitzenden, sondern nur »Tegel« und »Montag haben 'sen geholt«, da standen hinter dieser Frau alle bösen Nachbarn und der ganze Klatsch der Straße und das Fingerzeigen und Mäulerwetzen. Die Gerichtsverhandlung ist nicht das Schlimmste, sondern der Mitmensch. Eine arme Kreatur schlich hinaus.

*

Und dann kam ein Mann, der das Leben meisterte. Aber nun steckt er in keiner guten Haut mehr. Die Nieren und der Magen und die Galle und der dicke Sportpelz sitzt über allzu dicken Gliedern. Er hat alle diese Zeiten beherrscht, ist vom Kettenhandel zur Preistreiberei übergegangen, hat Wohnungen verschoben, eine kleine Urkundenfälschung nicht gescheut und nun Pässe... ja, was wohl, sagen wir: verschaffen wollen.

Damals, als es noch um die Wohnungen ging, war Folgendes geschehen: Herr Schwarz kam aus der Schweiz, war keineswegs wohnberechtigt in Berlin, und suchte dennoch eine Bleibe. Unser Herr Schmole verschaffte ihm eine Wohnung in Klein-Kleckersdorf bei Berlin, gegen diese Wohnung sollte eine Wohnung in der Neanderstraße zu Berlin getauscht werden, denn hat man erst eine Wohnung in Berlin, so ist die Sache gar nicht mehr schwer.

Aber wie die Genehmigung des Klein-Kleckersdorfer Wohnungsamtes erlangen? O, er verfertigte eine Urkunde, eine bildschöne Urkunde. Tauschgenehmigung von Klein-Kleckersdorf: Von unserer Seite steht einem Tausch der Wohnung mit der in der Neanderstraße nichts im Wege. Und nun kamen die bildschönen Stempel der Gemeinde Kleckersdorf. Im Sommer kam der Herr Schwarz und zog in die Idylle. Aber nun kommt das Rätsel. Der Herr Schwarz, der da einzog, das war gar nicht der Herr Schwarz aus der Schweiz. Er kam, bezog die Wohnung und verschwand als eine Art fliegender Holländer. Als die Urkundenfälschung vor Gericht verhandelt wurde, erschien der wahre Herr Schwarz und beschwor, dass er nie Klein-Kleckersdorf bezogen habe, und ließ den Angeklagten Schmole im Stich, einen Mann, der sich geopfert hatte – für gewisse Summen –, um den Leuten Wohnungen zu verschaffen. Damals hatte man ihn wegen Betruges verurteilt.

Und nun, da er sich wieder geopfert hatte, diesmal für Pässe, und auch für eine gewisse Summe, war er bald wieder vor Gericht geraten. Die Summe, die er eigennützig für sich selber verbraucht hatte, betrug 300 Mark. Er hatte sie von Herrn Mond bekommen. Herr Mond steht auf dem Boden der Tatsachen und des Geldes: »Ehe man mir mein Vermögen wegsteuert, habe ich das Recht, es zu verschieben«, sagt er. Er wollte aber auch sich selber verschieben, sich und seine Frau; zu diesem Zweck benötigte er Pässe. Der Pass hätte pro Nase 500 Mark gekostet. Stattdessen gab er dem Angeklagten Herrn Schmole 300 Mark und gedachte dafür die Ausreiseerlaubnis zu erhalten. Aber Herr Schmole verwandte das Geld nur für Gesuche bei Finanzämtern. Jeder einfache Bürger hätte nun geschwiegen, hätte sich gesagt, diese dreihundert Mark sind eine Bestechungssumme oder überhaupt eine dunklen Zwecken bestimmte Angelegenheit, um die muss man sich nun schon mal prellen lassen. Aber Herr Mond, ein Kind dieser Zeit, ließ es sich nicht bieten. Er klagte die dreihundert Mark ein. Er mietete inzwischen eine Villa für 800 Mark im Monat an der Riviera. Aber welcher Mensch, der Tausende zu verbrauchen hat, entbehrt gern 300 Mark? Das ist doch nicht einzusehen. Und Herr Mond sah es auch nicht ein. Und siehe: er behielt Recht. Früher zwar stand das Reichsgericht auf dem Standpunkt, dass nur das rechtlich geschützte Vermögen zu beschädigen ist. Aber auch das Reichsgericht hat sich geändert, und auch an Vermögen, welches zu unsauberen Zwecken hergegeben wurde, kann man beschädigt werden. Und so wurde Herr Schmole zu drei Monaten Gefängnis verurteilt.

(BT, 21. März 1928)

Das Rendezvous
Geschichte vom Frühling und von der Einsamkeit

Herr Klimbach hatte sich von seiner Frau scheiden lassen, auf eine anständige und moderne Weise, nicht nach Negerart[27] mit Racheschreien und »ha, Elende« und »wehe, Schuft«, sondern friedlich-freundlich. Und so lag er in der Dämmerung auf der Chaiselongue, ein wohlbestallter Fabrikant und Junggeselle – und es war Frühling. Und da fiel ihm ein, dass er noch etwas mit seiner Sekretärin telefonieren wollte, und er nahm den Hörer ab und geriet in das Gespräch zweier Damen.

»Schrecklich«, sagte die eine, »seit acht Tagen ist mein Mann verreist.«

»Wie kannst du klagen!«, sagte die andere, »meiner seit drei Wochen.«

Und sie jammerten über den Frühling und die Einsamkeit.

»Auch ich bin einsam«, ließ sich der in die Leitung geratene Fabrikant vernehmen und klagte seinerseits über den Frühling, was dazu führte, dass er sich mit der einen der beiden Damen verabredete mit gelben Tulpen als Erkennungszeichen. Dem Telefonfräulein wuchsen inzwischen keine Amorflügel, sondern sie stöpselte und verband weiterhin, wie das Gesetz es befiehlt.

Der Fabrikant hingegen schritt mit gelben Tulpen, sommerlich angetan in das feine Kurfürstendammcafé und siehe da, das Abenteuer, die Telefonbekanntschaft, war, was sonst nur in Filmen vorkommt, seine geschiedene Frau. Sie lachten, unterhielten sich vorzüglich, und die geschiedene Frau erzählte von ihrem neuen Mann, dem Regierungsrat.

Aber die Frau - Frauen können um den Tod doch den Schwatz nicht lassen - erzählte ihrem zurückkommenden Mann vom Rendezvous am Kurfürstendamm. Doch dem gefiel das nicht, sondern er war altmodisch, männlich, eifersüchtig und gekränkt und zeigte den Fabrikanten wegen Beleidigung an, was immerhin besser ist als ein Duell. Er glaubte einfach nicht an Zufall, sondern dass der Verflossene ihn ärgern wollte, weil doch nun er in glücklichem Besitz war.

Und so erschienen vier stattliche Leute vor Gericht, in Ulstern und neuen Frühlingskostümen, wobei die Freundin, die Vertraute, o gescheite, französische Komödie, den Schlüssel gab und meinte, es könnte ja eben doch sein, dass die Stelldicheingeberin die Stimme ihres Verflossenen erkannt habe und kurz und gut gewusst habe, was der Fabrikant seinerseits leugnete, was ihm aber gar nichts half, denn er wurde zu 30 Mark Geldstrafe verurteilt.

So weit wären wir nun, aber es steht zu hoffen, dass in ein paar Jahrzehnten die Männer so weit sein werden, dass sie auch Strafanzeigen unterlassen. Oder aber, Hand aufs Herz, ist ihr atavistischer Besitzerwahn nicht irgendwie und letzten Endes und immerhin sehr angenehm?

(BT, 20. April 1928)

Kampf um eine Wohnung

Fräulein Bellner, die seit 1904 eine erstklassige Pension in einer erstklassigen Gegend in einem hochherrschaftlichen Hause in einer 10-Zimmer-Wohnung hatte, Fräulein Bellner hatte ihre Miete von 304 Mark im Monat nicht mehr bezahlt. Sie war verklagt worden auf Räumung und Zahlung und war zur Räumung verurteilt worden unter der Bedingung, dass sie, weil sie ja von dieser Wohnung lebe, eine gleichwertige erhalten müsse. Dieses Urteil, diese Verdammung, die Wohnung zu räumen, erschien ihr ungeheuer ungerecht, und so ging sie aufs Gericht und ließ sich die Akten geben, um herauszubekommen, wer daran schuld sei. Denn das stand bei ihr fest, dass einer »Schuld« daran haben müsse. Dabei stieß sie auf die eidesstattliche Versicherung eines Verwalters, die sie für falsch hielt, und von der alles Unheil kam. Sie betrieb nun mit allen Mitteln den Strafprozess gegen den Verwalter wegen falscher, eidesstattlicher Versicherung.

Vor vierundzwanzig Jahren hatte Fräulein Bellner ihre Pension eröffnet. Die Gegend war neu, die Berliner hatten Sinn für das Hochherrschaftliche, der Marmoraufgang war Trumpf. Zehn Jahre später brach der Weltkrieg aus und dann die Inflation. Jede bescheidene Existenz wurde vernichtet. Und die bescheidenen Existenzen machten für diese Vernichtung jede einen anderen verantwortlich, sie wurden rechtsradikal und linksradikal, sie traten dem Bund der Schacht-Gegner bei oder wurden Okkultisten, am liebsten aber, wenn sie Frauen sind, konzentrieren sie ihre Rache auf einen Einzelnen, auf einen Mann, der ihr Geld verwaltete, oder auf den Hauswirt. Fräulein Bellner wurde vieles, rechtsradikal und Okkultistin und »schuld an allem ist der Hauswirt«.

Fräulein Bellner steht heute als Zeugin vor Gericht.

Vors.: Wovon leben Sie?

Zeugin: Von Unterstützungen.

Sie denkt nicht an Weltkrieg, sie denkt nicht an Inflation, sie denkt nur an den Hauswirt. Dass die Straße nicht mehr vornehm und ruhig ist, dass dort Festsäle sind und Kinos und ein Auktionator und Läden in jedem Haus und von »herrschaftlich« keine Rede mehr sein kann, geschweige von »hochherrschaftlich«, das alles schert sie nicht. Dass inzwischen in allen großen Wohnungen verarmte Frauen, verarmte alte Leute Zimmer vermieten, daran denkt sie nicht. Schuld, meint sie, ist Herr Lehmann, der das Haus verkommen ließ. Deshalb sei ihre Pension nicht mehr gegangen.

Sie hat neben allem allgemeinen Unglück noch viel persönliches Unglück gehabt. Sie hat ihre Pension verpachtet und der Pächter hat die Miete nicht bezahlt. Und außerdem entdeckte sie bei ihm fremdes Geschirr und gestohlene silberne Löffel. Sie war einem Betrüger in die Hände geraten.

Nun steht sie da, eine arme Frau, und sagt, dass dieser da falsch Zeugnis ablegte wider sie. »Der Fahrstuhl ging nicht, außerdem war er verstellt, zwei Waschtische haben monatelang dagestanden. Es war kein Portier da, es wurde nie reingemacht, die Auktionen nahmen in furchtbarer Weise zu, das alles vertrieb mir die Pensionäre«, sagt sie, »und das alles wird in der eidesstattlichen Versicherung abgestritten.«

Dass die Pension nicht mehr ging, hatte ganz andere Ursachen, bei dem Urteil über die Räumung spielte die eidesstattliche Versicherung überhaupt keine Rolle, aber das alles will sie nicht einsehen. Durch einen Zufall war die Versicherung, die nur zur Information des Anwalts dienen sollte, überhaupt zu Gericht gekommen. Das Gericht hatte im Urteil gar nicht darauf Bezug genommen. »Das Haus kam herunter, wie alle Häuser heruntergekommen sind, wie die ganze Gegend herunterkam Der Fahrstuhl ging nicht, weil die Umlage nicht bezahlt wurde, nie haben Waschtische dagestanden einmal in einer Ecke ein Regal, es war ein offenes Haus geworden«, das alles sagt der Besitzer Lehmann, und er schildert, dass er alle Härte vermied, ja der Zeugin dreitausend Mark Abstand zukommen ließ.

Der Staatsanwalt zieht seine Berufung gegen das freisprechende Urteil zurück, kein Zweifel, der Angeklagte hat optima fide gehandelt. Die Frau aber verzweifelt an der Welt, sie hat einen Artikel in eine rechtsradikale Zeitung lanciert, dessen Verfasser sich bereits beim Hauswirt entschuldigt hat. Aber glücklicherweise ist sie ja Okkultistin, und sie sagt, sie habe nur Mitleid mit dem Hauswirt, der im Jenseits bestraft werden wird, während sie selbst sich von guten Geistern umgeben fühlt. – Die guten Geister scheinen leider rachsüchtig zu sein.

(BT, 21. April 1928)

Bigamie

In der Anklagebank ein nettes Ehepaar. Kein Zeuge. Der Ehemann wurde 1895 geboren. Es ist das Leben des Jahrgangs 1895, ein typisches Leben, nur möglich in dieser Spanne zwischen 1914 und 1924, zwischen Weltkrieg, Revolution und Inflation.

1916 gerade volljährig, heiratete er, was man damals so heiraten nannte; er ließ sich kriegstrauen, wahrscheinlich, um Urlaub zu kriegen und ein Mädchen für ein paar Heimattage. Er sah seine Gattin nie wieder. 1919 war der Krieg zu Ende. Er kam nach Hause, die Gattin, dies Mädel, das ein paar Tage ihm gehört hatte, hatte dann anderen gehört. Er wollte sich von ihr scheiden lassen, aber er hatte kein Geld, und es war 1919. Wer nahm da eine Ehe wichtig und die Formen des Staates? Und dann war er ein krankes Bündel Mensch geworden, verschüttet gewesen, ins Feldlazarett gekommen, in einer Nervenheilanstalt nur notdürftig geflickt worden. So war er zurückgekommen in das verhungerte Land und hatte sich hingestellt in der Tauentzienstraße unter die Feldgrauen, die da standen, Schüttler und Beinlose und Armlose, und hatte mit Schokolade gehandelt und eine getroffen, die auch aus einem Krieg kam, eine Dirne unter Polizeiaufsicht. Da geschah es, dass er sich neben der Schokolade noch mit Zuhälterei beschäftigte. Sie wollte ihn heiraten, teils, weil sie von ihrem Gewerbe loskommen wollte, teils, weil sie ihn lieb hatte, wie das schon so ist. Auch ihre Eltern drangen auf Heirat. Er war verheiratet. Hat er es gesagt oder nicht gesagt? Die Frau erklärt vor Gericht, sie habe es nicht gewusst. Der Mann sagt, sie habe es gewusst. Aber was hilft's. Er hat sie geheiratet. Nun ist er wegen Bigamie angeklagt und Zuhälterei. Inzwischen ist Friede, inzwischen ist die Frau eine Hausfrau geworden, der Mann hat eine gute Tischlerei. 1926 hat auch er seinen Frieden mit dem Staate geschlossen: Er ließ sich von seiner ersten Frau scheiden, aber sieben Jahre lang war er Bigamist gewesen. »Ich weiß nicht, wie ich dazu kam«, sagt er. Nein, er weiß es nicht. Er geriet hinein. Der Sachverständige sagt, der Angeklagte sei von übergroßer Suggestibilität. Von der Zuhälterei ist keine Rede mehr. Er wird zu sechs Monaten Gefängnis verurteilt und erhält Bewährungsfrist. Sie wird freigesprochen. Ein Tischlerehepaar, liebe Kleinbürger verlassen das Zimmer und waren einstens Zuhälter und Dirne, Lump und Lumpine. Amnestie müsste sein für alles, was geschah zwischen 1914 und 1924.

(BT, 13. Juni 1928)

Die Teufelsnadel
Ein Landhaus für ein Abenteuer

Herr Büsum war ein angesehener Kaufmann in – sagen wir – Hannoversch-Münden. Er hatte das erste Konfektionshaus am Platz, war verheiratet, 48 Jahre alt, wohlbeleibt, kurzum ein Mann von gesichertem Leben, ein gern gesehener Kunde bei Lippmann und Ehrhardt am Hausvogteiplatz in Berlin, wo er jedes Jahr viermal große Geschäfte tätigte. Diesmal, wir können es nicht mit dem Mantel der Nächstenliebe bedecken, entflammten ihn die Bewegungen des Mannequins Ilse zu Illegitimem. Die Havelseen folgten, Potsdam und ein Abschied, bei dem Ilse Herrn Büsum eine goldene Krawattennadel dedizierte, auf welcher sich ein Teufelskopf befand. Herr Büsum lachte, sagte: »Schenken is nicht«, und warf fünf Mark auf den Tisch. Herr Büsum kehrte mit neuen Waren und Erinnerungen und der Teufelsnadel nach Hannoversch-Münden zurück.

Inzwischen hatte in Berlin ein junger Herr aus gutem Haus das Mannequin Ilse wegen Diebstahls der Teufelsnadel, die sie in süßer Stunde ihm entwendet hatte, angezeigt. Das Mannequin Ilse, voll Wut auf das Männervolk, hatte den Besitzer der Nadel verraten. Die Polizei von Hannoversch-Münden besuchte daraufhin Herrn Büsum und erkundigte sich, woher die Teufelsnadel stamme. Herr Büsum, der Bürger, dachte nur an sein illegitimes Abenteuer, bekam es mit der Angst, und verweigerte die Aussage, was dem armen Bürger eine Anklage wegen Hehlerei eintrug. Zu spät gestand er und schickte die Nadel ihrem Eigentümer zurück. Er war nun einmal in die Staatsmaschine geraten. Kein Gott konnte mehr helfen. Und wie immer, wenn es wirklich ganz schlimm wird, Gefängnis droht oder Ähnliches, bewährte sich die Ehefrau, mit Namen Amalie. Sie verzieh. Sie stand vor Gericht, eine freundliche, nicht mehr ganz junge Frau, und bestätigte die Erzählung ihres Gatten. »Von Hehlerei«, sagte sie, »kann natürlich keine Rede sein, so wie wir dastehen in Hannoversch-Münden.«

Der Eigentümer der Teufelsnadel und Vorgänger des Angeklagten, verneigte sich und erklärte, dass er natürlich, selbstverständlich, gar kein Interesse an einer Verurteilung des Herrn habe. Nur die hochbeinige Ilse war einsam und inzwischen wegen Diebstahls verurteilt worden. Herr Büsum wurde freigesprochen. »Die Teufelsnadel«, sagte er, »hat mich ein Landhaus gekostet, das ich meiner Frau zur Versöhnung schenkte.« Denn nicht nur die Ilsen, sondern auch die Amalien sind bestechlich.

(BT, 1. August 1928)

Die Teufelsnadel
Eine Journalistengeschichte

Es war Sommer, kurz vor den Gerichtsferien, und nichts passierte. Ein Journalist, verpflichtet, zweimal die Woche einen Gerichtsbericht zu liefern, ist schlimm dran, wenn die Menschheit plötzlich zu tugendreichen Engeln wird. Er stand verzweifelt herum, als Kollege Riemer ankam und sagte: »Passen Sie auf, da ist heute eine entzückende Geschichte passiert. Ein Fabrikant, sagen wir Büsum aus Schnabelwaida, war auf Geschäftsreise in Berlin gewesen, dessen Lockungen in Gestalt des Mannequins Ilse er nicht fähig war zu widerstehen. Ilse schenkte ihm beim Abschied eine goldene Krawattennadel mit einem Teufelskopf. Herr Büsum sagte: Schenken is nicht, und warf fünf Mark auf den Kopf. Inzwischen war das Mannequin Ilse wegen Diebstahls der Teufelsnadel angezeigt worden. Ilse hatte den Besitzer der Nadel verraten, und darauf besuchte die Polizei von Schnabelwaida Herrn Büsum und erkundigte sich, woher die Teufelsnadel stamme. Herr Büsum bekam es mit der Angst zu tun, dachte nur an sein Abenteuer und verweigerte die Aussage, was dem armen Bürger eine Anklage wegen Hehlerei eintrug. Und wie immer, wenn es wirklich schlimm wird, Gefängnis droht oder Ähnliches, bewährte sich die Ehefrau mit Namen Amalie. Sie verzieh. Sie stand vor Gericht, eine freundliche, nicht mehr ganz junge Frau und bestätigte die Erzählung ihres Gatten. Von Hehlerei, sagte sie, könne natürlich gar keine Rede sein, so wie sie dastünden in Schnabelwaida. Herr Büsum wurde freigesprochen.« So weit die Erzählung. »Herr Büsum«, schloss der Kollege, »sagte noch zuletzt: Diese Teufelsnadel hat mich ein Landhaus gekostet, das ich meiner Frau zur Versöhnung schenkte.« – »Haha«, sagte ich, »denn nicht nur die Ilsen, auch die Amalien sind bestechlich. Großartiger Stoff, tausend Dank.« – »Tun Sie mir nur einen Gefallen und bringen Sie es auch heute abend.« Tatsächlich stand am Mittag, Abend und am nächsten Morgen die Geschichte von der Teufelsnadel in sieben Berliner Zeitungen.

Es war viele Jahre später, dass ich mich mit dem Kollegen über Journalistenspäße unterhielt. »Meine Teufelsnadel war auch einer«, sagte er, »es hat nie solch eine Verhandlung stattgefunden, aber ich hatte gar kein Material.«

»Das ist ja reizend«, sagte ich, »so was kann man doch nicht machen. Ich kann doch keine erfundenen Berichte in die Zeitung geben. Das ist doch eine Gaunerei.«

»O«, sagte er, »eine Sache, die in sieben Zeitungen zugleich steht, ist eben wahr.«

Ich habe damals nicht geahnt, welch tiefe Weisheit hinter dieser Erkenntnis stand, von der die Nazis dann so reichlichen Gebrauch machten.

(Unveröffentlichtes Typoskript; Nachlass Tergit, DLA Marbach)

Syndikus der Taschendiebe

Es ist ganz still in Moabit. Durch die gekachelten Gänge schlendert ab und zu ein gefüllter Talar. Die Pächterin des Erfrischungsraumes ist recht verstimmt über den schlechten Geschäftsgang.

Unten an der Treppe aber steht eine interessante Existenz. Ein Herr in Grau mit kleiner Schmetterlingsschleife, Hornbrille, weichem Hut. Im Winter trägt er Seal. Der Herr stammt aus einer k. u. k.-Provinz, die nun zu Polen gehört. Der Herr ist vielfach in Moabit zu sehen. Nie aber sieht man ihn im Gerichtssaal. Manchmal ist er im Zuhörerraum, meist auf dem Korridor, bereit, sich auf Staatsanwälte und Richter zu stürzen. Offenbar lässt er sich nicht melden. Am häufigsten sieht man ihn mit Rechtsanwälten. Ob er der Verwandte einer ausgedehnten Familie von Falschmünzern und Taschendieben ist? Jedenfalls empfängt er häufig die trauernde Familie nach Verurteilungen wegen dieser Delikte und geleitet sie zum Auto. Er spielt überhaupt die Rolle, die sonst der junggesellige Onkel in der bürgerlichen Familie spielt. Er ist Ratgeber in schweren Lebenslagen, nicht Volljurist, aber Teilnehmer an Sorgen, er ist der Inordnungbringer, der Kenner der Couloirs.[28] Er kann nicht als Verteidiger auftreten, aber er spricht mit dem Staatsanwalt. Er nimmt sich der Geisteszustände an und sorgt dafür, dass sie geprüft werden.

Genau wie die rechtsradikalen Organisationen ihre Verbindungsleute hatten und haben, genauso haben dies die Organisationen der Einbrecher, Falschmünzer, Taschendiebe und Freudenmädchen.

Der graue Herr lebt, ist keineswegs eine Spukgestalt von Werner Krauß, sondern offenbar der Verbindungsmann dieser Organisationen und geht in diesen Spätsommertagen wartend, elegant und gepflegt durch die gekachelten Gänge von Moabit.

(BT, 13. September 1928)

Vier Wochen Gefängnis...
Kleine Auswahl von Taten,
die für diese Strafe zu begehen sind

Oben im dritten Stock werden Vergehen behandelt, auf polizeilichen Strafbefehle, und man erfährt auf diese Weise, was man alles für vier Wochen begehen kann: Versicherungsbetrüge vor allem, aber auch kleine Unterschlagungen, mittlere Diebstähle, besonders wenn sie mit Vertrauensbrüchen verknotet sind.

Zuerst kommt ein Russe, der erstens Arbeitseinkommen und zweitens und drittens von zwei Krankenkassen Krankengeld erhielt, was ganz nette Summen ergibt – natürlich nicht um die berühmten großen Sprünge zu machen, aber immerhin für einen kleinen Hops, einen Ausflug mit Schnitzel oder so etwas. Mit vier Wochen Gefängnis ist das teuer bezahlt.

Beim nächsten Angeklagten ging's mehr um die Volkswirtschaft. Er war ein Handwerker und er hatte die Versicherungsbeträge seiner Arbeiter nicht abgeführt. »Wie gern«, sagte er, möchte ich alles gutmachen, aber ich habe große Holzarbeiten gemacht und der Kunde hat noch nicht bezahlt, er wartet auch auf Geld, hat er gesagt. Wenn der sein Geld bekommt, bekommt mein Kunde auch Geld. Und dann kann ich den Schaden wiedergutmachen, was ich hiermit verspreche. Auch er bekommt eine Rechnung über vier Wochen ausgestellt, zahlbar allerdings mit einem Wechsel über drei Jahre, der nur dann eingelöst werden muss, wenn inzwischen wieder etwas Strafbares passiert.

Dann kommt ein Diebstahl im Kausalzusammenhang mit

Vertrauensbruch. Der Angeklagte ist nicht da. Hingegen erfahren wir schriftlich aus seinem Munde, dass seiner Meinung nach die Handschuhe und das Theaterglas regulär unter das Bürgerliche Gesetzbuch – Abschnitt »Leihen« fallen und von Vertrauensbruch gar keine Rede sein kann. In wie guten Vermögensverhältnissen er sich befindet, könne man daraus ersehen, dass er das Theaterglas für eine Vorstellung im Admiralspalast benötigte. Also lächerlich, dass er sich Sachen seines Freundes, dem Schupo, verpasst hätte, es handle sich nur um die Benutzung gemeinsam. Aber der Freund, der Schupo und Zeuge, steht auf einem ganz anderen Standpunkt. Er sagt: »Von Freundschaft und gemeinsam Sachenbenutzen kann gar keine Rede sein. Der Angeklagte ist ja ein vorbestrafter Mensch und wohnungslos noch dazu. Und als ich ihn einmal im Aboagwagen sitzen sah und an die Scheiben klopfte, da tat der Mensch so, als hörte er mich nicht, und da war der Autobus auch schon weitergefahren. Das Theaterglas habe ich nie wieder bekommen – und die Handschuhe auch nicht.« Der Staatsanwalt meint, zwei Wochen Gefängnis würde genügen. »Einem Bekannten anlässlich eines Besuches Sachen wegzunehmen und nicht wiederzubringen ist grober Vertrauensbruch und kann nicht milder bestraft werden«, sagt der Richter. Und so lautete auch diese Rechnung auf vier Wochen, und zwar diesmal bar, ohne jeden Rabatt und abzugslos.

(BT, 5. September 1928)

Hexenverbrennung

Auf uneheliche Mutterschaft, hatten früher die Männer beschlossen, alles Elend der Welt zu setzen oder die Mutter als Hexe zu verbrennen. Heutzutage haben wir das Bezirksjugendamt, den Berufsvormund und die Alimente. Aber es blieb noch viel von der Hexenverbrennung übrig.

Angeklagt ist der achtundzwanzigjährige Arbeiter Witting wegen Beleidigung und Verleumdung. Ein sehr hübsches Mädchen ist die Klägerin und zwölf gediegene Frauen sind Zeuginnen. Der Mann aber, vor der Anklagebank, das stellt sich gleich heraus, ist stärker als sie alle.

Das Mädchen liebte den Mann, er war nicht gerade der erste gewesen, aber sie war ihm treu. Dann hatten sich Folgen gezeigt, er wollte los, intrigierte gegen sie mit seinem Bruder, leugnete, dass er es gewesen sein könne, und nahm eine neue. Das Mädchen aber hing an dem Menschen und wollte außerdem Geld von ihm. Aber er gab nichts. Er wurde verurteilt, aber er gab nichts. Das Mädchen wollte ihn mit dem Baby rühren und fuhr mit dem Kinderwagen an seiner Wohnung vorbei, wenn er nach Hause kam. Aber es rührte ihn gar nicht. Er sagte: »Da steht das Hundefutter schon wieder.« Nicht weniger gemein hatte er sich zu einem Teil der gediegenen Frauen geäußert, die als Zeuginnen auftraten: »Was habe ich mit solcher Person zu schaffen, die einen Meineid geschworen hat? Ich werde sorgen, dass sie das Bäckerbuch bekommt.« (Das Bäckerbuch ist das Buch der Freudenmädchen.) Größte Sau und Hure hat er sie genannt.

Und dies alles zusammen, die Beleidigung des Einjährigen

mit dem Ausdruck Hundefutter, die Beleidigung der Mutter und ihre Verleumdung, hatte der erste Richter mit zehn Tagen Gefängnis sühnen wollen. Aber der Kavalier hatte Berufung eingelegt; und siehe, er hatte recht daran getan, denn der neue Richter regte einen Vergleich an. Die Mutter könne für ihr Kind gar nicht Beleidigungsklage erheben, das müsse der Vormund tun. Sie solle den Vater in Frieden lassen, der möge seinerseits zahlen.

Der Vater nahm diesen Vergleich lachend an, der ihn verpflichtet zu zahlen, soweit es in seinen Kräften steht, und der die Strafe aufhebt. Er steht vor dem Richter stramm, die Hände an einer imaginären Hosennaht, und klappt mit den Hacken, wenn der Richter mit ihm spricht. Das Mädchen ist unsicher, tatsächlich liegt ihr zwar am Unterhaltsgeld, aber sie denkt offenbar: Gar nichts soll dem Schuft passieren für »Sau« und »Hure« und alles Elend, das man erlitten hat? Aber sie sagt trotzdem »Ja« zum Vergleich, ein kleines Mädchen vor einem Talar.

Die Zeuginnen sind empört. »Der Kerl kommt billig weg«, sagt eine. »Nie zahlt der«, sagt die andre. Eine aufgeregte Schar läuft auf dem Flur durcheinander.

Zwei der Frauen bleiben stehen. Die eine droht nach dem Gerichtszimmer hin: »Da seht ihr's, die Männer halten zusammen wie die Kletten, unsereiner muss sich Hure schimpfen lassen, bloß weil sie nicht zahlen wollen. Die Bande.«

Und spuckt gegen die Tür.

(BT, 18. September 1928)

Wochenmarkt

Bösche, der Gemüsehändler, der viermal in der Woche nach Berlin, von Caputh her, hereinkommt, ist des Widerstandes gegen die Staatsgewalt angeklagt. Es ging um einen Hund.

Unser Gemüsehändler hat einen wirklichen Hund, ein Dackeltier ohne Leine, zwischen die Kohlstände laufen lassen. Das ist verboten. Und dass es schon sieben Uhr war, und die Stände zusammengeschlagen wurden, und das Gemüse verpackt, hat dabei nichts zu sagen. Der Grüne war auf ihn zugekommen und hatte seinen Ausweis verlangt. Bösche und der Grüne kannten sich sehr gut. Bösche sah es nicht ein. »Mensch«, sagte er, »ich bin doch Bösche, der Gemüsemann, steht doch groß am Stand.« Aber der Grüne – das ist der Staat. Hat der Staat nötig, sich mit »Mensch« anreden zu lassen? Er hat nicht, er kann Bösche und jedem von uns die Hand auf die Schulter legen und sagen: »Kommen Sie mit auf die Wache.« Und wenn dann Bösche dem Staat erwidert: »na, so'n Blödsinn«, und nicht mitwill, dann ist das Widerstand gegen die Staatsgewalt.

»Wie viel verdienen Sie in der Woche?«, fragte der Amtsrichter, vor dem dieser Riesenprozess zur Verhandlung kam.

»Na, gerade so viel, um sieben Mäuler zu stopfen«, meint Bösche.

»Na, wie viel ist das?«

»Na, gerade so viel, wie man braucht.«

Man erfährt dann, dass dazu 25 Mark genügen sollen. Die Zeugen treten auf. Der Markt steht geschlossen zu dem Kollegen.

»Wenn man 25 Mark in der Woche verdient, muss man zufrieden sein«, sagt der Gummiabsatzhändler, der eine Weltanschauung besitzt und den Eid ohne Anrufung Gottes zu schwören verlangt. »Ich will Ihnen mal sagen, wie es wirklich ist. Wenn man um 7 Uhr nicht alles verpackt hat, dann wird man bestraft, und wenn man einen Hund mitnimmt, dann wird man bestraft, und wenn er nicht an der Leine ist, doppelt. Aber am schwersten haben wir es mit den Gummiabsätzen. Es ist nämlich verboten, die Gummiabsätze auf dem Markt aufzunageln. Wenn der Grüne will, sieht er weg, wenn er nicht will, sieht er hin, und man wird wieder bestraft. Und dann kommt er und spielt sich auf, wo er einen doch ganz genau kennt.«

Der junge Amtsrichter, verpflichtet, den Staat zu schützen, meint im Urteil: »Berechtigt zur Festnahme sind die Beamten wohl gewesen, ob es nötig war, steht dahin.« Und er verurteilt Bösche zu 60 Mark Geldstrafe.

Sechzig Mark Geldstrafe sind viel Geld, wenn man 25 Mark in der Woche verdient und sieben Mäuler zu stopfen hat. Bösche, bisher unbestraft, will sich nicht dabei beruhigen, und er hat recht. Er will Berufung einlegen und sich einen Rechtsanwalt nehmen. Er geht weiter bis zum Reichsgericht, wenn's denn sein muss.

(BT, 7. Oktober 1928)

Paragraph 218
Ein Fall aus tausend Fällen

Das Mädchen ist sechzehn und ein halbes Jahr alt, älteste von vier Kindern. Der Vater ist Arbeiter, voll beschäftigt, verdient trotzdem nur 40 Mark in der Woche. Der Bräutigam ist gleichfalls sehr ordentlich, gelernter Friseur, neunzehn Jahre alt. Er hat den festen Wunsch und die Absicht, das Mädchen zu heiraten. Die Mutter ist bei der ersten Entbindung, bei der Geburt eben dieser Tochter, im Alter von zwanzig Jahren, schwer an Gelenkrheumatismus erkrankt. Sie lahmt noch, ist schwer in ihrer Arbeit behindert. Als sich das Schicksal des Mädchens nun erfüllte, ergriff die Mutter die größte Sorge, was nun werden sollte, wenn bei ihrer Bettlägerigkeit, ihrem beständigen Kranksein nun vielleicht auch die Tochter, bisher eine Mitverdienerin und Stütze der Familie, arbeitsunfähig würde. Sie tat das, was einfachster Selbsterhaltungstrieb für ihr Kind und für ihre Familie erforderte, sie ging mit ihr zu einer Hebamme. Ein Jahr später erst, durch Klatsch im Hause, durch liebe Nachbarn, gelangte die Anzeige anonym an den Staatsanwalt. Der Staatsanwalt stellte das Verfahren gegen die Jugendliche ein. Gegen die Mutter und die Hebamme wurde es eröffnet. Die Verhandlung war kurz, denn der Tatbestand aus diesem Paragraphen pflegt, besonders bei einem Geständnis, das allerdings selten vorkommt, einfach zu sein. Der Staatsanwalt beantragte zwei beziehungsweise drei Wochen Gefängnis. Das Gericht verurteilte die Hebamme zu vier Wochen mit Bewährungsfrist, die Mutter zu drei Tagen mit Bewährungsfrist, ein Urteil, das gefällt erscheint, mehr um dem Buchstaben des Gesetzes zu genügen, als aus Überzeugung von der Strafbarkeit dieser Handlung.

(BT, 23. Februar 1929)

Die Spitzel-Zentrale
Auftakt zum Orlow-Prozess

Ein merkwürdiger Prozess fand da gestern in Moabit als Vorspiel der wahrscheinlich noch merkwürdigeren Prozesse Orlow statt. Es gab ein Nachrichtenbüro für Nachrichten aus Sowjetrussland, das hieß Dobro, war eine GmbH. Der Geschäftsführer der GmbH war ein Russe namens Siewert. Die Dobro wurde aufgelöst. Siewert hatte jetzt das Nachrichtenbüro allein. Bei Siewert war Leopold von Rossmann, ein Balte aus Riga, angestellt. Dieser Rossmann ist nun wegen Diebstahls von Nachrichten und unlauterem Wettbewerb angeklagt worden.

»Ja«, sagte Rossmann, »gewiss, ich habe dem Pawlonowski Briefe zu lesen gegeben. Aber ich habe den Pawlonowski für einen Agenten von Siewert gehalten. Ich konnte ja nicht wissen, dass der Pawlonowski die Briefe an Orlow weitergeben würde und welcher Gesinnung Pawlonowski war.«

Wer ist Pawlonowski? Wer ist Orlow? Orlow ist ehemaliger russischer Staatsrat, Haupt der Antisowjetisten, und so sieht er aus. Eine breite, große Gestalt, mit langem, braunem, russischem Bart, eine Brille vor dem Gesicht. Der Bart von Christus, das Gesicht durchgeistigt, westeuropäisch fein, die Gestalt des brutalen russischen Kolosses.

Pawlonowski ist ein Mann, der viele Namen trägt, er heißt auch Sumarakow und Karpow, ist 33 Jahre alt, gehörte früher der G.P.U (russischen inneren Verwaltung) an, war in der Berliner russischen Botschaft beschäftigt, ist von dort mit Dokumenten geflüchtet. Und damit sind wir mittendrin in diesem

Milieu von Bespitzelung, Vertrauensmissbrauch, Verrat, das früher Zarismus hieß und jetzt Sowjetismus.

Bei Orlow wurden fotografierte Briefe gefunden, die aus dem Siewert'schen Büro herrührten; sie enthielten Geheimnachrichten über einen angeblichen Spionageverdacht gegen den früheren Weißgardisten General Lampe. Diese Schriftstücke hatte Orlow von jenem Pawlonowski bekommen, der sie seinerseits von Rossmann, dem Angestellten Siewerts, erhalten hatte, und zwar nur auf einen Tag. Dann hat Orlow dem Pawlonowski und Pawlonowski dem Rossmann die Schriftstücke, die inzwischen fotografiert worden waren, zurückgegeben.

Ist das Diebstahl? Ist das unlauterer Wettbewerb?

Und nun kommt Orlow als Zeuge und sagt: »Die Schriftstücke, die ich durch Pawlonowski erhielt, die Nachrichten also, die das Büro Siewert in die Welt schickte, waren gefälscht. Und zwar waren sie von den Sowjetisten gefälscht, um die Emigranten zu belasten, besonders den General Lampe. Ich hatte also ein vitales Interesse daran, mich in den Besitz dieser Fälschungen des Büros Siewert zu setzen. Im Übrigen herrschte eine solche Unordnung bei Siewert, dass eine wichtige Urkunde in die schmutzige Wäsche geriet.« Er will offenbar sagen, wenn da was wegkam, war es höchstens Fundunterschlagung, aber kein Diebstahl.

Der Staatsanwalt trat für Siewert ein. Rossmann hätte wissen müssen, wer Pawlonowski war. Er habe es heimlich gegen Siewert getan. Und er beantragte wegen Diebstahls und wegen unlauteren Wettbewerbs einen Monat Gefängnis gegen Rossmann.

Der Verteidiger, Rechtsanwalt Walter Jaffé[29], aber sagte, dass das Erheben dieser Anklage völlig unbegreiflich sei. Wo ist da Diebstahl? Die Dokumente werden zur Einsicht auf einen Tag weggegeben. Das ist ein furtum usus, ein Diebstahl zum Gebrauch, eine Sache, die nach geltendem Recht nie als Diebstahl betrachtet wird. Und wo der unlautere Wettbewerb stecke, das könne überhaupt kein Mensch herausbekommen, und am rätselhaftesten sei, wie die Staatsanwaltschaft dazu gekommen sei, den Rossmann auf zwei Monate in Untersuchungshaft zu stecken.

Voll und ganz die gleichen Ausführungen machte Landgerichtsdirektor Bechmann. Der Betrieb Siewert, sagte er, ist kein Betrieb, der ein Recht auf gesetzlichen Schutz hat. Das ist kein kaufmännischer Betrieb, auf den das Gesetz vom unlauteren Wettbewerb überhaupt Anwendung finden kann.

Das Nachrichtenbüro lebte von den Delikten, die jetzt dem Rossmann zur Last gelegt werden.

Ganze Koffer mit gestohlenen Dokumenten wurden Siewert ins Haus gebracht und für Nachrichten ausgebeutet. Der Angeklagte wird auf Kosten der Staatskasse freigesprochen.

Der deutsche Staatsbürger kann nur sagen: »Was geht uns diese ganze Geschichte an, und wozu werden dafür deutsche Gerichte in Bewegung gesetzt?«

(BT, 27. Februar 1929)

Ein falscher Name und eine vergessene Lenkstange

Frau Menke ist eine dralle Frau von fünfzig Jahren. Sie hatte betrogen und ein schlechtes Gewissen. Deshalb verzog sie in eine andere Gegend und meldete sich nicht bei der Polizei. Aber ein Mensch, der leben will, muss gemeldet sein. Frau Rabow, gute

Freundin und Vertraute, erlaubte ihr, sich gegenüber dem Erbfeind, den Grünen, »Rabow« zu nennen.

Eines Tages hörte sie Geschrei auf der Straße, stürzte hin und fand eine Frau, die ihrer Handtasche beraubt worden war. So wird sie Zeugin, geht mit der Weinenden mit, wird vernommen.

Erster Konflikt: Frau Menke nennt sich auf der Polizei Rabow. Es wird Termin anberaumt, und die nichtsahnende wirkliche Frau Rabow geladen.

Zweiter Konflikt: Frau Menke geht hin und schwört, dass sie als Frau Rabow den Taschenräuber Schulze keineswegs erblickt habe.

Dritter Konflikt: die Zeugengebühren. Frau Menke lässt sie sich auszahlen.

Aber das Verfahren für jenen alten Betrug, der sie in Angst und Schrecken versetzt hatte, war längst eingestellt worden, und kein Hahn hätte gekräht, wenn sie als Zeugin im Taschenräuberprozess sich als Frau Menke offenbart und die ehrlich verdienten fünf Mark Zeugengebühren eingesteckt hätte, die nun »Vermögensvorteil« bedeuten.

Der Staatsanwalt griff das Gesetz an: »Ein Jahr Zuchthaus ist zu viel für solche Sachen«, sagte er, »und einen unvorbestraften Menschen.« Er suchte und fand den mildernden Paragraphen 137. Aber immerhin wurde die falsche Namensangabe mit drei Monaten Zuchthaus bestraft, nun zu verwandeln in 4 Monate Gefängnis, und 6 Wochen für die Urkundenfälschung. Alles in allem fünf Monate Gefängnis, was viel zu viel ist für eine solche Dummheit.

*

Meister Deibel traf beim Spaziergang über sommerliche Felder den betrunkenen Herrn X, der gerade von seinem Rade gestiegen war. Sie freundeten sich an und gingen in eine Kneipe.

Und wie es so geht, sah Deibel ein Rad am nächsten Baum stehen. Sieh da, ein Rad, dachte er, schwang sich hinauf und fuhr davon. Drei Tage fuhr er damit, dann zerbrach er die Lenkstange und ging zum Fahrradhändler Schneider. Schneider ist eine ehrliche Haut, nur ist er vor der Schwere des Daseins in den Alkohol geflüchtet. Schneider lief zur Polizei, sagt, das mit dem Rade käme ihm verdächtig vor. Deibel wurde vernommen, gab das Rad ab, sagte, er sei damit herumgefahren, weil er es nicht habe am Wege stehen lassen wollen. Es kam zu einer Verhandlung in der Deibel zu 200 Mark Geldstrafe verurteilt wurde, welches Urteil er jedoch nicht annahm. In dieser Verhandlung sagte Schneider nichts von der Lenkstange, sondern nur von der Luftpumpe, und die verschwiegene Lenkstange führte nun zur Verurteilung wegen Meineides.

Schneider sagte: »Wenn ich etwas zusammenhängend aussagen will, dann muss ich mir Mumm antrinken und das habe ich auch jetan, nur'n bisschen zu viel, und so habe ich an die Lenkstange vergessen.« Diese auch diesmal etwas betrunkene Aussage ist eigentlich alles, was man erfährt. Deibel aber soll gesagt haben: »Mensch, mach keen Quatsch, reiß mich nicht rein«, was auf juristisch »Verleitung zum Meineid« heißt.

Das Urteil lautete schließlich, trotz aller Versuche der Juristen, ein erträgliches Strafmaß zu finden, gegen Deibel wegen Anstiftung zum Meineid auf ein Jahr Zuchthaus. Schneider wurde freigesprochen. Bei der Urteilsverkündung erklärte der Vorsitzende, dass bei Schneider ein fahrlässiger Falscheid angenommen worden sei; da er diesen rechtzeitig bei Gericht widerrufen habe, trete Straflosigkeit ein.

(BT, 16. März 1929)

Geist auf Raten

Angeklagt war ein junger Mann wegen Urkundenfälschung. Er war Bücherreisender und hatte eine Eins vor einen Auftrag von 2,50 Mark geschrieben. Damit hatte er erreicht, dass es nun 12,50 Mark hieß, was ihm eine etwas höhere Provision einbrachte.

Diese Geschichte hatte eigentlich gar nichts mehr mit Jurisprudenz, sondern nur noch mit Elend zu tun. Der Mensch, der 32 Jahre alt, zum ersten Mal auf die Anklagebank geraten war, schien von der Natur mit wenig Klugheit bedacht worden zu sein, und so war ihm nichts übrig geblieben, als ein armer Reisender zu werden, verdammt, von Tür zu Tür zu wandern und mit Geist auf Abzahlung zu handeln. Und siehe, da ist der Tischlermeister Stöckel, auch kein Krösus, an den verkaufte er für 106 Mark Bücher, eine Unmenge Bücher, fünfundzwanzig Bände, Dumas, zum Beispiel, Ben Hur und Sienkiewicz' Quo vadis.

Der Tischlermeister hatte sich verpflichtet, 5 Mark im Monat als Rate zu zahlen, später noch einmal 2,50 Mark dazu, also im ganzen 7,50 Mark im Monat. »Wenn es aber so wäre, wie der Angeklagte behauptet«, sagt Tischlermeister Stöckel, »denn hätte ich doch müssen 17,50 Mark im Monat zahlen, und das hätte ich doch nicht gekonnt bei 35 Mark Miete im Monat.«

Nein, die Hälfte ist zu viel, aber immerhin hat er ein Drittel seiner Monatsmiete für Bücher ausgegeben. Hand auf's Herz: Wer aus den gebildeten Kreisen tut das? Und ist es nicht interessant, für welche Bücher er das ausgab? Fünfundzwanzig Bände Dumas, »Ben Hur« und »Quo Vadis«. Da ist Handlung, großes Geschehen, da weitet sich des Tischlers Stube zur Welt.

Vielleicht werden auch Lion Feuchtwangers und Alfred Neumanns Bücher in 75 Jahren ebenso viel gelesen. Das Böse ist nur: die Bücher erleben's, die Menschen sind inzwischen tot.

Um aber von der weiten Welt der Bücher auf die enge Welt des kleinen Prozesses vor dem Schöffengericht zu kommen, so tritt noch der Vertreter des Buchladens auf und sagt, dass seine Firma sich mit dem Tischlermeister Stöckel auf geringere Raten geeinigt habe. Also hat niemand Schaden bei der Geschichte. Aber der Staatsanwalt, ein kleiner Jupiter tonans, macht es partout nicht unter drei Monaten Gefängnis für den Angeklagten, der bestenfalls 75 Pfennig im Monat erschwindelt hätte. Der Richter schaut ganz erschrocken auf und sagt. »Wie? Drei Monate?« Dann zieht er sich mit seinen zwei Männern aus dem Volk zurück, kommt wieder und verkündet: »Der Angeklagte wird wegen schwerer Urkundenfälschung in Tateinheit mit Betrug zu einer Woche Gefängnis verurteilt.« Der Landgerichtsdirektor spricht lange, länger, als es bei einer solchen Wald- und Wiesenunterschlagung üblich ist: »Der Angeklagte ist 32 Jahre alt geworden, ohne mit dem Strafgesetz in Konflikt zu kommen, das muss anerkannt werden. Dazu kommt das schwere Elend des Reisenden, 20 Prozent von geringen Umsätzen, tagaus, tagein auf den Beinen, ungern gesehen, von Tür zu Tür gewiesen, da ist es kaum möglich sich selbst, geschweige denn eine Familie zu ernähren. Wenn ein Reisender versucht, durch einen finanziellen Auftrag oder eine höhere Zeichnung etwas für sich zu erlangen, so muss man diese Dinge milde ansehen.« »Sie bekommen Bewährungsfrist«, sagt der Richter, »wissen Sie, was das ist?«

Angekl.: »Ich darf mir drei Jahre nichts zuschulden kommen lassen.«

Richter: »Sehr richtig, die meisten glauben, das ist Frei-spruch.«

Und trotzdem er das nicht glaubt, verlässt das elende Leben, das Geist in Raten verkauft, heiler Haut den Saal des Gerichtes.

(BT, 13. April 1929)

Der Erfinder
Was würde heute aus Werner von Siemens?

Ein Angreifer stand als Angeklagter vor Gericht. Der Zorn eines ganzen Lebens machte sich Luft. Wer da stand, das war der deutsche Ingenieur, der selbständige Mann, der etwas Bedeu-tendes erfunden hat und nicht will, dass seine Erfindung nicht als die seine gelten soll, dass sie als Werkerfindung plakatiert wird – einer, der die Früchte seines Geistes selber ernten will. Dieser Mann war wegen Beleidigung höher Beamter des Marine-ministeriums angeklagt. Er ist in erster Linie ein sich keines-wegs forchtender Schwab, in zweiter Linie Diplomingenieur Re-gierungsbaumeister und Hauptmann der Res. a. D.

Zuerst erfand er einen Reinigungsapparat, der den Schiffs-rumpf außen auf See reinigen konnte, statt dass das Schiff wie sonst ins Dock musste. Dieser Apparat war verbunden mit einem abgedichteten Unterwassermotor.

Seit vielen Jahren sucht nun die Marine eine elektrische Un-terwasserpumpe. Mit der Unterwasserpumpe wäre das Problem des unsinkbaren Schiffs gelöst. Auch diese Unterwasserpumpe erfand der Ingenieur. Er wollte aber weder seine Erfindung, noch die Lizenz verkaufen, er wollte seine eigene Erfindung selber fabrizieren und forderte einen Lieferungsvertrag mit der Marine.

Aber er erreichte weder einen Lieferungsvertrag noch sonst etwas. Er ist, wie er vor Gericht sagte, von dem Referenten im Marineministerium um seine Erfindung gebracht worden. Das Ministerium gab ihm einen Probeauftrag auf mehrere Apparate. Zu diesem Zweck musste er seine Zeichnungen an zwei Fabriken ausliefern. Zu gleicher Zeit wurde vom Ministerium eine Submission ausgeschrieben zum Zweck der Erlangung einer brauchbaren Unterwasserpumpe. Auch unser Ingenieur erhielt die Unterlagen, aber wie er sagt, später als die andern und zudem war ja schon seine Erfindung durch Auslieferung seiner Zeichnungen an die zwei Firmen bekannt geworden. Der Probeauftrag aber wurde noch dazu zurückgezogen. »Für das H'sche Projekt«, hatte der Referent gesagt, »lehne ich die technische Verantwortung ab.«

Vors.: Warum soll denn der Referent Ihnen gegenüber so gehandelt haben?

Angekl.: Aus Brotneid. Er war ärgerlich, dass einem andern die Erfindung geglückt war.

Der Prozess musste zwecks Ladung eines Zeugen vertagt werden. Man kann gespannt sein, wie und ob sich die schweren Vorwürfe des Angeklagten gegen das Ministerium aufklären werden. Sicher ist mit dem Angeklagten schwer zu arbeiten, aber mit jedem genialen Menschen ist schwer zu arbeiten. Sollte der Angeklagte recht haben, wenn er sagt: Werner von Siemens und Bergmann haben klein angefangen und sind groß geworden, heute wäre ihnen das nicht mehr möglich. Denn selbst der Staat unterstützt heutzutage nur die Großen und lässt die Kleinen, den Einzelnen, dessen Kopf allein die Welt vorwärtsbringen kann, rücksichtslos versinken.

(BT, 27. April 1929)

Kamel in Beige

In Zimmer 115 wird gegen einen Mann verhandelt, der des Diebstahls verdächtig ist. Er sagt, er habe die kostbare Brosche geschenkt bekommen. Von wem? Weshalb? Wieso? Er kann keine Auskunft geben. Das ist wieder mal eine ganz blöde Ausrede, denkt der Richter, der Staatsanwalt, der Rechtsanwalt und der Zuhörerraum. Ich aber halte seit vorgestern alles für möglich.

Ich ging in lebhaftem Gespräch die Leipziger Straße entlang, als ich von einer sehr armseligen Kreatur angebettelt wurde. »Ach, ich habe noch eine Leberwurststulle bei mir«, sagte ich und gab sie ihm.

Fünf Minuten darauf, als ich in einem Café saß, entdeckte ich, dass ich von zwei Paketchen in meiner Handtasche dem Bettler das falsche gegeben hatte. Die Leberwurststulle war noch da. Aber das andere, das einen teuren Gegenstand aus Seide enthielt, das hatte ich hergegeben. Zu mir selber habe ich daraufhin einen Tiernamen gesagt. Aber was wird aus dem Bettler, wenn er den Seidengegenstand verhökern will? Keiner wird ihm glauben, bis sich ein Hehler findet, der ihn ihm abnimmt. Der Hehler kommt vor Gericht. »Woher haben Sie dieses Wäschestück?«, wird der Richter fragen.

»Von dem Arbeitslosen Kubalke.« Der Arbeitslose Kubalke tritt als Zeuge auf.

»Woher haben Sie dieses Wäschestück?«

»Eine Dame hat es mir Leipziger Ecke Charlottenstraße geschenkt.«

»Wer war die Dame?«

»Das weiß ich nicht.«

»Wie sah sie aus?«

»Sie hatte was Braunes an.«

»Und Sie wollen wirklich behaupten, Sie hätten das Wäsche-stück von einer wildfremden Dame auf der Leipziger Straße ge-schenkt bekommen?«

»Jawohl, das will ich, denn es ist wahr.«

»Wissen Sie, hier wird ja viel gelogen, aber solche Märchen lassen wir uns nicht erzählen.«

Und was wird erst, wenn er nicht Zeuge, sondern Angeklag-ter ist!

Kann er sagen: »Ein weibliches Kamel in Beige hat eine Leberwurststulle mit einem Wäschestück verwechselt?«

Er kann es nicht sagen, denn er weiß es nicht.

Vielleicht hat auch der Angeklagte in Zimmer 115 wirklich die Brosche aus Versehen geschenkt bekommen.

(BT, 30. April 1929)

Angeklagter Stinnes

In den Fememordprozessen hatten wir Einblick erhalten in Urinstinkte, in Mord und Verschwörung. Aber das geschah am Rande der Welt, war nicht unsere Zeit. Jetzt in Moabit steht die Epoche selber. Der Staat hatte seine Bürger betrogen. Damit hatte die Epoche angefangen. Der Staat hatte sie dazu aufgefor-dert, die Mark zu lieben, kein Fleisch zu verschwenden, nur von Kohl zu leben. Die Gutwilligen taten es bis an den Rand des Hungertodes. Die aber dem Staat nicht gefolgt waren, sondern sich gut ernährt hatten auf Kosten der Anderen, die Mark zu vernichten geholfen hatten auf Kosten der Anderen, die waren am Ende die Großen, und die Gutwilligen bekamen einen Tritt dazu. Seit dies geschehen war, hatten sich die moralischen Ansichten geändert.

Im Stinnes-Prozess herrscht die Atmosphäre dieser geänderten Ansichten. Dieses seltsame Geschäft begann so: Herr Dunkelblum geht Unter den Linden und trifft Herrn Schneidt und erzählt: »Es ist da was zu machen mit Kriegsanleihen, heißt es, es gibt eine Lücke im Gesetz, heißt es.« Herr Schneidt trifft Herrn Doregger, und dem sagt er: »Es liegt ein Geschäft in der Luft mit der deutschen Kriegsanleihe.« Dann fahren die beiden nach Italien, aber sie finden keinen, der mit ihnen das Geschäft machen würde, außer einem Geldwechsler. Sie wissen auch gar nicht, was das für ein Geschäft ist, es soll bloß Geld damit zu verdienen sein. Sie orientieren sich auch in keinem Gesetzbuch. Von Dunkelblum geht das Geschäft zu Hirsch. Von Hirsch zu Béla Grosz. Das sind alles vermögende Leute. »Seriöse Leute«, sagt Béla Grosz. Seriös? Seriös im Sinne der Zeit nach 1914. Béla Grosz ist der Erste, der das Gesetz nachschaut. Er ist ein kluger Mann und sieht: Hier ist wohl Geld zu machen, aber auf eine riskante Weise. Er erkundigt sich nach dem Risiko und erfährt von seinem Anwalt: »10000 Mark Ordnungsstrafe.« Nun schön, 10000 Mark kann man einkalkulieren. Er begann das Geschäft mit Emmerich Antal, der in Rumänien Firmen dazu bewog, »Neubesitz« in »Altbesitz« umzufälschen. Béla Grosz verteidigt sich damit, dass er sagt, auch deutsche Banken haben dasselbe gemacht, sie sind mit Ordnungsstrafen davongekommen.

So was nennt man ganz einfach eine Schiebung. Es gab Kriegsschieber, es gab Inflationsschieber, es gibt Reparationsschieber. Es gab also zwischendurch auch Kriegsanleihenschieber.

Während dieser Zeit des Geschäfts passieren Dinge, wie eine Konferenz, die so verläuft, dass ein Bankier und ein Generaldirektor zusammenkommen und dass der Bankier dem Generaldirektor ein Paket Wertpapiere unterm Arm wegreißt, worauf der Generaldirektor dem Bankier eine Ohrfeige gibt. Aber dann macht die Sache einen Sprung. Aus der Atmosphäre der Kaffeehäuser gerät die Sache in die Atmosphäre der Hotelhallen. Da reist Herr Nothmann, Mitarbeiter von Stinnes, nach Rumänien, um ein Messinggeschäft zu liquidieren, und dabei nennt man ihm Béla Grosz als einen Mann, der sich in Rumänien auskennt, und so nimmt er Béla Grosz, von dem er sehr eingenommen ist, mit nach Kronstadt. Hirsch und der Bankier Block kommen auch hin. In Kronstadt sitzt man abends zusammen, die Rede kommt auf das Anleihegeschäft. Da geschieht das Erstaunliche. Nothmann macht mit. Béla Grosz sagt: »Ich habe ihm nichts von der Illegalität erzählt, also wird er wohl nichts gewusst haben.«

So kommt das Geschäft von Nothmann an Stinnes. Stinnes steht in Moabit und spricht als Erster Kaufmannsworte. Er spricht endlich von Büchern, man hört endlich nicht mehr nur von Winkelbankiers. Er sagt: »Ich habe von meinem Vater gelernt, mit dem Pfennig zu rechnen.« Er sagt noch ein paar markante Sätze: »Herr Vorsitzender, Sie werden mich fragen, warum ich solch ein Geschäft zu Ungunsten des Reiches mache. Die Sache liegt ja nicht so, dass das Geschäft nicht gemacht worden wäre, wenn ich es nicht gemacht hätte. Wenn ich das Geschäft nicht gemacht hätte, so hätte es eben ein anderer gemacht.« Das ist ein erschreckender Satz und zieht den Vorhang fast vor der Seelenlandschaft der Jahre 1919 bis offenbar 1920. Ja, gibt es denn den Standpunkt nicht mehr, ich, weil ich eben ich bin, Besitzer von Kohleschiffen, die auf dem Rhein fahren, oder weil ich Ziegel brenne, mit denen Häuser gebaut werden, oder elektrischen Draht für Beleuchtungszwecke herstelle, darum kann ich nicht Geschäfte machen, die irgendein anderer gemacht hätte, der nichts zu tun hat, als im Kaffeehaus oder im Luxushotel auf die Suche zu gehen nach derartigen Geschäften? Stinnes hat das Geschäft für ein legales gehalten. Das mag vorausgesetzt werden. Es ist aber eben das Erschreckende, dass neben dem Handel mit Kohle, dem Handel mit Messing, Handel mit Kriegsanleihe getrieben wird. Früher war Messinghandel Messinghandel und Reederei Reederei, aber kein Kaufmann, der auf Würde hielt, machte Winkelgeschäfte.

Stinnes sagt ein stolzes Kaufmannswort, er sagt: »Ich sah mich plötzlich in den Händen von Leuten, die nicht in unseren Büchern waren und nicht in unsere Bücher passten.« So ein Wort sagt Stinnes, aber das gerade ist es ja, wenn solche Geschäfte gemacht werden, dann ist man eben in Gesellschaft von Leuten, von denen man nicht gern Unter den Linden gegrüßt wird, wenn man Stinnes ist. Herr von Waldow steht da, blond und ahnungslos und überaus sympathisch. Der »tumbe Tor« im Bankpalast. Er sagt, er habe nach den »hässlichen« Pariser Verhandlungen so genug vom Kaufmannstum gehabt, dass er den Kaufmannsberuf an den Nagel hängte, um seinen Kohl zu bauen. Aber es geht nicht, dass es wieder einmal aus diesem Prozess heraus so aussieht, als wäre diese Form, Geschäfte zu machen, Nebengeschäfte zu machen, üblich und darum Kohlbauen das einzig Anständige. Diese Ansicht stammt aus der Inflation wie diese Geschäfte. Sie wurden leider nicht mit ihr zusammen begraben.

(BT, 18. Juni 1929)

Berlichingen contra Bajonette
Die Reichswehr und der Kohlenmann

Den Hintergrund dieses Prozesses bildete die Frage, ob das Bücken des sechzehnjährigen Kohlenträgers Hans Steiner eine Berufsbewegung zwecks Aufbuckeln eines Zentners Steinkohlen oder das Herzeigen der Kehrseite gegenüber einem geschlossenen Trupp Soldaten und damit eine Berlichingen'sche Geste war, die als öffentliche Beleidigung bezeichnet werden muss. Der Staat betrachtete es als die letztere und erhob Anklage gegen den Kollegen Hans Steiners, den fünfundzwanzigjährigen Kohlenträger Otto Ziemann, und zwar wurde er wegen heftigen Geschimpfes angeklagt, unter anderem hätte er »Noske-Hunde« und »Lausejungs« geschimpft.

Gut gewachsen, blond und adrett trat Otto Ziemann in die Anklagebank, vorbestraft bisher nur wegen Radfahrens und wegen Schmutzes am Wagen. Er habe, so sagte er, mit seinem sechzehnjährigen Gehilfen gerade Kohlen abgeladen, als der Junge von einem Trupp Soldaten angelaufen wurde. Der Junge aber habe gar nicht gesehen, wer ihn anrempelte und habe bloß gesagt: »Was ist denn das für eine Anrempelei.« »Darauf bot mir der Feldwebel Backpfeifen an, und wie ich mich umdrehe, stehen die acht Soldaten da, alle mit dem Gewehr, einer sogar mit dem aufgepflanzten Bajonett. Da sagte ich: ›Ehe ihr mir mit die Pieke stecht, schlage ich die beiden Scherbäume auf euch kaputt.‹« Dazu kam noch, dass der Feldwebel ihm die Hand auf die Schulter legte und sagte: »Ich erkläre Sie für verhaftet«, wo dem das doch gar nicht zusteht.

Vors.: Der Junge hätte eben mit dem Kohleabladen warten müssen, bis der Trupp vorbei war.

Angekl.: So lange Zeit hat man nicht. Jede Zivilperson muss vor uns ausweichen.

Vors.: Ein Soldatentrupp ist keine Zivilperson.

Angekl.: Na, ich weiß ja nicht.

Die Zeugenaussagen der inzwischen nach Goslar versetzten Soldaten stellen es anders dar. Danach bückte sich der Sechzehnjährige so tief, so eindeutig, dass es wie ein bösartiges Bücken aufgefasst werden musste. Der Angeklagte hält es auch fernerhin für die Fachbewegung des Kohlentragens. Der Staatsanwalt glaubt, dass es bei einigermaßen gutem Willen möglich gewesen wäre, auf die Seite zu gehen, und beantragt einhundert Mark Geldstrafe. Das Gericht beriet sehr lange, hielt nur die Drohung mit den Scherbäumen für erwiesen und verurteilte die »Rüpelei« mit zehn Mark. An das aufgepflanzte Bajonett in der Paulstraße glaubte der Vorsitzende nicht. Er hielt es platterdings für unmöglich.

(BT, 20. Juli 1929)

Weh’ dem, der liebt
Der kurze Prozess Monroy

Von morgens ½ 9 Uhr an wartet das Publikum auf Einlass. Noch um 11 Uhr ist Saal und Zuhörerraum geschlossen. Draußen wartet die Presse. Neue Nachrichten, Falschmeldungen, gehen hin und her. »Sind hier etwa die Schöffen mang?«, ruft ein Wachtmeister. Zwei Herren melden sich und verschwinden im Allerheiligsten. Um 11 Uhr wird der Saal geöffnet. Etwa 40 Presseleute verteilen sich, hantieren heimlich mit Kamern und Bleistift. Wenige Minuten darauf öffnen die Wachtmeister den Zuhörerraum. Das große Gedränge beginnt. Höchstens die Hälfte sind Frauen. Längst nicht alle kommen herein. Die Tribünen füllen sich. Eleganteste Damen, dort die in Beige mit roten Biesen, jene im weißblauen Foulard, haben Beziehungen, nehmen im Saal Platz.

Fünf Minuten nach elf Uhr. Die Komtesse kommt, sehr zierlich, trägt einen schwarzen Mantel mit Beige-Pelzkragen, einen großen, breitrandigen, beschattenden, schwarzen Filzhut, helle Strümpfe und Goldkäferschuhe. Ihr Gesicht ist fremdrassig, südlich, spanisch, schmal mit großer Nase, erschreckend bleich. Die feinen, sehr weißen Hände greifen unruhig hin und her. Sie nimmt vor der Anklagebank Platz. Die Köpfe im Zuhörerraum recken sich. Von links ist nichts zu erkennen. Der Wachtmeister gebietet Ruhe.

10 Minuten nach 11 Uhr: Der Staatsanwalt tritt ein. Er sieht aus, wie der Staatsanwalt im Theaterstück aussehen muss: groß, schlank, elegant, scharfe Züge. Einen Augenblick wird es still. Wieder recken sich die Köpfe. Die Journalisten warten.

13 Minuten nach 11 Uhr: Die Gräfin Hermersberg kommt. Höchstens von mittlerer Größe, schmal, gazellenhaft. Schöner noch immer als die Nichte, ihr ähnlich, ganz in Schwarz, einen hellgrauen Fuchs um die Schultern. Wieder reckt sich alles, fotografiert, zeichnet heimlich.

20 Minuten nach 11 Uhr. Das Gericht kommt. Auch das Gericht sieht aus, wie auf der Bühne ein Gericht aussehen muss. Der humane Vorsitzende, ein jüngerer Beisitzer, zwei gewichtige, breite Männer, die das Volk verkörpern, als Schöffen.

Der Vorsitzende sagt: »Fräulein Helga Monroy.« Nicht Komtesse. Wozu ist eigentlich dann so viel Publikum gekommen? Der Richter teilt mit, dass eine neue Anklage einlief, fragt, ob beide Sachen vereinigt heute verhandelt werden sollen. Der Staatsanwalt steht auf und teilt mit, dass die Anklage erst gestern Abend einlief, dass aber der Eröffnungsbeschluss in kurzer Zeit am Gericht gemacht werden könnte. Rechtsanwalt Frey widersetzt sich, meint, es wäre ungünstig für seine Mandantin, da er die Sache zu wenig kenne, heute beide Anklagen gemeinsam zu verhandeln. Das Gericht zieht sich zur Beratung zurück.

Neue große Sensation. Was steckt hinter der Sache? Leise munkelt man, es sei eine Urkundenfälschung, sagt, es sei günstiger mit der neuen Anklage für die Komtesse, als ohne die neue Anklage, nicht etwa ungünstiger.

»Gefälschtes Testament«, wird geflüstert. Das ist schon nicht mehr Courts-Mahler, das ist Marlitt oder Eschstruth, oder gar E. Werner (Bürstenbinder). Drüben im alten Haus sitzt ein junges Mädchen auf der Anklagebank, früher ordentliche Büroangestellte, geriet an »Ihn, den herrlichsten von allen«, welcher nur zufällig stahl, öfter schon, früher schon, sie wird bestraft werden und, wieder eine ordentliche Büroangestellte, heimkehren an die Schreibmaschine bei Nolde & Co.

Es betrifft diesmal eine Komtesse, die offenbar ihr Herz und sich selber an den Falschen verlor. Tausend Jahre alte Geschichte. »Sein Händedruck und ach sein Kuss.« Und eine Geldaffäre kommt hinzu. Große Summen werden genannt, noch größere, ein fürstliches Haus soll einbezogen sein. Niemand weiß etwas. Ein sehr blasses Mädchen sitzt auf der Anklagebank.

Das Gericht kommt heraus und verkündet den Vertagungsbeschluss: »Die Sitzung ist geschlossen.«

Das Publikum stürzt heraus. Scharenweise läuft es dem Fräulein von Monroy nach. Eine Komtesse angeklagt, das ist die große Sensation. Kaum einer ist dabei, wenn zum Beispiel das Deutsche Reich um Millionen betrogen wurde. Immer ist Liebe sensationeller als das Geld.

(BT, 2. August 1929)

Die Toten-Klage
Niesebeins Selbstmord und unfreiwilliges Fortleben

Folgendes war in der Nordendstraße passiert: Der Ehemann Niesebein hatte sich erhängt. Die Niesebein'sche Ehe war vielleicht nicht ganz so gewesen, wie es im Märchenbuch steht. Nachbarn hatten sich eingemengt und vielleicht gehetzt. Bei der Beerdigung war es zu einem Zank gekommen.

Aus dieser Geschichte hatten sich sechs Beleidigungsprozesse entwickelt. Es gab den Prozess Triller gegen Niesebein, der mit dem Freispruch der Niesebein endete. Es gab zweitens den Prozess Ernst Werner gegen Niesebein, der mit Freispruch endete. Es gab drittens den Prozess Peter Schleich gegen Niesebein, der mit 30 Mark Geldstrafe endete. Es gab viertens den Prozess Niesebein gegen Werner, wegen »alte Sau, alte Ehebrecherin« und Anspuckerei, der mit 50 Mark für die Werner endete. Es gab fünftens den Prozess wegen übler Nachrede gegen die Niesebein, der ebenfalls mit Freispruch der Niesebein endete. In diesem Prozess hatte die Triller zu der Werner gesagt: »Sie sind überhaupt nur eine Einundfünfzigerin.« Die Werner erwiderte: »Dann sind Sie 'ne Fünfundsiebzigerin.«[30] Auch diese Äußerung wird, steht zu hoffen, noch ein extra gerichtliches Nachspiel haben. Sechstens hatten wir den Prozess Niesebein gegen Werner und Genossen wegen der Kranzschleife.

In diesem Prozess waren fünf Angeklagte.

Der Kranz auf Niesebeins Sarg war mit einem schwarzweißroten Bande umwunden, auf dem ein Gedicht stand, das so begann: »Ausgelitten hast du und geendet, nicht vieles hat das Leben dir gespendet...« und endete: »Verzweiflung trieb dich zum Ziel.« In diesem Gedicht und besonders der Schlusszeile hatte die Witwe eine Beleidigung erblickt und Anzeige erstattet.

Was sagte Frau Werner nun dazu? »Herr Niesebein kam am Abend vor seinem Ende zu uns und sagte: ›Frau Werner, was mach' ich bloß gegen so viel gemeine Lügen, Frau Werner, ich will 'ne Schleife haben, dass die Frau nicht hinter meinem Sarge hergehen kann.‹ Und als denn der arme Mann gestorben war, habe ich gesagt, die Niesebein kriegt 'ne Kranzschleife, die sich gewaschen hat. Immer die Wahrheit die Ehre, wir sind nicht so, dass wir die Wahrheit nicht bringen. Wir sind deutschnationale Frauen.«

Auch die nächste Angeklagte sagt: »Ich habe mit gesammelt, bin mitgegangen, wie es einer deutschnationalen Frau zukommt.«

Die schwierige Frage, auf die es in diesem Prozess ankommt, ist: Wurde der Kranz so hoch gehalten oder gar vorneweg getragen, dass jedermann ihn sehen musste, oder war das nicht der Fall?

Zu diesem Punkt wird Frau Triller vernommen.

Vorsitzender: »Wann haben Sie diese Schleife gelesen?«

Zeugin: »Ich kann gar nicht lesen, aber ich wollte noch sagen, was die Ladenschultzen meint, die lassen Sie man, die hat'n Meineid geleistet. Die Frau Niesebein gab mir'n Messer und sagte mir, ich soll gleich bereit sein, wenn's zum Zuschlagen käme.«

Auf die Messergeschichte wurde glücklicherweise nicht eingegangen. Aber auch sonst spielten sich Dialoge wie dieser ab.

Vorsitzender zu einem Zeugen: »Ist Frau Niesebein Ihre Schwägerin?«

Niesebein: »Ich erkenn sie nicht als solche an.«

Der Prozess endete mit zwei Wochen Gefängnis für Frau Werner.

Für diesen Unsinn waren sechzehn Zeugen aufgeboten. Bisher haben sechs Prozesse die Gerichte beschäftigt. Da wohl fast alle in die Berufung gehen, haben wir dann zwölf Prozesse, ausgehend von einer Kranzschleife. Um derartige Prozesse zu leiten, bedarf es wirklich keiner Jurisprudenz. Es scheint wirklich das einzig Mögliche zu sein, derartige Vergnügungen mit Gefängnis zu bestrafen.

(BT, 20. August 1929)

Gretchen-Tragödie
Der Osterspaziergang ins Mittelalter

Das Mädchen ist aus einer Kleinstadt. Kind anständiger Leute, Dienstmädchen. Auf ihrer ersten Stellung war sie vier Jahre lang, kam zwanzigjährig nach Berlin, war auch hier wieder drei Jahre auf einer Stellung und überaus fleißig.

Eines Frühlings am Bahnhof Zoo sprachen zwei Herren sie und ihre Freundin an. Das Mädchen verabredete mit dem einen ein Wiedersehen. Sie machten einen Osterspaziergang, der sehr weit führte. Das Mädchen sah den Mann nie wieder. Nur Folgen spürte sie. Es war das zweite Kind. Schon beim ersten waren die Eltern sehr empört darüber. Der Vater des Kindes hatte nie, trotz Prozess, einen Pfennig bezahlt. Nun ist das Schicksal zum zweiten Mal da. Niemandem, weder der Dienstherrin, noch der Kinderpflegerin, die mit ihr angestellt ist, noch der Schwester gibt sie den Zustand zu. Nur die Freundin weiß. Das Mädchen schreibt dem Mann. Der Mann antwortet nicht. Die Freundin trifft ihn und fragt: »Was haben Sie mit meiner Freundin gemacht?« Er lächelt: »Es war sehr hübsch.«

Als der Richter fragt: »Warum sind Sie nicht energisch gegen den Mann vorgegangen«, konnte sie nicht antworten, kleinen Gehirns wie sie ist. Sie wird sich nach der Erfahrung mit dem ersten und nachdem er ihr auf den Brief nicht antwortete, gesagt haben, es ist ja doch umsonst.

Morgens um sechs beginnt eine überschnelle Geburt. Als das Kind schreit, hindert es die Mutter mit Gewalt und fällt in Ohnmacht. Während der Geburt machte sie einmal die Tür auf und sagte zu der Kinderpflegerin: »Ich bekomme ein Kind.« Sie machte dann die Tür wieder zu. Aber die Kinderpflegerin kümmerte sich nicht weiter, auch die Hausfrau sagt, sie sei so aufgeregt gewesen, habe an ihren Arzt telefoniert und dann gesorgt, dass ihre Kinder nichts merken. Bis der Arzt kommt, der entfernt wohnt, sind zweieinhalb Stunden vergangen. Das arme Dienstmädchen sitzt schon wieder da und will gehen. Kaffee machen für die Herrschaft. Ihr erstes Wort ist, die Eltern sollen nichts erfahren. Das tote Kindchen fasst keiner an, auch der Arzt nicht. Erst die Schwester des Mädchens erbarmt sich der toten Kreatur.

Aber mit dieser Erzählung war des Unmenschlichen noch nicht genug getan in dieser Verhandlung voller Unmenschlichkeiten. Medizinalrat Störmer schildert den bedauernswerten

Zustand des bleichsüchtigen Mädchens in seiner schweren Not, die Gehirnblutleere des armen Dinges vor allem: »Ein solches Gehirn ist kein normales.«

Das Gericht unter Vorsitz von Landgerichtsdirektor Friedmann nahm gleichwohl die Absicht des Mordes an und sprach ein Urteil von zwei Jahren Gefängnis aus. Da war weder von Begnadigung noch von Bewährungsfrist die Rede. Was Goethe der Menschheit ganzer Jammer genannt hatte, hieß im Urteil »Unannehmlichkeit«. Keine Frau außer der Angeklagten war an diesem Prozess beteiligt. Das Mädchen ist verlobt, es hat das Glück nach alledem, einen Mann gefunden zu haben, der sie heiraten will. Nun schickt man sie ins Gefängnis, zerstört ihr Leben für immer.

Vor kurzem wurde ein Angeklagter in einem Beleidigungsprozess freigesprochen, weil eine beschränkte Anwendung des §51 für den Komplex der mit der Beleidigung zusammenhängenden Fragen zuträfe. Wenn irgendwo eine beschränkte Anwendung des §51 statt hat, dann auf den Geisteszustand der Frau während der Geburt. Wenn irgendjemand begnadigt werden muss, dann dieses Mädchen.

Aber hinter diesem allen steht das Mittelalter. Die Frauenbewegung hat für die Frau die Freiheit zur Arbeit erreicht. Aber die Bewegungen des erwachenden Lebens sind für die uneheliche Mutter noch immer ein Stoß in ihr Herz, das die Schande fürchtet. Was auf der einen Seite gepriesene Mutterschaft, ist auf der anderen die soziale Deklassierung. Der Freund ist schon beinahe selbstverständlich; das Kind erst macht die Frau verächtlich. Im Jahre 1929.

(BT, 20. Oktober 1929)

Musikerbörse
Posaune, Zither und Saxophon in Moabit

Der Inhaber einer Kneipe, altberühmt als Treffpunkt von Musikern, war wegen Vergehen gegen das Arbeitsvermittlungsgesetz angeklagt. Es hieß, dass in seinem Lokal eine Art von Musikerbörse tage, und dass er für jede gelungene Arbeitsvermittlung 10 Pfennig erhalte.

So fand in Moabit um 12 Uhr vormittags ein Musikertreffen statt. Es erschien die Posaune, die schlankere Zither, es erschien ein Saxophon. Alle erzählten übereinstimmend, dass es Tradition ist als Musiker, in dem altberühmten Lokal zu verkehren, um sich, wie ein Zeuge ausdrückte, »wirtschaftlich und rechtsbeiständlich zu helfen«. Berufskollegen treffen sich dort. Leute, die Musiker brauchen, wissen das, rufen an, fragen nach, erhalten die Posaune, die Zither, das Saxophon. An der Theke sitzt der Wirt. Wenn das Telefon klingelt, meldet er sich, ruft den Musiker, der gewünscht wird, an den Apparat.

Der Vorsitzende fragt den Unternehmer: »Warum gehen Sie nicht zum Arbeitsamt?«

Zeuge: »Das ist doch eine individuelle Sache. Ich will mir eben die Musiker raussuchen, die ich kenne.«

Der Vorsitzende fragt den Musiker: »Warum gehen Sie nicht zum Arbeitsamt?«

Weil die Musiker zu zersplittert sind. Der Verein ehemaliger Militärmusiker, der Deutsche Musikerverband und andere vermitteln alle Arbeit. Der Wirt erhielt nichts.

Ein Einzelfall kommt zur Sprache. Eine Laubenkolonie will ein Fest geben und Musiker haben. Einer der Kolonisten trifft einen Bekannten auf der Straße, der ihm rät, im Lokal des Angeklagten anzurufen. Dort bekommt er seine Musik.

So ist das Leben. Es gibt Beziehungen auf dieser Welt. Menschen kennen sich. Menschen treffen sich in einem Lokal. Leute werden engagiert beim Glase Bier, bei der Tasse Kaffee. Einer will eine kleine Blasmusik. Der Krauskopf spielt Violine, wo erreiche ich ihn? Beim alten Hammelwirt. Manchmal, für einzelne Berufsgruppen ist die Stadt so klein. Junger Maler gesucht. Wo kennt man sie, wo trifft man sie? Im Romanischen Café. Kennen Sie einen jungen Bildhauer? Werd' mich mal im Romanischen Café erkundigen. So ist das Leben. Nebenbei entsteht auch ein indirekter Vorteil des Wirtes.

Aber ein Referent vom Arbeitsamt erklärt: »Das Arbeitsamt ist vom Gesetzgeber eingerichtet worden, zur Erfassung der gesamten Arbeitsvermittlung. Am 31. Dezember 1930 ist es mit der gewerbsmäßigen Stellenvermittlung zu Ende. Wir haben Angst, dass hier unter dem Mantel eines Lokals die gewerbsmäßige Stellenvermittlung fortgesetzt wird. Den Handelsschulen, die unentgeltlich Arbeitsvermittlung betreiben, indem sie ihren Schülerinnen nach dem Abgang Stellen verschaffen, muss das unterbunden werden.«

Der Richter verkündet den Freispruch. Nein, er könne sich nicht auf den Standpunkt des Referenten stellen. Wenn sich in einem altberühmten Lokal Musiker treffen, um sich hier ihrer privaten Sorgen zu entledigen und auf diese Weise Arbeit erhalten, so ist nichts dagegen zu sagen.

Es ist eins dagegen zu sagen, nämlich: Was wird, wenn die Posaune zum Beispiel beim Arbeitsamt Arbeitslosenunterstützung bezieht und beim alten Hammelwirt Arbeit? Aber dies Hauptargument hat der Referent nicht vorgebracht. Und so ist in diesem Prozess ein winziger Teil aus dem ungeheuren Problem Arbeitslosenunterstützung aufgerollt worden, oder vielmehr nicht aufgerollt worden.

(BT, 9. November 1929)

Die Heiratsschwindlerin
Eine Fünfundfünfzigjährige und ihre vier Verehrer

Auf zwei Wachtmeister gestützt, hinkte die 55-jährige Alte herein, für die vier Männer erkleckliche Sümmchen geopfert hatten. Sie ist Witwe, geschieden und hat 16 Jahre im Zuchthaus verbracht. Als sie 1927 das Zuchthaus verließ, suchte sie eine Stelle als Wirtschafterin in frauenlosem Haushalt, und nahm als Erste die beim 62-jährigen Rentner an, der ihr gleich am ersten Abend nähertreten wollte, was er aber jetzt nur als »Scherz« aufgefasst wissen will. Später trat sie noch drei Stellen an. Jedes Mal erzählte sie, dass sie eine Witib[31] mit einer 12 000-Mark-Hypothek sei, für deren Ablösung sie allerdings Geld brauche. Geld brauchte sie ferner für ein nicht existierendes lungenkrankes Enkelkind. Geld brauchte sie ferner, um ihre Möbel aus Frankfurt am Main kommen zu lassen. 300 Mark brauchte sie ferner, damit ihr Sohn sein Examen als Nachtwächter bei der Wach- und Schließgesellschaft machen könnte.

Alle vier Männer, die sie heiraten wollten, sind nun sitzengelassen und noch dazu um ihr Geld betrogen worden.

»Dieses lebensgefährliche Frauenzimmer müsste lebenslang

eingesperrt werden, Herr Richter«, verlangte der 69-jährige Rentner.

Der Rentner von 60 und Nebenkläger verlangte: »Sie muss bis zu ihrem Tode unter Polizeiaufsicht gestellt werden.« Und als der Richter sie zu einem Jahr Zuchthaus und 300 Mark Geldstrafe verurteilte, rief ein dritter: »Viel zu wenig, fünf Jahre wären richtig!« Alle diese alten Knaben hatten die hypotheken-schwere Witib umworben und zu ehelichen gedacht, um zu »ihrer Ordnung« zu kommen.

Meistens bezahlen die Männer viel Geld, um ein bisschen Unordnung in ihr Leben zu kriegen, aber man sieht, dass es auch immer noch solche gibt, die sich die »Ordnung« etwas kos-ten lassen.

(BT, 8. Dezember 1929)

Kindesmord aus Irrtum
Eine Postkarte und zwei Analphabeten

Die Landarbeiterin Anna Drucker ist wegen Kindesmordes an-geklagt. Sie ist 23 Jahre alt und hatte schon ein Kind, um das sie sich nicht allzu sehr kümmerte (was das einzige belastende Moment in diesem Prozess ist). Das zweite Kind hatte sie vom Landarbeiter Stremmel, einem Kollegen aus der Schnitterka-serne in Krazuweit, der ihr die Ehe zugesichert hatte. Vor der Entbindung schrieb sie an eine Bekannte zwecks Unterbrin-gung des Kindes und ging dann in die Charité. Die Charité ent-ließ sie nach sechs Tagen. Und so stand sie auf dem Stettiner Bahnhof, um mit ihrem Bündel nach Krazuweit in der Mark zu ihrem Stremmel zu fahren, als sie zu ihrem Unglück den Wittmann traf, einen Landarbeiter aus Krazuweit. Wittmann, ob böse oder dämlich, weiß man nicht, erzählte ihr, der Stremmel sei gar nicht mehr da, sondern auf einem andern Gut, und außerdem habe er eine Karte an die Trude geschrieben, an die Trude in der Schnitterkaserne zu Krazuweit, sie solle ihm nachkommen. Anna ließe er laufen.

Da packte Anna die Verzweiflung. Sie wusste nicht mehr ein noch aus, Eltern hatte sie nicht mehr, nur jüngere Brüder, die sie kaum kannte. Der Stremmel liebte eine andere! Da stieg sie in Reinickendorf aus und brachte ihr Kind um.

Nun vor Gericht klärt sich alles ganz anders auf, und es stellt sich heraus, dass die Anna ihr Kind getötet hat infolge einer Karte, die sie selber schrieb.

»Liebe Trude«, hatte sie geschrieben, »besuch mich doch mal mit Stremmel in der Charité.« Diese Karte war in der Schnitterkaserne vom Freund der Trude abgefangen worden. Der aber war Analphabet und bat einen Kollegen, ihm die Karte vorzulesen. Aber der Kollege konnte auch nicht recht lesen, und so las er: »Liebe Trude, komm mir nach, Anna lass ich. Stremmel.« Worauf der Freund seine Trude verprügelte, die von gar nichts wusste, was alles sich in der Schnitterkaserne herumsprach.

Und so kam es, dass Wittmann davon erfuhr und auf dem Stettiner Bahnhof der armen Anna mit ihrem Kind eine Nachricht brachte von einer Karte, die sie selber geschrieben hatte.

Dies alles geschehen Sommer 1929, ein und eine halbe Bahnstunde von Berlin auf dem Lande infolge mangelnder Kenntnis der Schreib- und Lesekunst.

Das Mädchen, ein ländlich dumpfer Mensch, stand im Gerichtssaal da und wusste nicht viel zu sagen. Sanitätsrat Leppmann erklärte, dass sechs Tage nach der Entbindung die Erregung von der Entbindung her noch andauere und dass diese schwach begabte Person keinen Ausweg und keine Hilfe gefunden habe, obwohl natürlich, objektiv gesehen, genügend Auswege und Hilfen zu finden gewesen wären.

Trotz des sehr entlastenden Gutachtens verurteilte Landgerichtsdirektor Friedmann vom Landgericht III das Mädchen zu zwei Jahren Gefängnis. Es ist dies in kurzer Zeit das zweite Mal, dass in besonders traurigen Fällen von Kindesmord von diesem Gericht unbegreiflich scharfe Urteile gefällt werden. Der andere Fall war der eines Mädchens, das bei einer Sturzgeburt, einer Geburt, bei der das Gehirn in besonderer Weise blutleer ist, sein Kind während der Geburt umgebracht hatte. Dieses Mädchen war ebenfalls zu zwei Jahren Gefängnis verurteilt worden. Auch damals war weder von Gnade noch von Bewährungsfrist die Rede.

Vor einigen Tagen hingegen hatte das Landgericht II ein Mädchen, das zwölf Tage nach der Geburt sein Kind umgebracht hatte, obwohl in diesem Fall nur der allgemeine Jammer bei der Geburt eines unehelichen Kindes als Milderungsgrund gelten konnte, zu acht Monaten Gefängnis verurteilt, worauf vier Monate Untersuchungshaft angerechnet wurden. Für die übrige Zeit wurde Bewährungsfrist gewährt. Zwei Wochen später und zufällig eine Etage höher wird ein Mensch, bei dem Milde viel eher am Platze ist, zu zwei Jahren Gefängnis verurteilt, ohne Strafaussetzung und ohne Haftentlassung.

(BT, 10. Dezember 1929)

Zweierlei Deutsch
Vom Leerlauf der Justiz

Im großen Schwurgerichtssaal wird ein zweiter Dolmetscher bestellt, weil der erste die russische Rede des Angeklagten allzu schlecht verdeutscht. Im kleinen Schwurgerichtssaal findet ein Meineidsprozess statt, der seinen Ausgang daher nimmt, dass es keine Dolmetscher gibt, die die Sprache des Volkes den gelehrten Richtern verdeutschen.

Nach einem Fußballspiel fand eine Schlägerei statt. Beide Parteien mit Zeugen wurden nach Moabit geladen. Auch ein Mann namens Weimann war Zeuge. Er sagte aus, er sei nicht mit den anderen von Oberschöneweide nach Moabit gefahren und habe nicht mit den anderen auf dem Korridor gesprochen. Der nächste Zeuge, dasselbe gefragt, bejaht beides.

»Was sagen Sie nun, Weimann? Sie haben einen Meineid geschworen«, sagte der Vorsitzende, protokollierte die Aussage und tat das völlig Ungewöhnliche, er verhaftete Weimann im Gerichtssaal. Die Staatsanwaltschaft lehnte die Eröffnung der Anklage ab. Die Strafkammer beschloss sie.

Der Zeuge steht nun als Angeklagter in Moabit. Dieser Angeklagte ist höchst beschränkten Geistes, versteht kaum etwas von dem, was der Vorsitzende fragt, spricht dergestalt: »Da wa Fremdwort, ha'ck nich vastan,« oder: »Ha'ck sacht, det wa zusajefahn sin.« Meistens aber sagt er gar nichts.

Der Landgerichtsdirektor, der ihn damals vernahm, steht jetzt als Zeuge vor Gericht, spricht ein besonders dialektfreies, besonders gewähltes, besonders gebildetes Deutsch. Eine Sprache, die gegenüber den unverständlichen Berliner Brocken des Angeklagten eine fremde Sprache ist.

Der Rechtsanwalt fragt ihn: »Wie ist die Protokollierung zustande gekommen? Hat der Angeklagte das, was da steht auch der Form nach gesagt?«

Landgerichtsdirektor als Zeuge: Jawohl.

Rechtsanw.: Ich kann mir das nicht denken. Im Protokoll stand z. B. »ein beleibter Herr« oder »eilte entgegen«. So drückt sich doch der Angeklagte nicht aus?

Zeuge: Er sprach viele Worte und dann habe ich das, was wesentlich war, daraus protokolliert.

Die anderen Zeugen, besonders der Vorsitzende des Fußballklubs, erklären in dürren Worten: »Als der Vorsitzende mir sagte, Weimann hat einen Meineid geschworen, war ich entsetzt, ich sagte sofort, dann war Weimann sich über die Frage nicht klar.« Und ein zweiter Zeuge, früher im Körperverletzungsprozess Gegner von Weimann, tritt vor und sagt: »Weimann hat das doch nicht so erfasst. Er war, als hätte ihn jemand vor den Kopf geschlagen, auf Deutsch gesagt.« Auf Deutsch gesagt, aber der damalige Vorsitzende verstand nur Juristisch.

Glücklicherweise sah Landgerichtsdirektor Weigert die Sache anders und sprach den Angeklagten frei. In dieser Verhandlung, ein Musterbeispiel für die Meineidsseuche, wurde der Landgerichtsdirektor gefragt: Wie kam es zur Vernehmung des Zeugen Böttcher?

Landgerichtsdirektor: »Ich sah, wie Böttcher im Zuhörerraum gestikulierte und ließ ihn herausrufen!«

Zehn Minuten später wird Böttcher, ein besonders klarer Kopf, als Zeuge vernommen und gefragt: »Wie kam es zu Ihrer Vernehmung?«

Böttcher: Die Angeklagten hatten mich dem Rechtsanwalt genannt. Als ich ein paar Minuten im Zuhörerraum saß, fragte der Rechtsanwalt: Ist vielleicht der Vorsitzende des Fußball-klubs da? Darauf meldete ich mich.

Diese Aussagen stehen sich diametral gegenüber. Nun wohl. Der Landgerichtsdirektor hat sich geirrt. Wenn aber alle abweichenden Aussagen in Moabit als Meineide aufgefasst würden, hätte man nicht Gefängnisse genug. Es ist erstaunlich, dass nach dem ganzen Kampf gegen die Eidesseuche ein Prozess wie dieser stattfinden konnte.

(BT, 10. Januar 1930)

Kleiner Telefonkrieg

Über nichts ärgerte sich der rechtliche Herr so wie über die Telefongespräche, die er nicht geführt hatte und die ihm trotzdem angerechnet wurden. Drei Jahre hatte er Krieg mit der Post geführt, reklamiert, petitioniert, antichambriert, ja sogar einen Bund der Telefonteilnehmer gegründet, die ihre nicht geführten Gespräche vergütet haben wollten. Nichts fruchtete.

Der Tag des rechtlichen Herrn war Kampf mit dem Fernsprechamt Mittelnordsüd. Kam man zu ihm und sagte: »Ich möchte mal bitte schnell telefonieren«, so sagte er: »Hier« und drückte einem nicht den Hörer, sondern Bleistift und Papier in die Hand, damit man ja erst mal das Gespräch anschrieb. Er kontrollierte: »Wie oft haben Sie eben gesprochen?« »Zweimal«, sagte man. »Falsche Verbindung dabei gewesen?« »Nein.« »Immer Anschluss bekommen?« »Ja.« Er registrierte, malte kabbalistische Zeichen, die die verschiedenen Formen der Telefonkommunikation darstellten, in seine Telefonregistratur. Juni bis September des Jahres 1928 war er verreist, die Wohnung war abgeschlossen, einsam den Motten, den Einbrechern und dem Staube überlassen. Nach einem Vierteljahr kehrte der rechtliche Herr zurück. Mit Spannung erwartete er die Telefonrechnung. Es waren 35 Gespräche. Da ging er zum Herrn des Amtes Mittelnordsüd, um sich zu beschweren. Der Beamte sagte: »Vielleicht hat Ihr Mädchen mit einem Nachschlüssel die Wohnung betreten.« Das war zu viel.

Der Herr ging zum Anwalt. Der Anwalt sagte: »Prozesse mit der Post wegen zu viel gezahlter Gespräche sind hoffnungslos.« Der Rechtliche verzichtete auf seinen Prozess. Es blieb nur noch ein Mittel. Er musste sein Telefon transportabel machen. Es musste einfach nicht mehr da sein können. Er musste beweisen können, dass in der telefonlosen Wohnung Gespräche gezählt wurden. Also ließ er sich Steckdosen legen. Handwerker machten sich breit, Wände wurden aufgestemmt, ein grässlicher Lärm und Dreck herrschte.

Im Sommer dieses Jahres war alles fertig. Am 2. Juli morgens, dem Tag seiner Abreise zur Sommerfrische, nahm er sein Telefon und begab sich zum Notar. Dem Notar wurde gemeldet, dass sich ein Herr mit einem Telefon im Arm im Vorzimmer befände. Der Notar, der einen von den leichteren Irren erwartete, war erstaunt, als ein elegant gekleideter Herr ihm entgegentrat, der ihn bat, einen Notariatsakt darüber aufzunehmen, dass am 2. Juli 1929 ihm ein Telefon zu treuen Händen in kündbaren Gewahrsam übergeben worden sei. Der Überbringer erhielt eine Quittung über die Hinterlegung. Außerdem überreichte er dem Notar einen Brief, in dem er versicherte, dass er vom 1. Juli bis Mittag des 2. Juli 14 Gespräche geführt habe. Das Telefon wurde versiegelt. Die Wohnung blieb einsam den Motten, den Einbrechern und dem Staube überlassen. Anfang August kam der rechtliche Herr zurück.

Mit Herzklopfen, als warte er auf den Brief einer Geliebten, nahm er aus dem Postkästchen die Post. Da lag der chamois-farbene Umschlag, die Telefonrechnung. Der rechtliche Herr ergriff sie. 30 Gespräche waren für den Juli verzeichnet!! Alles hatte der Arme auf sich genommen, war in den Stunden der Abreise ohne Telefon gewesen, war in die verschmutzte Wohnung ohne Mädchen zurückgekehrt, damit es nicht heiße, das Dienstmädchen habe sich ein Telefon ausgeborgt – und nun lag die Rechnung da: Sechzehn Telefongespräche zu viel. Er ging, mit Reisestaub bedeckt wie er war, zum Amt Mittelnord-süd, wies Quittung des Notars über das versiegelte, in seinem Gewahrsam befindliche Telefon vor, die Versicherung an Eides statt über vierzehn Gespräche und die Telefonrechnung. »Bitte«, sagte er, »wieder sechzehn Gespräche zu viel.« Mehr vermochte er nicht zu sagen. Der Beamte verneigte sich und sagte: »Die Zählung hat aber schon am 30. Juni mittags 12 Uhr begonnen.«

Der rechtliche Herr nahm seine Papiere an sich, ging zum Notar, holte sein Telefon ab. Aber es war nur ein Waffenstill-stand. Er wird das Jahr dazu benutzen, um genau zu erfahren, zu welcher Stunde und an welchem Tag die Post die Zählung der Gespräche beginnt. Er wird seine Reise so legen, dass er das Telefon an genau dem Zeitpunkt hinterlegt, an dem die Registrierung beginnt, er wird den Kampf ums Recht weiterführen.

(BT, 18. Januar 1930)

Zigeunerweisen
Wahrsagen und Beschwören ist noch immer ein gutes Geschäft

Angeklagt ist eine Zigeunerin, die weder schreiben noch lesen kann, nichts weiß als dies, dass sie in einem Jahr 50 Jahre alt ist, altes Weib, Hexe aus dem Märchen, Skelett das Gesicht, nur tief in den Höhlen schwarze Augen.

Diese Frau ist mit Seife oder mit Schnürsenkeln, oder mit Hemdenknöpfen an die Haustüren gekommen. »Guten Tag, Väterchen«, hat sie gesagt, »kauft mir doch was ab, ich bin ein schwaches Weib.« Die Leute kauften. »Ach Sie haben so viel Sorgen«, sagte die Zigeunerin, »und krank sind Sie sicher auch.« »Ach ja«, sagten die Leute. »Meine Frau hat's an den Händen«, sagte einer. »Zwei Tassen Öl müssen Sie aufreiben, aber Ihr Geld muss ich wegen der Sympathie sehen.« »Und ich«, sagt der Zeuge, »ich gab ihr das Geld.« »Hast du nicht mehr Geld, belüge mich nicht, sonst hilft es nichts, das Geld zu bekreuzigen«, sagte sie, da gab ich ihr noch mehr Geld. Dann wollte sie Faden, Nähnadel, Taschentuch, nähte das Geld in das Tuch, nahm Salz, wickelte es in Zeitungspapier und nähte auch das ins Taschentuch, dann tat sie alles in eine Blechschachtel, tat die Schachtel in einen Schrank, schloss den Schrank ab, beschwor den Schrank und das Taschentuch. Nahm den Schlüssel, ging an das Bett, trennte das Unterbett auf, warf den Schlüssel in die Federn. »Und nun Vaterchen«, sagte sie, »nimm die Hand voll Salz, komm mit auf die Straße, streue das Salz.« Und ich nahm die Hand voll Salz, ging auf die Straße, streute das Salz. »Nun geh nach Hause, es wird dir alles gelingen.« Als ich nach Hause kam, war ich plötzlich wieder ganz klar. Aber das Geld war weg. Die Hexe aber ging zum Nächsten. »Was Sie für Sorgen haben,« sagte sie an der nächsten Tür, »und krank sind Sie auch.«

Und siehe, es stimmte. Die Menschen dieser Stadt fühlten sich verstanden, geneigt und hypnotisiert. Und sie gaben 40 Dollar ins Taschentuch, eine Frau gab die Miete von 25 Mark, ein alter Rentner 800 Mark. Aber nicht nur weltabgewandte Menschen beschwor sie. Ein Berliner junger Kaufmann, ein Ladenbesitzer inmitten der Stadt, stellte seine Kasse auf den Tisch, um sein Geld bekreuzigen zu lassen, zog auch noch die Brieftasche, damit auch dort das Geld beschworen würde. Aber das Geld jungte keineswegs, hingegen war die Kasse leer.

In Hermann Bahrs »Konzert«, sagt ein Tenor zu jeder Frau, die er kennenlernt: »Sie sind ein seltsames Geschöpf«, und jede öffnet sogleich ihr Herz, um es hinzugeben. In diesem Winter 1929 klopft eine Zigeunerin an die Türen einer aufgeklärten Weltstadtbevölkerung und sagt: »Sie haben viel Sorgen«, und jeder öffnet sogleich sein Portemonnaie, um es hinzugeben. »Sesam öffne dich« oder das Zauberwort, vor dem die Geldschränke und die Herzen springen.

Diesmal erhielt die Zauberin ein Jahr Gefängnis.

Im Zuhörerraum saßen die Zigeuner und lachten.

(BT, 7. Februar 1930)

Der politische Sprachschatz

Ein Nationalsozialist, ehemaliger S. P. D. Mann, war wegen Beleidigung des Polizeipräsidenten Zörgiebel angeklagt.

Im Verlauf einer Versammlungsrede hatte er Zörgiebel einen »Zuhälter des internationalen Kapitals« genannt. »Warum Zuhälter?«, fragte der Richter. – »Das ist ein reines Wort des politischen Sprachschatzes«, sagte der Angeklagte und verbeugte sich aufs liebenswürdigste. Er hatte unter anderem auch gesagt »Deutschland ist eine Kolonie des internationalen Kapitals«. »Was meinen Sie mit Kolonie?«, fragte der Richter. Der Angeklagte lächelte höflich: »Kolonie gehört zu unserem politischen Wortschatz.«

Eine angenehme Politik, zu deren Schätzen, wenn auch nur der Sprache, die Bezeichnung »Zuhälter« gehört. Fast möchte man dann noch die Tiernamen vorziehen. Der Wortschatz wurde mit sechs Wochen Gefängnis bestraft.

(BT, 1. Mai 1930)

Die Dame

Stoff gefällig für einen Roman? Heldin ist eine Dame, Tochter eines Kriminalkommissars aus der Lausitz, Gattin eines siebenfachen Millionärs und Grubenbesitzers, der anfing mit den ersten paar 1000 Mark Mitgift, nach 20-jähriger Ehe geschieden, jetzt eine alte Frau. Die Kunst eines ganzen Lebens, aber auch einer Epoche liegt in ihrem Auftreten vor Gericht. Im schwarzen Mantel mit dem vergilbten Hermelinkragen, in den gezierten Handbewegungen und im überfeinen Deutsch. Sie verließ mit der Empörung der ahnungslosen, behüteten Dame das Haus ihres Mannes, als sie von seinen Pelzeinkäufen für eine Schauspielerin – pfui über eine Schauspielerin – erfuhr, obwohl sie selber einen Liebhaber hatte, aber das gab sie nicht einmal vor sich selber zu.

So ist ihr ganzes Leben.

Sie prozessiert mit ihrem Mann um Herausgabe des Eingebrachten. Die Prozesse gehen bis zum Reichsgericht, werden zurückverwiesen, fangen von vorne an. Inzwischen bricht der Krieg aus, fällt ein Sohn, heiratet eine Tochter, lebt sie weiter mit den großen Kleidern, den großen Allüren, dem Auto des Sohnes.

1917 passiert Folgendes: Ein Freiherr will ein Gut im Werte von 400000 Mark verkaufen. Sie kauft es. 220000 Mark werden mit Hypotheken gedeckt. 180000 Mark Restkaufgeld bleibt sie einfach schuldig. Der Verkäufer sichert sich mit nichts. Ja, er zahlt noch 9000 Mark für Stempel, Gebühren usw. an ihren Anwalt. Nie zahlt sie einen Pfennig für das Gut, das ihr gehört. Im Gegenteil, sie nimmt hohe Hypotheken auf, verbraucht das erhaltene Geld für sich, verkauft die Wälder und bringt das Gut zur Zwangsversteigerung.

Der Freiherr zeigte sie an. Sie sei eine Betrügerin, habe ihn um sein Gut gebracht, sei großartig aufgetreten, habe einen Sealmantel und Brillanten, sie habe von ihrem reichen Mann erzählt, von dem günstig stehenden Prozess. Hat schon jemand gehört, dass man 180000 Mark ungesichert lässt, weil eine Dame gut auftritt und Brillanten trägt?

Die Grundstücksvermittlerin sagt, sie habe sich auch gewundert, die Dame habe nämlich keinerlei Hehl aus ihrer Geldlosigkeit gemacht, im Gegenteil. Trotzdem habe ihr der Freiherr das Gut gleichsam aufgedrängt

Sie meint, er müsse geheime Gründe gehabt haben, vielleicht waren Hypothekenzinsen rückständig, und er wollte nicht, dass das Gut unter seinem altadeligen Namen zur Subhastation käme, oder er habe sich vielleicht wirklich von Seal und Brillanten betören lassen.

1917 war Anklage erhoben worden, dreizehn Jahre hatte sie geruht, weil die hysterische Frau stets ihre Verhandlungsunfähigkeit nachweisen konnte. Wegen des Gutes und unbezahlter Käufe wegen in Luxusgeschäften unter falschem Namen saß sie nun auf der Anklagebank. Es war kein Kläger mehr in dieser Verhandlung nach dreizehn Jahren. Das eine Geschäft, in dem sie für zweitausend Mark Kleider gekauft hatte, war inzwischen eingegangen. Der Freiherr war nicht erschienen. Sie hätte ihn ja auch ein paar Jahre später mit drei Briefmarken bezahlen können, dann wäre es kein Betrug. Nur das Geschäft existiert noch, in dem sie einen Mantel, einen blauen, einen rosa Chiffonhut und zwei Schleier für zwölfhundert Mark gekauft hatte. Aber der unbezahlte rosa Chiffonhut war rührend, da nun eine runzelige Alte seinetwegen auf der Anklagebank saß.

Sie bekam einen Monat Gefängnis mit Bewährungsfrist.

(BT, 6. Juli 1930)

Moabiter Bilderbogen

Der Romantiker

Zeit seines Lebens hatte er einen Hang zum Auto. Er ist ein Abenteurer der Pneumatik, wie andere Abenteurer des Schienenstrangs sind. Blindfahrer legten sich aufs Untergestell der Eisenbahn, er fährt blind mit Autos. Steht eins irgendwo leer, muss er draufsteigen und eine Weile spazieren fahren. Er lässt es dann wieder an einer Ecke stehen. Wegen dieser Sache ist er schon zwölfmal vorbestraft. Er verspricht hoch und heilig, dass er nie mehr ein fremdes Auto benutzen wird. Aber der Sachverständige ist skeptisch. Der junge Mensch entbehrt der Hemmungen. Er ist dem Auto verfallen, wie andere einer Frau. Und so wurde sein Diebstahl milde angesehen und mit zwei Monaten Gefängnis bestraft.

Nächtliche Zwiesprache

Der Herr, der in die Anklagebank tritt und überaus kess aussieht, dieser Herr nennt sich Akquisiteur. Der Richter nennt ihn Schlepper, man könnte ihn auch Anreißer nennen. Er treibt einem Nachtlokal Gäste zu. Das ist ein ordentlicher Beruf wie irgendein anderer. Er ist seit drei Tagen angestellt und zahlt 9,75 Mark Steuer die Woche. Seine Pflicht erfüllend, sprach er nächtlicher Weile Herrn Grambach aus Nekeldorf an und offerierte ihm Mädchen, Sekt und Tanzmusik. Der 61-jährige Herr, der sich belästigt fühlte, nannte ihn »Penner, Strolch«, worauf der Bürger in Wut geriet, denn kein Mensch, sagt er, der 9,75 Mark Steuer die Woche zahlt, hat es nötig, sich Penner und Strolch nennen zu lassen. Aufklärung heischend, folgte er ihm weiter. Der Herr wehrte ihn mit den Händen ab, dergestalt, dass der Akquisiteur taumelte, noch mehr in Wut geriet, den Herrn aus der Provinz seinerseits schlug, wodurch der zu Boden fiel, vier Zähne verlor und zur Rettungswache gebracht werden musste, was der Akquisiteur jetzt mit 75 Mark büßen soll. Der Akquisiteur nahm diese Strafe nicht an, er wollte freigesprochen werden, er fand die Ausdrücke Penner und Strolch mit vier Zähnen nicht übertrieben gebüßt.

Die Absteige G. m. b. H.

Auf dem Korridor beginnt ein hübsches Mädchengewimmel. Wieder betritt ein Bürger die Anklagebank. Er hat sich vertrauensvoll an seinen Vater, den Staat, mit folgender Eingabe gewandt: »Ich will ein Absteigequartier eröffnen und bitte, mir die Konzession zu erteilen und mitzuteilen, wie hoch die Steuer ist.« Der Vater Staat aber enttäuschte bitter sein Vertrauen.

Er ergriff ihn und setzte ihn auf die Anklagebank wegen Kuppelei.

Da saß er und war empört. Er sei nur der Geschäftsführer einer G. m. b. H., bestehend aus fünf Mädchen, die beschlossen hatten, ihren Betrieb in eigene Regie zu nehmen, statt sich wie bisher von allerhand Wirten und Wirtinnen ausbeuten zu lassen. Sie engagierten einen Geschäftsführer, mieteten zwei Keller, schafften Wäsche an, die sie Mizi, Lili, Lia, Mia, Putti zeichneten, und wollten einen geordneten Geschäftsbetrieb eröffnen. Als der Magistrat das nicht zugab, kündigte der Geschäftsführer und wurde Krankenwärter.

Der Staatsanwaltschaftsrat Latte sah milde auf den Wärter der Kranken und Gefallenen. Er meinte, dass die Mädchen nur den modernen Ideen der Vertrustung gefolgt seien, wenn sie alles vom Erzeuger bis zum Verbraucher im eigenen Hause herzustellen gedachten. Er beantragte eine geringe und der Landgerichtsrat Marcard verurteilte ihn zu einer noch geringeren Strafe.

(BT, 9. Juli 1930)

Moabiter Addition
50 Mark + ein Ring + ein getäuschtes Herz = fünf Monate Gefängnis

Vor Gericht sind die Heiratsschwindler unsympathischer als die Mörder. Die Empörung über die Zeugin, die den angeklagten Liebhaber zur Verzweiflung trieb, über den Stiefvater, der seine Familie misshandelte und dafür von seinem Stiefsohn ermordet wurde, treibt die Sympathien dem Angeklagten zu, während das enttäuschte Herz einer alternden Frau jedermann rührt, das Spiel mit den heiligen Gefühlen der Liebe jedermann empört, was sich ausdrückt in hundertprozentiger Erhöhung derjenigen Strafe, die für einen rechtschaffenen Betrug unter ehrlichen Männern üblich ist. Die Enttäuschung im stillen Kämmerlein allein wird nicht vor Gericht gezogen, wenn die hingebende Seele nicht verknüpft ist mit hingegebenen Ersparnissen, mit warmem Verlobungsessen und sonstigen Ausgaben. Das verwundete Herz und die betrogene Hoffnung fallen unter keinen

Paragraphen. Aber sobald ein goldener Ring geborgt und nicht wiedergebracht wird, so ist der Betrug fertig. Wäre folgende Geschichte einer gesunden Frau zugestoßen – sie wäre ihr wahrscheinlich nicht passiert –, und wenn, dann hätte sie gelacht.

Aber die Frau, der sie begegnete, war zwar schön und stattlich, aber leidend, zweimal geschieden und geprüft mit einem kranken Kinde. Sie lernte im Krankenhaus einen kümmerlichen, arbeitslosen Menschen aus einer ganz anderen Schicht kennen, der verheiratet und vorbestraft war. Das verschwieg er ihr. Hingegen erzählte er, dass er 25 Jahre Buchhalter in derselben Firma sei. Und dann gestand er dieser Frau: er habe an sie sein Herz verloren und möchte sie gerne heiraten. Sie überlegte. Besprach das Angebot mit Bekannten und tat das, was in älteren Jahren eben getan wird, sie nahm den Heiratsantrag an. Sie gab ihm einen Ring, nach dessen Maß der Juwelier die Verlobungsringe anfertigen sollte. Er ward nicht mehr gesehen. Die Frau litt, war enttäuscht und überwand den Verlust. Aber der Kümmerliche hatte außerdem noch eine Krankenschwester um 20 Mark angeborgt. Sie hatte kein gewechseltes Geld und gab ihm deshalb 50 Mark, die sie nicht zurückbekam. So wuchs aus 20 Mark und dem nicht zurückgegebenen Ring ein Betrugsprozess.

Der Arbeitslose sagte, er habe sich nur einen Scherz mit der Frau gemacht, eine Angabe, die beim Volk, im Zuhörerraum, unbegrenzte Verachtung erweckte. Dieser Mann wurde wegen Betruges zu 5 Monaten Gefängnis verurteilt, ein Urteil, das hart für einen Ring und 20 Mark erscheint, aber offenbar der Volksstimme entsprach, denn unter den Zuhörern erweckte es große Befriedigung.

»Sone gehören überhaupt ins Zuchthaus«, sagte einer, der groß und dicker war, als man nach diesem hassensvollen Ausspruch annehmen sollte.

(BT, 12. Juli 1930)

Nach dem Urteil

Eine der scheußlichsten Taten, die je in Moabit zur Verhandlung standen, war die Jagd der Nationalsozialisten auf Heimbürger. Dieser sehr jüdisch aussehende Zeitungshändler wurde erst erstochen und, totwund, noch einmal erschlagen. Der Stecher hat sich seiner Tat gerühmt. Es waren achtzig gegen drei. Die zwei friedlichen Arbeiter waren parteilos. Auf das Kommando »Los, auf sie« wurden sie zu Boden geschlagen. Die Sache war organisiert.

Trotzdem bekam der Haupttäter nur fünf Jahre Gefängnis, und wir kennen nicht wenige Fälle, in denen wir so außerordentliche Milde des Gerichts bisher gesehen hätten und sehen würden als gegenüber so außerordentlicher Roheit.

Und Timpe, der gerufen hatte: »Haltet ihn!«, als der Verletzte fliehen wollte, der einen zweiten, der helfen will, unter ein Auto jagt, der einen Straßenbahner, weil er menschlich fühlt, eins mit der Faust (oder war's doch ein Schlagring?) versetzt, zwei Jahre Gefängnis?

Und warum lässt man Frau Unger ziehen, die das Mordmesser aufbewahrt und dem Zugriff der Polizei entzogen hat? Als der Vorsitzende sie auf ihr Aussageverweigerungsrecht aufmerksam machte, konnte sie ein ironisches Lächeln nicht unterdrücken.

Sie sagte nicht aus, sondern bat lächelnd um Zeugengebühren. Warum ist sie nicht hinreichend verdächtig der Begünstigung?

So zart kann man das Faustrecht, das sich in Deutschland ausbreitet, nicht bekämpfen.

(BT, 17. Juli 1930)

»Helden« der Straße
Erwachende oder verwahrloste Jugend?

Der Staatsanwalt beantragte im Mordprozess Heimbürger gegen Westenberger wegen vollendeten Totschlags sowie schweren Landfriedensbruches in Tateinheit mit Raufhandel unter Versagung mildernder Umstände 10 Jahre Zuchthaus und 10 Jahre Ehrverlust, gegen die übrigen Angeklagten wegen schweren Landfriedensbruches in Tateinheit mit Raufhandel Gefängnisstrafen, und zwar gegen Timpe und Burchardt je 2 Jahre, 6 Monate Gefängnis, gegen Ilgner 2 Jahre Gefängnis, gegen Niese und Diedrich je 1 Jahr und 6 Monate Gefängnis und gegen Winkler 9 Monate Gefängnis.

*

Der Händler mit kommunistischen Zeitungen, Heimbürger, wurde von Nationalsozialisten erst mit Messerstichen bearbeitet. Als er sich schwerverwundet in ein Lokal retten wollte, wurde er verfolgt, herausgezerrt und draußen gänzlich totgeschlagen. Am selben Abend wurde der Ladenbesitzer Erwin Spandau in ein Auto gejagt und ein Straßenbahner schwer auf den Kopf geschlagen.

Es sind sieben Angeklagte. Alles Milchgesichter. Angeklagt wegen Landfriedensbruch und Totschlages. Alles Verführte bis auf einen. Timpe, geboren 1896, Kriegsfreiwilliger, dann Schupo bis 1923, dann Masseur und Schwimmlehrer. Typ des Fuhrmanns aus den Fememordprozessen.

Er weiß von nichts, er hat niemanden gesehen. Aber langsam erfährt man, was er im Verlaufe von drei Stunden alles vollführte. Er hat auf einen Mann eingeschlagen, der kommunistische Zeitungen verkaufte. Als dieser Verprügelte sich in ein Lokal zu retten versuchte, rief er einem Jungen zu: »Haltet ihn!«, er hat dann den Mann weiter mitverfolgt, der mit dem Messer erstochen wurde. Als der Straßenbahner rief: »Zehn Mann auf einen, das ist feige!«, stürzte Timpe auf die Bahn und schlug den Straßenbahner mit einem Schlagring. Er hat dann drittens einen Geschäftsmann, der vor seinem Laden stand, angegriffen und derart verfolgt, dass der Mann in ein Auto hineingejagt wurde. Er wurde vom Vorderrad niedergerissen und vom Hinterrad überfahren. Das ist Timpe, ein düsterer Landsknecht, übrig geblieben vom Krieg, der nun die Indianerspiele der Knaben anführt.

Sollte man das Aussehen der jungen Angeklagten beschreiben, so kann man nur sagen, dass sie gar keins haben. Sie haben alle nur Angst, die heißt: Kommunisten. Sie erwarten Überfälle. Sie verteidigen sich. Sie rüsten. Sie geben Alarm. Sie rufen: »Dicke Luft«. Und zuletzt sind sie hundert gegen einen und schlagen die Menschen tot. Wie lange soll diese verwahrloste Jugend, angeführt von irgendwelchen Desperados, die Straßen unsicher machen?

(BT, 17. Juli 1930)

Die alte Waschfrau
Privatissimum über Berliner Waschküchen

Eine Waschfrau im weißen Haar ist angeklagt, den Dachstuhl eines hochherrschaftlichen Hauses im Bayerischen Viertel fahrlässigerweise in Brand gesteckt zu haben. Am Ende des Waschtages leerte die Alte die Ofenasche in einen Ascheneimer, der, halb voll von der letzten Wäsche, die zwei Monate vorher stattgefunden hatte, auf dem Trockenboden stand. Dabei sind, so heißt es, glühende Aschenteile auf den Boden gefallen und haben ihn entzündet. Der Schaden beträgt

12 000 Mark.

Das ist bedauerlich, aber was tut der gefährliche Eimer auf dem Boden? Eigentlich wundert es einen, dass nicht viel mehr Berliner Dachstühle schon mal gebrannt haben. Die Berliner Häuser sind zwar nicht schön, aber feuersicher. Hier wird nicht für die Ewigkeit, sondern für die Feuersicherheit gebaut. Aber dabei entgeht der Baupolizei manches, was in der Waschküche wirklich geändert werden müsste. Es gibt immer noch Waschküchen, die genauso sind, wie vor undenklichen Zeiten. Da ist kein elektrisches Licht. Nur der Herd und die Holzschäffer.

Als ich fertig eingerichtet war, hübsch und modern und elektrisch, kam die Waschfrau und sagte: »Und wo ist die Petroleumlampe?«

»Wozu denn?«, fragte ich, »für Revolution?«

»Nee, für die Waschküche.«

Wenn sie nur alle noch Petroleumlampen nehmen würden, aber da zieht über die ebenfalls nur notdürftig und nicht elektrisch beleuchtete Hintertreppe das Volk der Waschfrauen und Dienstmädchen gleich weg mit Kerzen auf die Böden. So ist das Leben und die Waschküche. Aber es brennt selten genug.

Diesmal war keine Kerze, sondern Asche daran schuld. Die Waschfrau war eine demütige Seele aus dem großen Tiefland, das sich bis Russland hinzieht. Sie widerstand nicht den Gesetzen, und dank ihrer Unterwürfigkeit war die Verhandlung nur kurz. Sie gab ihr Einkommen mit 7 Mark in der Woche an und ihre Mietskosten mit 25 Mark im Monat, was einem sonstigen Gebrauch von 3 Mark entspricht. Da kann man nur wieder die Frage Sternheims[32] in Bezug auf die Seeschlange stellen: »Nun möchte ich bloß wissen, wovon ernährt sich so'n Tier?« Als der Staatsanwalt 200 Mark Geldstrafe beantragte, sagte sie nur: »Ja, ich nehme es auf mich.«

Vergeblich machte sie der Richter auf das heilige Menschenrecht der Verteidigung aufmerksam. »Ist es Ihnen nicht zu viel?« fragte er sie.

»Nein, ich werde es bezahlen, da es durch mich ja wohl passiert ist.« Sie widerstrebte nicht dem Übel. Sie empfing den Streich und bot noch den andern Backen dar. Der Richter schüttelte den Kopf und war entwaffnet, denn da er diese Frau sah, sanftmütig und reinen Herzens, die Hände gefaltet über dem Bauch und den Kopf gesenkt, da fiel ihm ein, dass geschrieben steht: »Richtet nicht, auf dass ihr nicht gerichtet werdet.« Er ging kopfschüttelnd über so viel Friedfertigkeit mit den Schöffen ins Beratungszimmer und brachte in den Falten seines Talars 200 Mark Geldstrafe heraus.

Sie dachte wohl an die Vögel unter dem Himmel und sorgte sich nicht für den anderen Morgen, als sie eine Geldstrafe annahm, die ihr Einkommen von mehr als der Hälfte des Jahres auffraß.

(BT, 11. September 1930)

Wut

Viereinhalb Stunden im Vorzimmer sitzen kostet 75 Mark

Der unverheiratete, bei seinen Eltern wohnende Arbeitslose Otto Weiland hatte vom 14. März bis 7. April 54 Mark Unterstützung erhalten. Am 10. April wollte er wieder Unterstützung haben. Er wartete von 9 bis halb 2 Uhr auf dem Wohlfahrtsamt. Infolge viereinhalb Stunden schweren Vorzimmersitzens rammdösig geworden, ergriff er, als man ihm die Unterstützung abschlug, in Wut einen Kartothekkasten und warf ihn dergestalt hinter sich, dass er eine junge Frau am Schienbein traf. Einen zweiten Kartothekkasten pfefferte er zur Seite.

Diese Würfe mit Kartothekkästen stellen den Tatbestand der Sachbeschädigung, der Nötigung und schweren Körperverletzung dar. Der Angeklagte sagte: »Ich hab' nur aus Wut geschmissen, das kann nicht Körperverletzung sein. Wenn sie nicht hinter mir gestanden hätte, hätt'se nischt ans Schienbein gekriegt.« Dieser logischen Deduktion konnte sich der Staatsanwalt nicht verschließen. Er folgerte messerscharf, dass, da der Angeklagte keine Absicht der Verletzung hatte, das Treffen des Schienbeins nur fahrlässige Körperverletzung ist. Fahrlässige Körperverletzung ist ein Antragsdelikt. Ein Antrag liegt nicht vor, also falle die Anklage wegen der Verletzung des Schienbeins fort. Die Anklage der Nötigung müsste ebenfalls fallen gelassen werden, da der Sinn des Werfens mit Kartothekkästen keineswegs der der Erlangung von Geld war. Es handle sich offenbar um einen Fall destillierter Wut. So bliebe nur die

Sachbeschädigung übrig, und zwar von öffentlichem Gut. Diese Sachbeschädigung sei mit zwei Monaten Gefängnis zu büßen.

Der Angeklagte Otto Weiland zog sein Plädoyer in eigener Sache auf den Satz zusammen: »Das kann doch keine zwei Monate ausmachen.«

Der Richter schloss sich dieser Meinung an. Die Kartothek-kästen seien keine Gegenstände, die als zum öffentlichen Nutzen bestimmt anzusehen seien, sondern einfache Sachen. Die Strafe wurde auf 75 Mark bemessen, was Weiland zu hoch fand, nachdem er schon mit viereinhalb Stunden schweren Vorzimmersitzens unschuldigerweise bestraft worden war.

(BT, 12. September 1930)

Kommunisten vor Gericht

Res gestae, die Epoche selber, steht täglich vor Gericht. Vielleicht einmal später der Abschnitt der Historie: »Zustände nach der Beendigung der französischen Okkupation. Kämpfe um die Vorherrschaft in Deutschland.«

Heinz Neumann, ein Führer der Kommunistischen Partei, und zwei Statisten, angeklagt wegen einer Rede in einer Wahlversammlung der Nationalsozialisten von Köpenick, die stark von Kommunisten beschickt war, und wegen nachfolgender Schlägerei, was als Landfriedensbruch betrachtet wird. Die Anklage war nicht zu beweisen, ein Freispruch das Resultat. Solche Anklagen in jetziger Zeit sind nichts als Propagandamaterial, wunderbare Gelegenheit zu Reden zum Fenster hinaus, sollten von einer besser zu unterrichtenden Staatsanwaltschaft nicht erhoben werden.

Der Kommunistenführer, 28 Jahre alt, Mitglied des Reichstages, ist ein junger Herr aus dem westlichen Berlin, klein, schmal, elegant, was offenbar zur Folge hat, dass er sich immerzu einen klassenbewussten Arbeiter nennt. Aber er ist nur ein kleiner Propagandareisender des großen Glückszuchthauses im Osten. Es ist ihm sehr peinlich, unbestraft zu sein. Er erwidert auf die diesbezügliche Bemerkung des Staatsanwalts: »Es ist nicht Schuld dieses Regimes, dass ich unbestraft bin. Mehrere Verfahren schwebten gegen mich, aber es ist der klassenbewussten Arbeiterschaft gelungen, eine Amnestie zu erzwingen.«

Die russische Vergottung der Technik hat diesen Typ geformt. Dieser Maschinenmensch sieht niemanden an, nicht den Verteidiger, nicht die Mitangeklagten, nicht die Zuhörer. Seine Augen sind blicklos und etwas irre. Er blickt wie die Linse eines fotografischen Objektivs.

Der Hauptzeuge ist der Leiter der nationalsozialistischen Ortsgruppe Köpenick, biederer Bürger, Postschaffner, und so sieht er auch aus, keineswegs ein Desperado. Warum lief der Postschaffner zu den Radikalen?

Er erklärt als damaliger Vorsitzender der Versammlung, der hier erschienene Heinz Neumann sei nicht der Heinz Neumann, der in Köpenick sprach. Zwei weitere Zeugen bestätigen das. Der Angeklagte kann nur sagen, dass er er selber ist. Da kein erfindlicher Grund für eine Angeklagten-Unterschiebung besteht, glaubte das Gericht an die Identität, und nur noch weniger an den Wert des menschlichen Gedächtnisses.

Vom Gericht wurde der einzige, im Übrigen sehr gescheite kommunistische Zeuge vor der Aussage vereidigt. Die Vereidigung der nationalsozialistischen Zeugen geschah erst auf Gerichtsbeschluss und am Ende der Beweisaufnahme. Das hinderte nicht, dass Neumann, keine zwei Minuten später in den Zuschauerraum rufend, die Tatsache umdrehte: »So ist das Gericht, die Nationalsozialisten werden vereidigt, den Kommunisten natürlich lässt man unbeeidigt.«

Niemand merkte beim Abfließen der genormten Parteiparolen aus geölten Zahnrädern, zwischen »Sowjetdeutschland, Ausbeutung, heilige Klassenpflicht des Proletariats, unsere militärische Erfahrung (womit er offenbar seine russische und chinesische meinte), der blutige Dolchstoß der Faschisten von hinten«, die Umkehrung eines so einfachen Tatbestandes, wie es Vereidigung und Nichtvereidigung sind, ins Gegenteil der Wahrheit.

In Moabit reden viele Leute ähnlich, meistens wird dann auf Grund des § 81 Strafprozessordnung[33] eine ärztliche Untersuchung beantragt.

(BT, 19. September 1930)

Die natürliche Mutter
Zwei Frauen unter Anklage der Kindes-Entführung

Auf der einen Seite das Bürgerhaus in Thüringen. Eine große, kraftvolle Landfrau, Mutter von acht Kindern, 60-jährig, im weiten, schwarzen Faltenrock, wie aus einem Gemälde von Holbein herausgeschnitten. Ihre Tochter, 29-jährig, das sehr blonde Haar glatt zurückgestrichen und zum großen Knoten gesteckt. Beide sind wegen Kindes-Entführung angeklagt.

Auf der andern Seite deren Schwester, Schauspielerin, in Berlin lebend, das Haar lang und offen wie die Garbo. Welt der Boheme, Welt des Elends. Sie hatte ein uneheliches Kind. Die

Großmutter nimmt es auf und pflegt es aufs liebevollste, erzieht es zusammen mit der zu Hause gebliebenen Tochter, die all ihre unverbrauchte Wärme auf dieses Kind ausschüttet.

Eines Tages heiratet die Schauspielerin einen arbeitslosen Schauspieler. Man ist nicht in der Lage, zu feiern. Man heiratet, wie man in der Boheme eben heiratet. Aber die alten Eltern freuen sich, sie kommen, bringen das Enkelkind mit und Brüder und Schwester der Braut. Sie wollen ein Familienfest. Aber sie sitzen vergeblich wartend im Hotel. Und schließlich nehmen sie das Kleine wieder mit nach Thüringen, bis die Schauspielerin ihr Kind abholt und es in Berlin in ein Schwesternstift gibt. Großmutter und Tante, voll Sehnsucht, fahren nach Berlin, um das Kind zu besuchen. Im Stift springt das Kind auf Großmutter und Tante zu und lässt sie nicht mehr los. »Diese andere Tochter«, sagt die Mutter den Schwestern, »ist die wahre Mutter, wenn auch nicht die natürliche.« Und in einem unbewachten Moment nehmen sie das Kind mit sich.

Die Schauspielerin lässt das Kind mit der Kriminalpolizei aus dem Haus ihrer Mutter abholen, der Ehemann stellt Strafantrag.

So sind die beiden Damen angeklagt wegen Kindes-Entführung.

In hysterischer Überspannung fühlt sich dieses Mädchen als die wirkliche Mutter. Denn eher als die, die es zur Welt brachte, sei diejenige die Mutter, die ihm ihr Leben opfert, es aufzieht; so meinen Großmutter und Tante.

Der Buchstabe des Gesetzes gebe ihr kein Recht, aber das Gesetz des Herzens sei ein anderes.

Aber Überspanntheit hin oder her, Mutter und Schwester der Schauspielerin sitzen auf der Anklagebank, die aus guten Motiven gehandelt haben.

Staatsanwalt und Richter reden der Schauspielerin zu, auf

eine Bestrafung ihrer nächsten Angehörigen zu verzichten. Sie verschanzt sich hinter ihren Mann, und dieser, ein lockenumwallter Jüngling, erklärt, keinesfalls auf eine Bestrafung verzichten zu können.

Das Gericht verkündet: 10 Mark Geldstrafe für jede der Angeklagten.

»Sind Sie mit dem Urteil einverstanden?«

»Nein«, ruft der Schwiegersohn.

»Ist das ne Frau«, sagt einer im Zuhörerraum, »die lässt sich von dem Mann bei ihrem eignen Kind reinreden!« Aber bei den meisten ist die Empörung über den Mann stärker als über die Frau.

(BT, 21. September 1930)

»Wohltäter« aus Wut
Der Raub im Bezirksamt vor Gericht

Der Richter in Moabit, der über den armen Schächer zu urteilen hatte, erhob sich in der Begründung seines Urteils weit über die Gesetze der Gewalt, aus denen naturgemäß das Strafgesetz besteht.

Ein junger Mensch, 1904 geboren, aus schlechten Familienverhältnissen, hatte 1923 zum ersten Mal gefehlt; er hatte, so sagte der Richter, zwei Eigentumsvergehen begangen, die 1923 nicht so schwer aufgefasst wurden, wie sonst wohl. Dann hatte er sich wieder hochgerappelt und war Autodroschkenführer geworden. Das ging sieben Jahre gut, bis er 1929 in Streitigkeiten mit seinen Chef geriet und er aus Eigensinn alles hinwarf.

Eines Tages nahm er eine leerstehende Taxe, um durch ein paar Fuhren etwas Geld zu verdienen. Er wurde zu fünf Monaten Gefängnis verurteilt, man gab ihm Bewährungsfrist, aber er verlor in Konsequenz seiner Tat endgültig seinen Führerschein. So stand er jetzt im großen Heer der Verbitterten, er ärgerte sich über die Beamten, die die Leute notwendige und unnütze Wege schickten, er ärgerte sich, dass die Steuermittel vertan werden, dass das schwer aufgebrachte Geld nicht in der rechten Weise verbraucht wird. Da spielte er ein groteskes Stück.

Am hellen Vormittag um 10 Uhr stellte er eine Leiter an die Zimmer des Bezirksamtes, zerbrach ein Fenster, wo die Kasse stand, und holte 24000 Mark heraus. Er stieg herunter und zerstreute das Geld auf die Straße. Er wurde bald gefasst. Siebzehntausend Mark wurden zurückgebracht. Siebentausend Mark wurden von Passanten der ganz feinen Gegend veruntreut. Er wollte nichts für sich haben. Er wollte das Geld den Ärmsten zukommen lassen, die gerade im Bezirksamt warteten, aber das Geld gelangte nur in die unrechtesten Hände. Er ist voll tiefer Reue über seinen primitiven Eingriff in das Räderwerk des Staates.

Unreif und verbittert nennt ihn der Richter, und er verurteilt ihn zu anderthalb Jahren Gefängnis, wovon ihm die Hälfte bei guter Führung erlassen werden soll.

Ist nicht diese Demonstration ein Bild im großen Album der Unzufriedenheit dieser Zeit? »Man gestattet dem König, uns unser Silbergeschirr fortzunehmen, um seine Kriege zu führen, wie es unter Ludwig XIV. geschah, wo die Eintreibungen so streng gehandhabt wurden, dass man sogar die Fransen an den Betten abschnitt, um das eingewebte Gold aus der Seide zu entfernen, und die Richter billigen es, wenn wir ausgeplündert werden, wofern der Räuber nur mächtig ist«, sagt Anatole France in einer gewaltigen Philippika über Recht und Justiz.

Gegen diese Allmacht des Staates erhebt sich von Zeit zu Zeit der einfache Mensch und versucht mit seinem geringen Verstande, sich über die herrschenden Gesetze hinwegzusetzen und die allzu primitive Gerechtigkeit zu üben, die sein Ideal ist.

(BT, 27. September 1930)

Modernes Märchen
Erzählungen nachts um halb vier

Wie oft haben Sie schon gesagt: Denk mal an, heut habe ich Herrn Hoffmann mit Frau Bamberg gesehen! Was wollten Sie damit sagen? Sie wollten damit sagen, das sei doch amüsant, dass dieser verheiratete H. mit Frau B. ginge. Wissen Sie, dass Sie sich damit strafbar machen? Sie wissen es, aber Sie tun es doch. Meist folgt auch nicht die Strafe auf dem Fuße. Aber manchmal gedeiht unrecht tun nicht.

Herr Schnellmayer hatte Skat gespielt. Sehr lange, bis ½ 4 Uhr morgens, nun hatte er es eilig, nach Hause zu kommen. Er nahm sich ein Auto. Zufällig war der Taxilenker sein früherer Privatchauffeur. Als sie vor Schnellmayers Haus hielten, hielt noch ein Auto dort, dem ein Herr und eine Dame entstiegen. »Das war doch Herr Hoffmann mit Frau Bamberg« sagte Schnellmayer zum Chauffeur. »Ja, das war Frau Bamberg«, sagte der Chauffeur.

Und dann hatte Herr Schnellmayer noch einem anderen Hausbewohner diese interessante Beobachtung erzählt, was Herrn Hoffmann zu Ohren kam.

Herr Hoffmann war sehr böse. Herr Hoffmann war Hauswirt und hatte daher die Macht. Und er benutzte sie, um eine Räumungsklage gegen Herrn Schnellmayer anzustrengen und brachte wirklich Herrn Schnellmayer um Dach und Fach. Aber der Rache nicht genug, verklagte er auch noch Schnellmayer wegen Verleumdung. Nie, sagte Hoffmann, sei er mit einer anderen Frau als der eigenen aus einem Auto gestiegen. Auch Frau Bamberg sei verheiratet, und er beachte diese Mieterin gar nicht weiter. Schnellmayer sagte, er sei doch nicht blind, und es sei Frau Bamberg gewesen. Er bestritt heftig, an partiellen Sehstörungen zu leiden. Aber der Richter meinte, darauf käme es nicht an, selbst wenn Hoffmann mit Frau Bamberg nachts um ½ 4 Uhr aus einem Taxi gestiegen wäre, so wäre das doch noch immer kein Grund, um es weiterzuerzählen. Das Weitererzählen sei auch, wenn das Erzählte wahr ist, eine Beleidigung. So hätte Herr Schnellmayer seine Wohnung und noch dazu seinen Prozess verloren, wenn er nicht rasch noch einen Vergleich geschlossen hätte, durch den er alles zurücknahm, die Frau Bamberg, das gemeinsame nächtliche Erscheinen und seine eigene Vermutung. Er zückte das Portemonnaie, zahlte vier Mark Gerichtskosten und verschwand als einer, der in diesem Sündenbabel Berlin vertrieben war von Haus und Hof, weil er einen Mann im Zusammenhang mit einer anderen Frau genannt hatte, mit der der Herr nicht verheiratet war.

(BT, 12. November 1930)

Kantinen im Monde
Oder – männliche Milchmädchenrechnung

Die BVG[34] projektierte eine Untergrundbahnstrecke.

Die große Firma Schneider bewarb sich bei der BVG um die Bauarbeiten.

Der Bauführer Flindt bewarb sich um Stellung bei der Firma Schneider, was die Vergabe der Kantinen einschloss.

Der Gastwirt Demke wollte eine Kantine pachten, da begann Flindt zu renommieren, er sei bereits im Besitz der Kantinen und im Besitz der Stellung.

Der Gastwirt Demke war begeistert und machte einen Vertrag, nach dem er 3000 Mark Kaution für die Kantine zahlen sollte.

Der Gastwirt Demke verpachtete die Kantine »unter« und hatte bereits zwei Leute, Peschel und Fritze, gefunden, die bereit waren, die Kantine zu übernehmen.

Peschel und Fritze übernahmen die Kantine auch nicht, sondern verpachteten sie ebenfalls. Sie annoncierten. Leute meldeten sich. Ihre Namen nennt kein Aktenstück.

Der Bauführer Flindt fuhr mit dem Auto hinaus. »Hier«, sagte er, auf freiem Feld, »wird die erste Kantine stehen. Die zweite Kantine wird am Bahnhof sein.« – »Jetzt«, sagte er, »habe ich Nachtdienst. Adiöh!«

Aber die Leute bekamen die Kantine nicht, denn Peschel und Fritze bekamen sie nicht von Demke, denn Demke bekam sie nicht von Flindt, denn Flindt bekam die Stellung bei Schneider nicht, denn Schneider bekam den Auftrag nicht, denn die Untergrundbahnstrecke wurde nicht gebaut. Schaden erlitt niemand. Aber das Mittelstück der langen Reihe, Demke nämlich, zeigte Flindt wegen Betruges an. Betrug sei der Vertrag gewesen.

So kam Flindt vor Gericht. Flindt ist ein Lebenskünstler. Nachdem er einige Jahre gearbeitet hatte, fiel er vor 25 Jahren vom Pferde und erlitt eine Gehirnerschütterung. Das Pferd war zwar, wie sich später herausstellte, eine Leiter, und die Gehirnerschütterung Hysterie, aber er bekommt seitdem 75 Prozent Unfallrente. Außerdem war er 1916 im Felde, was ihm eine kleine Rente brachte, und zudem bekommt er Reichsentschädigung, da er aus Bromberg vertrieben ist.

Hauptsächlich aber trinkt er. Und der Schlüssel zu dem Angebot der Kantinen, die im Monde liegen, ist auch die Molle mit'n Schnaps, die er umsonst während dieser Zeit vom Gastwirt Demke bezog. Das Gericht jedoch glaubte, dass die Freude an diesem Vermögensvorteil geringer war als die an der Renommisterei und sprach Flindt frei, glaubend, dass das Mondkantinenangebot unter die menschliche Narrheit, nicht aber den Betrugsparagraphen falle.

(BT, 18. Dezember 1930)

Paragraph 218...
Abtreibungsprozess ohne Frauen

Eine junge Frau, 22 Jahre alt, fühlte sich kurz nach der Geburt ihres ersten Kindes wieder Mutter. Die erste Geburt war außerordentlich schwer gewesen und die Frau kaum mit dem Leben davongekommen. Sie war völlig verzweifelt, fürchtete sich vor einer neuen Geburt wie vor dem Tode und erklärte ihrem Mann, dass sie sich das Leben nehmen wolle.

Der Mann, ein Bauarbeiter, sprach in seiner Not mit einem Kollegen. Der Kollege gab die heimliche Adresse. Die heimliche Adresse war ein alter Mann, früher Arbeiter, jetzt Rentenempfänger von 64 Jahren, der vor drei Jahren einen Schlaganfall erlitt. Acht Tage später war die junge Frau tot, gestorben an Blutvergiftung. Das ärztliche Instrument mit dem die Operation vorgenommen wurde, wenn man es überhaupt »ärztlich« nennen kann, war dreißig Jahre alt und nicht mehr möglich, zu desinfizieren.

So standen drei Männer vor Gericht, der Freund, der die Adresse gegeben hatte, der Ehemann, der die Frau hingebracht hatte, und der alte Mann. Der alte Mann hat einen Sohn, der populärwissenschaftliche Bücher vertreibt, daher und aus der eigenen Ehe stammt seine Weisheit. Außerdem waren ihm die 35 Mark willkommen, da er nur 60 Mark vom Wohlfahrtsamt im Monat bekam, um davon zu leben.

Es war eine kurze, traurige Verhandlung. Der alte Mann wurde zu neun Monaten Gefängnis verurteilt, ohne Bewährungsfrist, wegen des unerhörten Leichtsinns. Der Ehemann wurde zu 50 Mark Geldstrafe, der Freund zu 25 Mark verurteilt.

Vor Gericht kommen meist nur die Fälle, die mit Tod enden. Von den Hunderttausenden, die Siechtum bringen, erfahren wir nichts. Aber aller Jammer und alle Empörung über diesen Paragraphen scheinen nichts zu nutzen.

(BT, 14. Januar 1931)

»Ich mache alles mit den Beinen.«
Curt Bois vor Gericht

Curt Bois[35] hat während »Phäa« auf offener Szene eine Kollegin, Maria Schanda, mit dem Fuß getreten. Und zwar nicht aus Akrobatik, sondern aus barer Wut, weil das Mädchen gegrinst hat, weil er sich auf dem Klavier vergriff und weil sie überhaupt immer den Unterricht durch Albernheit gestört hat. Deshalb rief er »Tier«, »altes Tier« sogar, und trat vom Klavier aus mit dem Fuß nach ihr.

Das Resultat war für die Kollegin sofort ein Weinkrampf, etwas später eine leichte Herzneurose, am nächsten Tag noch erhöhter Puls und laut ärztlichem Zeugnis mehrere Blutextravate (Extravate kommt von extravasare, herausgießen und bedeutet auf Deutsch Bluterguss und auf ganz Deutsch blauer Fleck), für Curt Bois ein Schadenersatzprozess, in welchem 1000 Mark gefordert werden, da das Mädchen sechs Wochen nicht spielen konnte, gleich 390 Mark, ein Filmengagement verlor, gleich 500 Mark, und eine Erholungsreise machen musste, gleich 300 Mark, woraus man sieht, dass die Forderung billig ist, ferner eine Privatklage wegen Beleidigung, tätlicher Beleidigung und leichter Körperverletzung, wobei er auf die Anklagebank kam, sich völlig ruhig verhielt, weder über die Tische sprang, noch mit Stühlen jonglierte, noch Sätze sprach, bei deren Ende keiner mehr den Anfang weiß. Für die anderen aber, die der Verhandlung beiwohnten, war das Resultat der Anblick einer bezaubernden Mädchenschar, die als Zeuginnen auftrat. Sie saßen wie das Titelbild eines eleganten Journals

oder eines Kolportageromans »Die vier Töchter der Inga Winge«
auf der Zeugenbank, eine weizenblonde Nordländerin, Sigrid
Engström, eine schwarze Dämonische, Fräulein Schmidt-Kai-
ser, eine große Sanfte, Fräulein Albecker, die kleine Lore Mos-
heim mit dem Kindergesicht. Alle zeigten sich solidarisch mit
der Kollegin und nicht alle waren Curt Bois grün.

Der Richter wollte sich orientieren, ob diese Aufregung größer war als wohl sonst Aufregungen beim Theater. Aber eine
wissenschaftlich brauchbare Formel war nicht zu erlangen. Der
Arzt, der die Dame untersucht hat, sprach in seinem Gutachten
den schönen Satz: »Wenn eine Dame einen Fußtritt bekommt,
an den sie nicht gewöhnt ist...« Und dann endete der Prozess
mit einem bildschönen Vergleich. Die Privatklägerin erklärt,
dass sie nicht hat stören wollen, und der Privatbeklagte sprach
sein Bedauern aus, er hat nicht beleidigen wollen, und man
einigte sich auf 600 Mark Schadensersatz.

(BT, 17. Januar 1931)

Der Prozess der Fleißerin
30 Mark Geldstrafe

Der Bürgermeister Dr. Gruber aus Ingolstadt hat die »Pioniere
aus Ingolstadt«, das Stück der Frau Fleißer[36], ein »Schandstück«,
ein »Schmähstück«, ein »gemeines Machwerk« genannt.

Marieluise Fleißer hat sich dagegen gewehrt, und so kam es,
wie berichtet, zum Prozess.

Dieser Prozess führte geradenwegs zu den Urtiefen künstleri-
scher Produktion. Der Rechtsanwalt Koch, der Vertreter des

Bürgermeisters, erklärte, dass Zielrichtung der Gruber'schen Angriffe nicht die Person der Autorin, sondern das Stück war.

Der Rechtsanwalt Klee[37], der Vertreter der Klägerin Fleißer, erklärte, dass nie Ingolstadt gemeint war, das Stück könne auch heißen »Die Kürassiere von Schwedt«, »Die Ulanen von Züllichau«. Hat der Bürgermeister von Karlsbad Klage erhoben gegen Friedrich Schiller wegen der böhmischen Wälder? Das Lokalkolorit könne keinem Schriftsteller als eine Kränkung des Ortes ausgelegt werden.

Der Bürgermeister glaubt die von ihm vertretene Bürgerschaft verhöhnt; die Schriftstellerin erklärt, diese Stadt, ihre Heimatstadt, zu lieben, sie habe Menschliches behandelt, dass dieses Menschliche in Ingolstadt spiele, käme daher, dass sie Ingolstädterin sei und dass ihr daher Dialekt und Landschaft vertrauter seien als anderer deutscher Städte Wesen. Der Sachverständige Rehfisch[38] stellte fest, dass, wer einen Autor beschimpft, auch dessen Leistung beschimpft, und mit erhobener Stimme betonte er, dass der deutsche Bühnenautor immer als ein Delinquent hingestellt wird, der im besten Falle freigesprochen wird.

Der Bürgermeister von Ingolstadt aber beruft sich auf Alfred Kerr und sein Wort: »Ehrenbürgerin von Ingolstadt wird sie nicht. Ich denke von dieser Stadt besser.« Kerr hat diesen Prozess vorausgeahnt. Aber eine zarte und weltfremde Dichterin ist da, die nicht wünscht, dass ihre Liebe zur türmereichen Heimat missdeutet werden könnte. Sie steht nicht an zu erklären, auf eine rührend weibliche Weise, dass der offene Brief an den Bürgermeister nicht aus ihrem eigenen Kopf entsprungen sei, sie habe ihn auf Rat eines bedeutenden Schriftstellers verfasst, der ihr gesagt habe, sie solle ihn scherzhaft fassen, beileibe nicht ernst. »Die Form ist mir missglückt«, sagte sie, »ich stehe nicht an hier zu erklären, dass ich den Brief bedaure.« Leider war der

Bürgermeister nicht da und konnte so dem tapferen Mädchen gegenüber nicht ebenso ritterlich sein.

Amtsgerichtsrat Bues verurteilte den Bürgermeister zu 30 Mark Geldstrafe. Es käme nicht auf die Höhe der Strafe, sondern auf Strafe überhaupt an. Dieser Prozess sei erwachsen aus dem Gegensatz der Weltanschauungen, aus dem Gegensatz des Alters. Der Bürgermeister dachte, es müsste etwas geschehen, weil der Name seiner Stadt in dieser Weise in der Öffentlichkeit so genannt werde, als ob dort ein sittenloser Lebenswandel herrsche. Das sei ihm zugute zu halten. Aber das Wort »gemein« bedürfe der Sühne. Es gehe nicht an, dass eine ernste Schriftstellerin in solcher Weise in ihrem Ansehen geschädigt werde.

(BT, 15. Februar 1931)

Der Bar-Mixer
Ist das Gefängnis eine Erziehungs-Anstalt?

Der Barmixer ist jetzt 20 Jahre alt, ist der Sohn einer Gutsbesitzerswitwe, die verarmt ist. Er besuchte das Gymnasium bis zur Obersekunda und kam dann zu einem Schlosser in die Lehre, um später Techniker zu werden, verliebte sich, als er 16 war, unglücklich, machte einen sehr ernsten Selbstmordversuch mit Gas, wurde gerettet, kniff aus, wie er sich ausdrückt, tippelte anderthalb Wochen durch Deutschland, arbeitete in Greifswald auf einem Gut, ging zu seiner Mutter zurück, war ein paar Tage Aushilfspage an der Ostsee, wurde Page in der Papageienbar, später dort Mixer, verließ die Stelle wieder, wollte zur Reichswehr, wurde nicht genommen und fuhr nach Bremen. In Bremen ging er auf ein Schiff, fuhr fünf Monate nach Australien. Als er wieder zurückkam, ging er wieder als Mixer in die Papageienbar und machte dort einen äußerst raffinierten und sachkundigen Einbruch, bei dem er 3000 Mark erbeutete. Mit diesen 3000 Mark zog er sich auf die Liebesinsel zurück, schaffte sich ein Klepperboot an und ein Zelt. Als das Geld zu Ende war, stellte er sich der Polizei.

Dieser junge Mann von großer Intelligenz stand schon einmal vor Gericht. Damals war er arrogant und erklärte: »Ich brauchte das Geld, darum habe ich es genommen.« Er stand zu seiner Tat, aber er hielt sie aus Gründen der eigenen Persönlichkeit für notwendig.

Alle Anwesenden hatten damals den schauerlichen Eindruck, hier einem Verbrecher aus Neigung gegenüberzustehen. Diesen Eindruck fasste Landgerichtsdirektor Schmitz in seiner Urteilsbegründung zusammen. »Der Angeklagte«, hieß es, »hat seine erste Tat mit so viel Raffinement ausgeführt, dass es durchaus so scheint, als ob sich hier ein ganz gefährlicher Verbrecher entwickle. Es bleibt hier nichts übrig, als ihm mit der Logik englischer und amerikanischer Gerichte klarzumachen, dass sich ein Verbrecherleben nicht lohnt. Die erste Strafe müsste wie ein Schuss in sein Leben treffen, damit er umkehrt, sonst wird er seine glänzenden intellektuellen Fähigkeiten weiter zum Verbrechen ausnutzen.«

Das Gericht verurteilte ihn zu eineinhalb Jahren Gefängnis; der Mixer legte Berufung ein.

Jetzt, zwei Monate später, stand ein veränderter Mensch vor Gericht, ein armer Sünder, der, um sich eine neue Existenz schaffen und das Abiturium machen zu können, aus Bildungstrieb und Streben zum Verbrechen kam. 400 Mark hat er für wissenschaftliche Bücher ausgegeben.

Das Berufungsgericht stellte sich auf einen anderen Standpunkt als das erste Gericht. Die Strafe wurde auf neun Monate herabgesetzt, und die fünf Monate der Untersuchungshaft voll angerechnet. Eine Bewährungsfrist wurde auch diesmal abgelehnt, da die Tat nicht nur aus Leichtsinn, sondern auch aus verbrecherischer Neigung begangen wurde. Landgerichtsdirektor Beringer führte in der Urteilsbegründung aus, im Gegensatz zur Auffassung des Richters erster Instanz sei nach wie vor der Hauptzweck der Strafe eine gerechte Sühne für die vorausgegangene Tat: »Man kann nicht aus Erziehungszwecken eine höhere Strafe als die übliche Sühne geben. Das Gefängnis ist keine Erziehungsanstalt. Wir müssten neben den Erziehungsanstalten für Jugendliche solche für Erwachsene haben, aber die haben wir nicht. Das Gefängnis dient im Wesentlichen der Abschreckung und Sicherung.«

Im ersten Urteil wurde der Angeklagte als außerordentlich intelligenter Mensch ohne ethische Hemmungen dargestellt. Dem Berufungsgericht hingegen erscheine sein Intellekt nicht völlig ausgereift. Er steht nicht auf dem Boden der Wirklichkeit, er ist ein Phantast, ein haltloser und leichtsinniger Mensch, der sich zu Hohem geboren glaubt.

Es ist zudem höchst problematisch, ob eine längere Strafe bessernd wirke oder nicht. Das Gericht konnte sich daher nicht entschließen, eine andere Strafe als die übliche auszusprechen.

Auf die Frage des Vorsitzenden, ob der Angeklagte die Strafe annehme, antwortete er: »Jawohl, diese Strafe ist richtig.«

(BT, 14. März 1931)

Helden der Straße
Zwei Prozesse gegen
nationalsozialistische Rowdies

Im Prozess gegen Pantel, den 21-jährigen NSDAP-Mann, wurde auf zwei Jahre Gefängnis wegen versuchten Totschlags erkannt.

Zwei Reichsbannerleute, die von einer Versammlung im Rathaus kamen, gingen ruhig die Jüdenstraße entlang, als ein junger Mann sich umdrehte und rief »Halt oder ich schieße« und mit dem Revolver drohte. Die beiden blieben stehen, riefen: »Kameraden, hier will jemand schießen!« Andere eilten herbei, Pantel schoss blindlings um sich und verletzte glücklicherweise nur einen leicht am Unterarm.

Pantel, ein wilder Renommist, schrieb folgenden Brief an die »Rote Fahne«: »Werte Genossen! Ich mache Euch hier auf einen besonders gefährlichen Mann namens Pantel aufmerksam, dessen Bild ich beilege. Der Bursche ist sehr gefährlich, der haut uns noch mal die ganze rote Jungfront kaputt. Dieser Mann ist so gefährlich, dass er umgelegt und beseitigt werden muss. Nieder mit der Hitler-Sau.«

Das Urteil, das auf ein Jahr für unbefugten Waffenbesitz und ein Jahr für versuchten Totschlag lautete, entsprach in ganz anderer Weise der Notwendigkeit, gegen das Rowdytum und den bewaffneten Kleinkrieg vorzugehen, als das völlig unverständliche Urteil gegen den Nationalsozialisten Kuntze, der den 16-jährigen Lehrling Nathan totschoss, für diese Tat aber straffrei ausging und nur wegen unbefugten Waffenbesitzes zu einem Jahr Gefängnis verurteilt wurde. »Der Angeklagte«, hieß es, »hat in

Furcht und Schrecken gehandelt.« Dazu muss man wissen, wer Kuntze ist: Sohn eines Kaufmannes, wechselte dreimal das Realgymnasium, wurde Landwirt, dann Postaushelfer, ist verheiratet und Vater zweier Kinder. Im Wesentlichen aber fühlt er sich als Ordonnanz, als Ordonnanz des Standartenführers II nämlich.

Unter allen Verwirrungen menschlichen Geistes ist der Verfolgungswahn sicherlich einer der häufigsten. Kuntze machte den Eindruck eines Menschen, der von einer fixen Idee verfolgt wird. Während er an jeder nationalsozialistischen Demonstration teilnimmt, das Gegenteil eines ruhigen Bürgers ist, fühlte er sich überall und immer nur als ein von den Kommunisten unschuldig Verfolgter. Ein Bettler klingelte. Aber es war kein Bettler. Es muss ein Abgesandter der Kommunisten gewesen sein, der ihn überfallen wollte. Tatsächlich findet er eines Tages an seiner Wohnungstür die Inschrift: »Hier wohnt ein Faschist. Haut ihn, wo ihr ihn trefft!« Er schafft sich daraufhin einen Revolver an, wird dafür mit 20 Mark bestraft. Weihnachten 1930 kauft er sich wieder einen in der Münzstraße, aber nur zum Schutz der Wohnung, wie er sagt. Er steckt ihn ein, als er zum Uniformappell in den Bürgergarten in der Hauptstraße gehen will. Vor einem Lokal stehen fünf junge Leute. »Ha, Kommunisten!«, denkt er sofort, meint, man habe ihn verhöhnt, wie die jungen Leute immerzu »Heil Hitler!« riefen. Er erwiderte: »Gott sei Dank, immer noch Heil Hitler! Wenn ihr was von mir wollt, kommt doch ran!« Die Kommunisten dagegen sagen, er habe sie provoziert, indem er ihnen höhnisch »Heil« zurief. Jedenfalls verfolgten sie ihn. Er behauptet, man habe ihm mit einem ausgegossenen Koppelschloss über den Kopf geschlagen; die Zeugen wissen nichts davon. Er schoss hinter sich und traf den Lehrling Nathan zu Tode.

Der Angeklagte erzählte diese ganze Geschichte, als habe sie sich in einem großen Walde abgespielt oder auf freiem Felde. Schutzlos, scheint es, irrte er dahin. Niemand weit und breit als die verfolgenden Kommunisten. Nichts in seiner Rede lässt darauf schließen, dass er sich inmitten einer Menschenmenge befand, die am Abend die Hauptstraße in Schöneberg belebt, dass zwischen ihm und den Kommunisten eine Menge harmloser Passanten ging und dass niemand bemerkt hat, dass hier jemand floh und verfolgt wurde.

Auf die Idee, auf eine Elektrische aufzuspringen oder Passanten anzusprechen, ist er nicht gekommen, aber auch das Gericht hat dem bewaffneten Mann gegenüber den unbewaffneten Jugendlichen an »Furcht und Schrecken« geglaubt. Es geht auf keinen Fall, dass der Begriff der Notwehr so weit gefasst wird, dass eine offenbare Überschreitung entschuldigt wird, noch dazu bei einem Menschen, der sich dauernd an politischen Händeln beteiligt.

(BT, 21. April 1931)

Die »Dada« der Prominenz
Filmkünstler brauchen eine Kinderfrau

Eine Dame ist angeklagt, sich gegen das Stellenvermittlungsgesetz insofern vergangen zu haben, dass sie Prominenten gewerbsmäßig Engagements vermittelte. Welchen Glanz brachte diese Verhandlung in die Moabiter Hütte. Auf gekacheltem Korridor standen dicht an dicht die Produktionsleiter, die Regisseure, die Hilfsregisseure, die Regieassistenten, die kaufmännischen Leiter, die Filmschauspieler, die Schauspielerinnen, die

Redakteure der Filmzeitschriften. Da standen keine Geprellten und Betrogenen, keine Beleidigten und Erniedrigten, Leute standen da in der Glorie ihrer Honorare, und Gesichter im Schmuck ihrer gewaltigen Ulster, ihrer wundervollen Hüte und ihrer Autos, die draußen warteten.

Filmluft verjüngt! Alle wirkten wie dreißig und waren doch hoch in die Fünfundvierzig. Da stand Waschneck, der Regisseur, da war Erich Pommer, da mit griechischem Profil und Blondhaar und Persermantel Anita Dorris, da sweet boy Gustav Fröhlich und von Tragik umwittert Igo Sym. Im Zuhörerraum saßen vier kleine, ganz junge Berliner Mädchen, armselig dünn, in abgeschabten Mäntelchen, mit ungeschminktem Arme-Leute-Teint, nur lange, blonde Garbo-Locken unter einem winzigen schwarzen Etwas, das ein Hut sein sollte.

Der Richter, ein schlichter preußischer Richter, wurde zum Weltmann und rief die Zeugen auf:

»Gustav Diessl?« – »Befindet sich an der Riviera.«

»Betty Amann?« – »In London!«

»Fräulein Ondra?« – »An der Riviera!«

»Gustav Fröhlich nicht da?« – »Gustav Fröhlich kommt sicher, der Diener steht schon draußen.«

»Och Diener!«, sagte das kleine Mädchen im Zuhörerraum, und es verschlägt ihm den Atem.

Auf der Anklagebank aber sitzt keine Stellenvermittlerin, sondern eine Kinderfrau, eine gute Dada der Prominenten. Denn so ist die Wahrheit: es gibt keinen Arbeitsnachweis, keine Engagementsvermittlung für Prominente, für Solisten. Es gibt einen paritätischen Stellennachweis, aber da geht kein Filmdarsteller hin. So haben wilde Agenten sich dieser Vermittlung bemächtigt, die meist schädlich sind. Es gibt noch eine andere Möglichkeit, die Möglichkeit der persönlichen Beziehung. Unsere Angeklagte, die hat die persönlichen Beziehungen nach allen Seiten, sie wird antelefoniert, sie telefoniert weiter, sie weiß Bescheid, und wenn alles geregelt ist, bekommt sie etwas dafür.

Stellen Sie sich vor, ein Produktionsleiter will den Struwwelpeter drehen. Wo kriegt er einen Struwwelpeter her? Er berät sich mit unserer Angeklagten, und schon weiß sie einen, der zwar jetzt in der Wüste Gobi sitzt, aber zum 15. September frei sein wird. Aber unsere Angeklagte tut noch viel mehr. Während der Prominente in der Wüste Gobi sitzt, erledigt sie seine Post, die Aufenthaltsgenehmigung, die Steuer, die Rechnungen, die Miete, die Mädchenbriefe. Wenn der Prominente in Berlin ist, so begleitet sie ihn zu den bösen Kaufleuten, sie schließt die Verträge. Sie führt die Wunderkinder, damit sie nicht straucheln in den Vertragsklauseln und sich kein Bein brechen beim Abschluss.

So eine Kinderfrau wünschen wir uns alle, und es ist nicht einzusehen, warum der Staat ihr das alles verbieten will. Denn sie ist gar keine Stellenvermittlerin, sondern eine »Managerin«, was grässlich amerikanisch klingt und ein hartes Wort ist für eine Tätigkeit, die mehr in das Gebiet der Kindergärtnerei fällt.

Das Gericht stellte sich auch auf diesen Standpunkt und sprach die Angeklagte frei.

(BT, 25. April 1931)

Mutter – Tragödie
Frau Lonny Barth freigesprochen

Oft schon haben Anwälte einen Kampf ums Recht auch mit der Feder und in der Öffentlichkeit geführt. Andererseits ist es seit Voltaire so, dass Journalisten sich der Vergewaltigten annehmen, Anwälte des Rechts waren und sind. Jetzt aber ist zum ersten Mal ein Journalist, Rudolf Olden, nach allen Kämpfen mit der Feder und in der Öffentlichkeit auf einen Platz getreten, wo ein Anwalt des Rechts hingehört, auf den Platz des Verteidigers.

Dies geschah gestern in einem Prozess, in dem sich die Tragödie einer verlassenen Mutter, die Tragödie einer gebrannten Seele, einer wohlanständigen kleinbürgerlichen Frau aus der Provinz abspielte.

Frau Lonny Barth aus Reichenbach, die in einem bescheidenen schwarzen Kleid mit großem Haarknoten, sehr schwach an der Anklagebank sitzt, weil sie ihr idiotisches Kind im Tegeler See ertränkte, ist von Beruf Kontoristin und vom Wesen leicht beeinflussbar, schüchtern und überaus wohlerzogen. Der Vater ist Eisenbahnbeamter, gehört zur Gesellschaft der Bibelforscher; sie wohnt mit den Eltern in einem Beamtenhaus. Sie wird streng protestantisch erzogen und bleibt ihr Leben lang ein artiges Kind.

Aber das Leben geht viel zu streng mit diesem schwachen Menschen um, dessen Duldertum sein Unglück wird, der viel zu artig ist, um sich aufzulehnen.

Erst gerät sie an den leichtsinnigen Mann, von dem sie zwei

nette Jungen bekommt, der für nichts sorgt und nach Rumänien auswandert. Er schickt nichts, zwei Kinder kann sie nicht
allein ernähren, die Schwiegereltern wollen den einen Jungen
übernehmen, sie muss sich dazu entschließen und erleidet
einen Nervenzusammenbruch. Sie kommt ins Sanatorium, hier
lernt sie einen Mann kennen, mit dem sie ein Jahr später, nachdem sie schon drei Jahre von ihrem Mann getrennt lebt, eine
einzige Nacht verbringt. Und damit ist ihr Leben zerstört. Folgen zeigen sich, sie müssen verborgen bleiben in der kleinen
Stadt, in dem Beamtenwohnhaus, vor ihren Eltern. Heimlich
bekommt sie ein Kind. Wohin damit? Der Vormund wendet
sich zuerst an den Mann der Angeklagten, der weigert sich
natürlich und reicht eine Anfechtungsklage ein. Die arme Frau
wird schuldig geschieden. Der wirkliche Erzeuger weigert sich,
Alimente zu zahlen. Niemand fragt diese zurückhaltende Frau,
ob sie je sonst von ihrem Weg abgewichen sei. Jedenfalls auch
der Erzeuger zahlt nichts. Kein Vormund hilft ihr bei der Suche
nach einer Pflegestelle, aber auch keine befreundete Seele.
Denn in ihrer Seele nimmt nichts einen so breiten Raum ein
wie die Furcht vor der Schande, und niemand, außer ihren
Eltern, darf davon etwas ahnen. Das Kind zeigt sich bald idio-
tisch. Schließlich nach sorgfältigster Prüfung findet sie eine
Stelle. Die Pflegeeltern nahmen sie in unglaublicher Weise aus.
Sie zahlt, zahlt über ihre Kraft 1200 Mark in einem einzigen halben Jahr bei einem Einkommen von 168 Mark. Kein Vormund
hat sich je noch darum gekümmert. Schließlich reisen die Leute
ab, bringen das Kind in ein Krankenhaus. Sie zahlt ab, zahlt für
ihr Kind, zahlt für das andere Kind und zahlt, rührender Ver-
such, 15 Mark Lebensversicherung im Monat.

Da, 1929 kommt in das Geschäft, in dem sie jahrelang arbeitet, ein neuer Betriebsleiter, er verlangt, dass seine Tochter statt
ihrer als Kontoristin eingestellt wird. Die Tochter ist jünger und

billiger als sie. Sie wird entlassen, und das mühsam ausbalancierte Leben gerät ins Schwanken. Sie bekommt Arbeitslosen-, später Krankenunterstützung, zuletzt hört auch die auf und im selben Moment verlangt das Wohlfahrtsamt, dass sie das Kind aus dem Krüppelheim abholt. »Wenn Sie das Kind nicht abholen, werde ich Sie melden«, sagt der Fürsorger in merkwürdiger Roheit. Diese Frau, die ein artiges Kind ist, wusste nicht, was das bedeutet – melden –, aber auf alle Fälle fürchtete sie sich, fürchtete die Schande, holte das Kind ab, das man ihr mit einer akuten Ohrenentzündung mitgibt, und nun irrt sie umher, von einer Stadt zur anderen, von einer Möglichkeit zur anderen. Das idiotische Kind an der Hand, will sie zu einer Tante nach Zwickau, aber dann müsste sie gestehen, dass es ein Kind der Schande ist, das vermag sie nicht, und sie fährt weiter nach Leipzig, und von Leipzig nach Berlin, wo auch eine Tante wohnt, zu der sie sich nicht traut, und in Berlin irrt sie wieder acht Stunden umher ohne Essen, und schließlich will sie sich und das Kind ertränken und trennt noch – armes Kleinbürgertum – das Monogramm aus dem Hemdchen des Kindes, damit niemand erfahre, wer sie seien. Und dann ertränkt sie das Kind, denkt an ihr anderes Kind, entschließt sich nicht zum Selbstmord. Sie fährt nach Haus. Die Eltern fragen nicht, was aus dem Kind wurde. Drei Monate später, im Dezember, wird die kleine Leiche gefunden, die Frau verhaftet.

Sanitätsrat Leppmann verneinte eine Bewusstseinstrübung und eine krankhafte Störung der Geistestätigkeit, doch bejahte er auf Fragen der Verteidiger Rechtsanwälte Dr. Gerhard Wilk und Dr. Rudolf Olden eine Affekthandlung einer in einem Verzweiflungszustand befindlichen Frau. Der Staatsanwalt beantragte zwei Jahre Gefängnis wegen Totschlags.

Das Gericht machte sich in der Urteilsbegründung zum größten Teil die Argumente der Verteidiger Olden und Wilk zu eigen. Trotzdem der Tod des Kindes durch die Frau herbeigeführt und gewollt sei, konnte sich das Gericht zu einer Verurteilung nicht entschließen. Die Entscheidung des Reichsgerichts, dass der Wille des Handelnden nur dann frei ist, wenn er noch imstande ist, das Für und Wider einer Handlung abzuwägen, war für den Freispruch maßgebend.

(BT, 28. April 1931)

Atmosphäre der Missbilligung

Die Journalistin, eine feine und diskrete Dame, kannte die Angeklagte, und so kam es, dass sie mit den Zeuginnen im Korridor des Gerichts saß. Die Zeuginnen waren nette, aber nicht feine Damen. Sie waren gebildet, klug und witzig, aber sie hatten Gewerbe, die nicht aussprechbar sind, mehr horizontaler Natur. Die Journalistin, die gediegene Bücher über diese Sphäre der Gesellschaft oder Nichtgesellschaft geschrieben hatte, saß mit ihnen zusammen. »Werden Sie religiös schwören?«, fragte die älteste der Damen, eine liebe Kuppelmama, die einen soliden Persianer trug.

»Nein«, sagte die Journalistin.

»Aber alle Verbrecher schwören religiös, weil es einen viel bessern Eindruck macht:«

»Ich bin aber kein Verbrecher«, sagte die Journalistin.

Sie bekam es bald zu spüren, dass sie unklug gewesen war. Sie wurde aufgerufen. Erstens Bekannte der Angeklagten, zweitens Journalistin, das war verdächtig, das Gericht war ihr nicht grün. Dann schwor sie noch dazu weltlich. Nein, sie machte keinen guten Eindruck, sondern den einer zweifelhaften und dunklen Existenz. Vor allem aber wusste sie nichts von den Betrügereien der Angeklagten. Sie hatte die Angeklagte zuletzt vor zwei Jahren gesehen. Die Betrügereien waren erst vor kurzem erfolgt. Nein, sie wüsste gar nichts. Sie entpuppte sich als Entlastungszeugin. Der Staatsanwalt, der äußerst milde mit der Angeklagten war, fasste die Stimmung aller im Saal in die Worte zusammen: »Ich finde es äußerst merkwürdig, dass die Zeugin sich an nichts erinnern will!« Und dann setzte sie sich unter heftiger Missbilligung selbst des Zuhörerraums. »Warum haben Sie auch nicht religiös geschworen?«, sagte die älteste der zweideutigen Damen, »ich sagte Ihnen ja, weltlich macht einen schlechten Eindruck, aber Sie haben eben keine Ahnung von der Welt.« Die Schriftstellerin wusste es.

Ein Schriftsteller ist eine zweifelhafte Existenz, das wissen wir seit Thomas Mann. Schwört ein Schriftsteller noch dazu weltlich und nennt sich Journalist und hat Bekannte aus der Zwischenwelt und ist weiblich und zu alledem und vor alledem ein Entlastungszeuge, so kann es passieren, dass einem hohen Gerichtshof eine anständige ehrliche Betrügerin in der Anklagebank, über die saubere Akten existieren, lieber ist als solch eine aktenlose Person, die nicht zu fassen ist.

(Thomasius)

(WB, 5. Mai 1931)

Paragraph für Erpresser
Wenn einem Frauenarzt das Krankenjournal gestohlen wird

Das ist das Damoklesschwert, unter dem jeder Frauenarzt heute steht: Treibt er ab, wird über ihn geklatscht, treibt er nicht ab, wird ebenfalls über ihn geklatscht. Da gibt es Dienstmädchen, Aufwartefrauen und ihre Freunde, die stecken die Köpfe zusammen: »Du, die Schweinerei bei unserem Doktor!« Oder so ähnlich. Derart waren auch die Gespräche der beiden Dienstmädchen des alten Arztes Z. miteinander. Sie hielten sich auch nicht zurück, als der Freund der einen, der Kontorist Rick, aus Ostpreußen nach Berlin kam. Dieser junge Mann, der eine Hornbrille trägt, macht einen etwas beschränkten Eindruck. Seine Landsmännin und Bekannte, die Köchin des Arztes, ist hingegen ein sehr gut gekleidetes, sehr damenhaftes Fräulein.

Der Junge Herr Rick kam manchmal zu seiner Bekannten in die Wohnung des Arztes. Bei einem dieser Besuche sah er irgendwo ein kleines Notizbuch liegen und nahm es mit. Dieses Buch war das Krankenjournal des Arztes. Rick fand darin dieselben Namen aufgezeichnet, die er – wie er behauptet – von den beiden Hausangestellten schon hatte nennen hören, als Namen solcher Mädchen, bei denen der Arzt einen unerlaubten Eingriff vorgenommen hatte. Die Köchin behauptet nämlich, dass man vom Nebenzimmer die Gespräche des Arztes mit seinen Patientinnen im Ordinationszimmer gut habe verstehen können, wodurch das Hauspersonal »auf dem Laufenden« war.

Eines Tages, im Februar dieses Jahres, ging der junge Herr

Rick zu dem Arzt. Als der Arzt ihn fragte, was er wolle, erklärte er: »Ich komme nicht als Patient zu Ihnen. Ich werde Sie anzeigen.« Darauf habe der Arzt gesagt: »Das kann man doch mit Geld erledigen. Überlegen Sie sich die Sache. Ich biete Ihnen 1000 Mark.«

Der junge Mann spielte darauf den Vornehmen, redete von seiner sittlichen Überzeugung und lehnte Geld ab. Schließlich aber nahm er doch 250 Mark. Er verabredete mit dem Arzt eine zweite Begegnung, bei der ihm der Arzt 50 Mark gab. Er verlangte dann noch einmal 500 Mark bis zu einem bestimmten Termin. In der Schreibstube eines Cafés ließ er sich dann zwei bildschöne Erpresserbriefe anfertigen, wobei er sich mit dem Mantel einer amtlichen Stellung umgab: »Ich habe noch in einer Ermittlungssache zu tun und bringe meinen Rechtsbeistand nicht mit. Sie brauchen Ihren Rechtsbeistand auch nicht mitzubringen. Ich wünsche das nicht.«

In einem zweiten Brief schrieb er: »Sie sind wirklich kein Mann, sonst hätten Sie in der letzten Zeit nicht so viel Dummheiten machen können. Sie haben nicht abgetrieben aus idealistischen Gründen sondern aus barer Gewinnsucht. Seit zehn Jahren treiben Sie Ihr Gewerbe. Sie wissen, dass Ihnen Gefängnis droht verschärft bis Zuchthaus, denn Sie sind Arzt. Sie haben meine Bekannte grundlos entlassen. Sie werden ihr bis 1. April ihr Gehalt zahlen, sonst sehen wir uns beim Arbeitsgericht wieder. Ich bin Ihnen doch wirklich anständig und verstehend entgegengekommen und jetzt benehmen Sie sich so.«

Inzwischen hatte nämlich der Arzt mit seinem Dienstmädchen gesprochen und die Köchin, die Bekannte des Briefschreibers, fristlos entlassen. Er bestellte nun seinen Rechtsanwalt und die Kriminalpolizei zu der neuerlichen Begegnung mit dem Erpresser auf den Schlesischen Bahnhof, und hier wurde Rick verhaftet. Gestern hatte er sich vor dem Großen Schöffengericht Berlin-Mitte zu verantworten. Die entlassene Köchin war mitangeklagt. Der Arzt trat mit seinem Rechtsbeistand, Rechtsanwalt Bahn, als Nebenkläger auf. Die Angeklagten hatten keinen Verteidiger. Die Verhandlung drehte sich bei der Klarheit des Tatbestandes im Wesentlichen um die Frage, inwieweit die mitangeklagte Köchin von der Erpressung gewusst habe. Sie selbst leugnete es und Rick erklärte ebenfalls, dass sie nichts gewusst habe. Er will aus sittlicher Entrüstung gehandelt haben.

Aber das sind sozusagen Spezialfragen dieser einen Gerichtsverhandlung. Die viel größere Frage ist, wie viele Ärzte in Berlin sich schuldig oder nicht schuldig in Erpresserhänden befinden mögen. Das ist eine der Wirkungen und nicht die geringste dieses überlebten §218, der ebenso wie der §175 für die Erpresser ein herrliches Feld ist, das zu beackern sie sich, leider nicht erfolglos, wacker bemühen. Das Gericht verurteilte Rick zu neun Monaten Gefängnis.

(BT, 17. Mai 1931)

Die Berliner Rasse
Kolleg im Scheuen-Prozess

Die Berliner sind eine verwegene Rasse, sagte Goethe 1780, als er in Berlin war. Er verstand unter verwegen nicht etwa kühn, sondern missbilligend ehrfurchtslos. Aber noch Goethe legte den Ton auf verwegen, nicht auf Rasse, was sich 150 Jahre nach diesem Besuch bedeutend geändert hat.

»Von Ursprung und Merkmalen der Berliner Rasse«, lautete

ein kurzes Kolleg, das gestern im Scheuner Beleidigungsprozess der Leiter einer Fürsorgeanstalt der Inneren Mission hielt:

»95 Prozent aller Revolten finden in solchen Erziehungsheimen statt, die Berliner Zöglinge haben. Dies liegt einerseits an der Großstadt, anderseits aber an der Rasse. Diese unterwertige Rasse besteht seit Friedrich dem Großen aus Juden, Wenden, Franzosen und nur ganz wenigen Germanen. Ich bin bereit«, sagte der Sachverständige, »diese Zusammensetzung bis zur Völkerwanderung zurückzuverfolgen.«

Der Vorsitzende dankte höflichst dafür.

Hingegen fuhr der Sachverständige fort: »Das Schlimmste aber ist die unechte Politisierung der Jugend«.

Was er unter »unechter Politisierung« versteht, wurde nicht ganz klar. Hingegen wissen wir nun, aus welchen Bestandteilen sich ein echter Berliner zusammensetzt. Es ist schade, dass er diese Zusammensetzung nicht bis hinter die Völkerwanderung zurückverfolgte. Denn Berlin ist bekanntlich in keiner Urkunde vor 1238 erwähnt. Vorher hat ein wendisches Fischerdorf an der Spree in der Gegend der jetzigen Fischerstraße gelegen. Hegemann erwähnt als möglich, dass Deutsche um 1227 gesiedelt haben und zwar um die Petrikirche, die Kirche der Fischer, und um die Nikolaikirche, die Kirche der Schiffer. Es ist schade, dass heute in Moabit die Kenntnis der Geschichte Berlins dadurch, dass die Ausführungen des Sachverständigen über die Bevölkerungszusammensetzung Berlins bis hinter – wohlgemerkt hinter – die Völkerwanderung nicht zugelassen wurde, nicht ein gewaltiges Stück gefördert werden konnte.

(BT, 21. Mai 1931)

Gastspiel in Potsdam
Maria Paudler, angeklagt und freigesprochen

Heute erlebte das alte Potsdamer Schöffengericht, über dem noch in goldenen Buchstaben der Satz steht: »Königs Huld und Bürgersinn dem Stadtgerichte«, eine so moderne und mondäne Angelegenheit, dass der Geist Friedrichs des Großen in die tiefste Tiefe der Vergangenheit verschwand; nämlich: die Verhandlung gegen eine Schauspielerin wegen eines Autounfalls.

Maria Paudler[39] war wegen qualifizierter fahrlässiger Körperverletzung angeklagt. Sie kam mit ihrem Wagen die Berliner Straße in Neubabelsberg entlanggefahren, als sie vor sich einen Postbeamten zu Rade sah. Sie hupte, um ihn darauf aufmerksam zu machen, dass sie überholen wollte. Der Radfahrer schwankte, ob er rechts oder links fahren solle. Sie versuchte nun rechts vorbeizukommen, stieß ihn mit dem linken Kotflügel an, der Radfahrer fiel zu Boden. Maria Paudler sagte am Ende ihrer Schilderung des Unfalls: »Ich sprang von meinem Wagen herunter und schloss den Mann beglückt in meine Arme, weil ich sah, es war nichts Ernstliches passiert.«

Der Postbeamte, der 55 Jahre alt ist und für die Umarmung leider nicht das richtige Verständnis hatte, trug Quetschungen davon. Er kann als Zeuge heute auch nur sagen, dass er, durch das Hupen verängstigt, nicht gewusst habe, ob es besser sei, rechts oder links zu fahren. Zwei andere Zeugen, Chauffeure, haben die ganze Animosität der Berufschauffeure gegen die Herrenfahrerin. Beide sagen aus, dass Frau Paudler ein sehr hohes Tempo gefahren sei. 60 bis 70 Kilometer, meint der eine. Überhaupt sei es am Morgen in Neubabelsberg geradezu lebensgefährlich. Die Berliner Straße sei nur für die Filmschauspieler da. Sie gönnen auch Frau Paudler nicht den Ruhm, zuerst dem alten Mann beigestanden zu haben, worauf sie großen Wert legt. Die Zeugen stehen auf dem Standpunkt, sie hätte links überholen sollen.

Im Gegensatz hierzu erklären die Sachverständigen, dass ihr Verhalten einwandfrei gewesen sei und dass es ihrer Umsicht zu verdanken sei, dass nicht mehr passierte. Der Staatsanwalt ließ die Anklage wegen fahrlässiger Körperverletzung fallen und beantragte nur 30 Mark Geldstrafe wegen zu schnellen Fahrens. Das Gericht verband Gerechtigkeitssinn mit Courtoisie[40] und sprach Maria Paudler frei.

(BT, 21. Mai 1931)

Zwei Detektivinnen
»Sie brachte Blumen mit und Früchte«

Der Prozess gegen Marie Ludwig, die 102 alte Frauen im Laufe von eineinhalb Jahren um 6000 bis 7000 Mark geprellt hat, war sowohl um der Gutgläubigkeit der Betrogenen als um der Genialität der Betrügerin besonders interessant.

Die erste Zeugin gab eigentlich in ihrer Aussage alles, was über den Fall der Betrügerin Ludwig überhaupt zu sagen ist. Eine winzig kleine, ganz dünne alte Dame, ist Lehrerin und wohnt in einem Altersheim. Sie geht mit winzigen, aber festen Schritten zum Gerichtstisch und erklärt, als ob dies selbstverständlich sei, sie sei 1850 geboren, nunmehr 81 Jahre alt. »Eines Tages«, sagt sie, »klopfte es an meinem Zimmer und herein, wie das Mädchen aus der Fremde von Schiller, trat eine sehr elegante Dame, in der einen Hand Blumen, in der anderen Hand Früchte. Ich fragte, wer sie sei. Sie sagte, sie sei Schneiderin, und nun wollte es der Zufall, dass wenige Tage vorher meine Nichte mir erzählt hatte, sie hätte eine so gute Schneiderin, die sie mir auch einmal schicken wollte, eine so sehr reizende Person, sodass ich sagte: ›Ach, Sie sind gewiss Fräulein Schön, die Schneiderin von meiner Nichte.‹ – ›Ja‹, sagte sie, ›die bin ich.‹ Und dann hat sie sich mit mir unterhalten. Diese Frau ist ein Genie, Herr Vorsitzender, sie hat alles aus mir herausgehört, wie ein Untersuchungsrichter, und zwar ein sehr bedeutender. Schließlich sagte sie, sie hätte für meine Nichte Stoffe zu besorgen, machte ihre Tasche auf und entdeckte, dass sie ihr Portemonnaie vergessen hatte. Sie machte einen sehr bestürzten Eindruck. Da hätte ich es eigentlich merken müssen, aber ich merkte es nicht und gab ihr alles, was ich hatte, 60 Mark.«

So sprach die winzige uralte Dame, und die Betrügerin ist wirklich ein Genie. Sie brachte überallhin Blumen mit und Früchte und zog reichbeladen mit Geld wieder ab. Sie betrog 102 alte Frauen und erbeutete in eineinhalb Jahren 6000 bis 7000 Mark. Sie ist wirklich ein Genie. Sie kennt alle Kreise. Sie spricht die Sprache jeder Schicht.

Zu Schmidts kam sie als Tochter des Luisenfriedhofinspektors und bat um Bezahlung der Grabstättenpflege.

»Das Grab halten wir ja selber in Ordnung«, sagte Frau Schmidt, »vielleicht meinen Sie den Grabstein.« – »Natürlich meine ich den Grabstein«, sagte die Betrügerin. Und dann gab sie Geld für den Grabstein.

Zu Frau Schneider kam sie als Wohlfahrtspflegerin. Frau Schneider hatte gerade ihre Unterstützung von 54 Mark abgeholt. »Die Unterstützungen«, sagte die Betrügerin, »werden von nun an immer in zwei Raten ausgezahlt. Sie haben versehentlich das Ganze bekommen, Sie müssen mir die Hälfte zurückgeben«, und Frau Schneider gab zurück.

Zu Frau Schuster kam sie und brachte Rosen und sagte: »Grüße von Ihrer Nichte.« – »Ich habe nur eine Nichte, und mit der bin ich böse.« – »Sie will sich mit Ihnen versöhnen.«

Zu Frau Krause kam sie als Nichte des Pastors und zu Frau Cohn als Fräulein Salomon.

Zu Frau Schirmer kam sie mit Veilchen und sagte, sie sei eine Verwandte aus Weimar. Auf dem Tisch lag eine Trauerkarte. »Ach, da haben Sie ja schon die Anzeige.« Sie bat, die Blumen ins Wasser zu stellen und währenddes las sie die Anzeige und kannte nun alles von Frau Schirmer. »Ich habe Lieschen noch in den Sarg gelegt«, sagte sie, »und ihr Veilchen und Vergissmeinnicht in die Hand gedrückt.« Zuletzt sagte sie, sie brauche Geld für Trauersachen, und Frau Schirmer gab es.

Am besten ging es der Betrügerin bei der alten Frau Gutke.

»Guten Tag«, sagte sie.

»Mit wem habe ich die Ehre«, sagte Frau Gutke.

»Erinnern Sie sich nicht?«

»Nein«, sagte Frau Gutke.

»Ich bin eine Verwandte«, sagte die Betrügerin.

Ach, dachte Frau Gutke, es wird wohl eine Verwandte von meinem Mann sein, der vor 35 Jahren starb.

»Sie sind wohl die Tochter von Otto?«

»Ja«, sagte die Betrügerin.

»Sie waren doch verlobt. Ihren Verlobten habe ich zwar nicht gekannt. Mit wem sind Sie denn jetzt verheiratet?«

»Denken Sie, ich bin jetzt eine Frau von Prittwitz. Mein Mann ist bei der Polizei und verdient 800 Mark im Monat.« Und so sprachen sie von alten Zeiten, bis die Betrügerin ihr die 100 Mark Ersparnisse, die sie für ihre Beerdigung aufgespart hatte, abgeluchst hatte.

Aber ein anderes Genie war diesem Betrugsgenie gewachsen. Als Frau Nitschke vor ihrer Wohnungstür eine Dame stehen sah, die sagte: »Wohnt hier Moldenhauer?«, wurde sie gleich misstrauisch. »Nein«, sagte sie. – »Die sollen aber hier wohnen«, sagte die Betrügerin. Da war es ihr klar, und als die Fremde die Treppe hinunterstieg, rief sie zur Portierfrau: »Halten Sie die Schwindlerin!« Die wollte in ein Auto steigen.

»Fahren Sie nicht«, rief Frau Nitschke, »es ist eine Schwindlerin.« Da kam ein Schupo hinzu und hielt sie fest. Es ist zwar genial, aber eigentlich hatte Frau Nitschke sie völlig grundlos verhaften lassen.

Man hat den Eindruck, dass die Betrügerin, sowohl wie die Dame, die sie verhaften ließ, geniale Detektivtalente sind, die Verwendung finden müssen.

Die gefährliche, immer in gleicher Weise rückfällige Betrügerin wurde zu dreieinhalb Jahren Zuchthaus, 500 Mark Geldstrafe und fünf Jahren Ehrverlust verurteilt.

(BT, 23. Mai 1931)

218 ohne Not
Sittenbild aus Moabit

Auf der Anklagebank sitzen drei junge Ehepaare, zwei Schwestern und ein Bruder, ferner die Männer der Schwestern. Dazu kommt die Abtreiberin, eine ältere Frau, die ein ordentliches, überaus arbeitserfülltes Leben hinter sich hat. Sie hat drei wohlgeratene Kinder. Ein Sohn ist Chauffeur in Polen, ein zweiter Steward auf einem Dampfer, eine Tochter ist Tänzerin und befindet sich auf Tournee. Sie selber wäscht mit ihrem Mann die ganze Nacht über Autos und verdient 300 Mark im Monat. Sie haben eine nette Zwei-Zimmer-Wohnung in Halensee für 60 Mark im Monat. Es ist eine nette kleine Existenz. Nebenbei treibt sie auf halbwegs hygienische Manier ab.

Die Abtreibung kam durch die Selbstbezichtigung der Frau Theres zur Anklage. Frau Theres ist eine wilde Person. Sie sieht mit ihren glatten Ponys aus wie die Lotte Lenya in der »Dreigroschenoper«. Sie ist verheiratet mit einem selbständigen Dekorateur, der ein gutgehendes Geschäft hat. Sie hat dreimal abgetrieben. Bevor sie heirateten, verfiel sie zum ersten Mal. Damals traten erneut epileptische Krämpfe auf, die sich schon als Kind bei ihr gezeigt. Ein Arzt sagte dem Bräutigam und dessen Mutter, dass Epilepsie vererbbar sei, riet zur Fehlgeburt. Ein Frauenarzt verlangte 500 Mark, was ihnen zu teuer war. Der Mann erfuhr die Adresse der weisen Frau. Frau Theres ging hin, und der Mann zahlte 30 Mark. Das Kind war schon im sechsten Monat. Grausige Einzelheiten erzählte der Mann.

Im ersten Ehejahr verfiel sie wieder, ging wieder zur weisen Frau. »Die Schwiegermutter«, sagte Frau Theres, »wollte, dass wir erst mal geschäftlich vorwärtskommen sollten. Wenn's nach mir gegangen wäre, hätte ich alle drei Kinder behalten.«

Der Mann sagt das Gegenteil; sie wollte die Kinder nicht. Vor dunklen Verhältnissen wird der Vorhang gelüftet. Der Ehemann wollte gern ein Kind, aber nicht von seiner Frau, die eine Epileptikerin ist. Er lernt auf dem Alexanderplatz eine Prostituierte kennen. Beginnt ein Verhältnis mit ihr, veranlasst seine Frau, die nicht weiß, um wen es sich handelt, sie aufzunehmen. Nach drei Tagen Krach zwischen den Frauen. Das Mädchen schreit: »Ich habe dasselbe Recht, ich erwarte ein Kind von ihm!« Frau Theres wirft sie aus dem Haus. Das Mädchen kommt wieder. Der Mann, ein Dekorateur in guten Verhältnissen, der Gesellen beschäftigt, behält sie im Haus, mehr noch, rät seiner Frau, auch auf die Straße zu gehen. Warum wolle sie nicht so leicht Geld verdienen? Der Zank zwischen den Frauen hält an. Frau Theres möchte das Mädchen hinauswerfen, aber sie wagt es nicht. »Du mit deiner Abtreiberei sei ganz still!«, ruft sie. Und dann hat auch der Mann mal Geld genommen. Sie hat die Eheleute in der Hand. Da zeigt Frau Theres sich selber an, geht zur Polizei, bezichtigt sich, ihren Mann, die weise Frau und noch dazu ohne Grund ihre beiden Geschwister aus der Provinz, die sie zur weisen Frau geführt hat.

Sie ist eine böse Frau, sie hat eine Urkundenfälschung begangen, um 500 Mark zu bekommen, sie hat heimlich die Sparkassengelder ihres Mannes abgehoben, sie hat ihre Untermieter bestohlen und einen Spitzenkragen in einem Warenhaus entwendet. Sie ist nicht vorbestraft. Sie hat sich jetzt scheiden lassen und eine Stellung angenommen. Die zwei Ehepaare vom Lande, die mit auf der Anklagebank sitzen, sind ordentliche junge Leute; der eine Ehemann ist Setzer, der andere ein Arbeiter. Beiden Paaren geht es gut. Der Bruder sagt: »Bei uns auf dem Lande heiratet man eben, wenn so was vorkommt, aber die Theres hat es uns so leicht gemacht.« Sie grüßen die Theres nicht mehr, die sich abseits gesetzt hat.

Der Staatsanwalt spricht über die Anfechtbarkeit des Paragraphen und beantragt gegen die weise Frau neun Monate Gefängnis wegen Gewerbsmäßigkeit, gegen Frau Theres vier Monate Gefängnis, ihren Ehemann zwei Monate, gegen die jungen Paare je drei Wochen Gefängnis und Strafaussetzung.

(BT, 22. Juli 1931)

Geist und Kriminalität
Der Mann, dem nur im Gefängnis was einfällt

Der Herr, der aus dem Gefängnis vorgeführt wird, sieht aus wie das Urbild des deutschen Professors; er sieht genau so aus, wie seit sechzig Jahren der Typus des deutschen Professors gezeichnet wird. Ein schmales Gesicht, eine Brille, ein blonder Vollbart, ein Cutaway. Mit diesem Mann möchte man zwar keine Weltanschauungsgespräche führen, aber man würde ihm in Gelddingen blindlings vertrauen. Er ist aber 21-mal wegen Eigentumsdelikten vorbestraft.

Mit diesen Eigentumsdelikten ist es so eine Sache. Man weiß nicht recht aus welchem Grunde er sie begeht. Und man könnte fast auf die Idee kommen, er begehe sie, um zu einem ruhigen Aufenthalt zu kommen. Er zieht sich ins Gefängnis zurück, wie manche ins Kloster, wie manche Leute nach Italien reisen, um dort ein Drama zu vollenden, so begeht Herr Schad einen Betrug, um ins Gefängnis zu kommen, denn nur hier, ungestört vom Telefon, hat er Sammlung und Ruhe für seinen Geist, der immer neue Erfindungen produziert.

So hat er im Gefängnis eine Vierfarbendruckmaschine erfunden, ferner eine Maschine, die Torf in einem Arbeitsgang zu Torfplatten presst, die man zum Bau braucht und jetzt zuletzt eine Vorrichtung, die Autos vor dem Gestohlenwerden schützen soll.

Um diese Vorrichtung herzustellen, kaufte er eine Schlosserei für 3500 Mark. Aber er bezahlte für die Schlosserei nur 230 Mark in Raten.

Außerdem stellte er einen jungen Mann ein, der ihm 1000 Mark Kaution gab, die nun auch verloren sind. So ist er wieder wegen Betruges angeklagt, wird aus dem Gefängnis vorgeführt und ins Gefängnis zurückgeführt, verurteilt zu vier Monaten Gefängnis wegen zweier Betrugsfälle.

Das Problem des Geistes wurde in dem kurzen Prozess gegen diesen Mann auf eine absonderliche Weise behandelt. Nur im Gefängnis wird der Geist dieses Angeklagten schöpferisch. Sobald er ins Freie tritt, ist er sowohl von der Not des Lebens, wie von der Unruhe des Tages so absorbiert, dass er jeder Anfechtung nachgibt.

Was für Schiller die faulen Äpfel, sind für diesen Erfinder die vergitterten Fenster.

(BT, 7. August 1931)

Begräbnis der Liebe
Einige Stunden in einer Ehescheidungskammer beim Landgericht I.

Im Kriminalgericht sind die Menschen nach ihren Funktionen durch drei Treppensysteme getrennt. Amtspersonen, Anwälte und Zeugen gehen die Haupttreppe, der Angeklagte durch verdeckte Gänge, das Volk der Zuhörer über eine dritte Treppe. Im Zivilgericht in der Grunerstraße dagegen wimmelt alles munter durcheinander. Im Allgemeinen sehen die Gerichtsverhandlungen in der Grunerstraße wie eine Privatunterhaltung zwischen Richter und Anwälten aus. Man flüstert miteinander, Formeln werden heruntergerasselt, eine Schreibmaschine klappert und schwarze Talare fliegen rein und raus. Vor den Türen der Scheidungskammern aber drängt sich das Volk. Der Raum ist wegen Überfüllung geschlossen.

Etwa zehn Männer stehen zusammen. Alle sozialen Unterschiede sind verschwunden. Tief kramt der Herr im eleganten Ulster seine Gefühle vor dem Herrn in Halstuch und Jockeymütze aus. Eine junge dralle Person geht über den Korridor. »Da geht auch so eine«, sagt einer der Männer mit tiefer Missbilligung. Und alle stimmen in seine Missbilligung ein. Später, als die junge, dralle Person vor dem Richter steht, zeigt sich, dass die Solidarität der Männer berechtigt war. Sie ist wirklich »so eine«!

– »Nein«, ruft sie, »dann lass ich ihn eben noch mal pfänden.«

»Sie können ihn ja erpressen, solange Sie wollen, das ist Ihr gutes Recht«, sagt der Richter empört, »aber ob Sie damit viel erreichen, weiß ich nicht.«

»Wo ich zwei Kinder habe, Herr Vorsitzender, und er 1000 Mark verdient.«

»Er verdient ja nicht 1000 Mark, sondern 200.«

»Ich kann nich mit 100 Mark leben, was glauben Sie, was die Jungs zerreißen?«

»Können Sie nichts zuverdienen?«

»Wo kann ich denn mit zwei Kindern? Und dann hat er ja die ganze letzte Zeit nichts gezahlt.«

»Weil Sie sein Gehalt haben pfänden lassen.«

Man kommt zu keinem Resultat. Die Rechtsanwälte wollen noch einmal zusammen reden. Elend bleibt es auf alle Fälle auf beiden Seiten. Die Mutter zweier Kinder muss leben.

Nach der Frau mit den zwei Kindern kommen lauter »leichte Fälle«, die Kinderlosen nämlich. Ein Beklagter tritt vor, erzählt, der Protokollführer schreibt: »Ich tausche Zärtlichkeiten mit Fräulein Schneider und küsse sie auch, Ehebruch habe ich nicht begangen, aber ich wohne mit ihr zusammen.« Er hat seine Frau 1928 verlassen. »Aber«, sagt er, »sie hatte Beziehungen zu einem anderen, bevor ich sie überhaupt verlassen habe. Ich bin da nicht allein schuldig. Sie hat es mit ihrem Untermieter Mayer gehabt.«

»Also Widerklage. Was sagt die Klägerin dazu?«

»Na gut, ich werde den Mayer auf mich nehmen.« – So auf Klage und Widerklage wird die Ehe mit beiderseitiger Schuld geschieden.

Längst wartet schon auf der Zuhörerbank eine schöne Frau in etwas auffälligem künstlerisch-intellektuellen Anzug, einen grauen Herrenfilzhut auf lange graue Locken gedrückt. Nun wird sie aufgerufen. Sie ist Beklagte, sie hat ihren Mann verlassen. – Der Mann tritt vor, ein gedrückter, kleiner, vierschrötiger, ganz subalterner Mensch. »Es gibt Ehen, deren Entstehung sich auch die belletristisch geübteste Phantasie nicht vorstellen kann«, sagt Thomas Mann. Dies ist so eine.

Der Mann schweigt. Die Frau sagt: »Ich kann dem Mann nichts vorwerfen, es ist ein guter Mensch, aber ich kann nicht mehr mit ihm zusammen sein.

Richter: Ist das unüberwindbar?

Frau: Ganz unüberwindbar.

Richter: Sie übernehmen die Schuld.

Sie sagt: »Selbstverständlich nehme ich die Schuld auf mich.«

Der Mann sagt kein Wort. Verlegen spielt er mit den Händen. Sie geht davon mit der Sicherheit eines Menschen, der klar und richtig gehandelt hat; aber sie ist zu betont sicher, um nicht das Schwere spüren zu lassen, das diese Umkehrung der natürlichen Beziehung verdeckt.

Nach ihr kommt wieder eine dieser modernen, tüchtigen Frauen. Äußerlich ist sie ganz weiblich. Eine mollige, blonde Frau. Sie hat ihren Mann verlassen. »Er ist ein lieber, netter, guter und anständiger Mensch, aber zu nervös. Er hat mir ins Auge geschlagen, dass die ganze Backe geschwollen war.«

Richter: Ich finde einen Widerspruch in Ihrer Aussage, einerseits sagen Sie, ein lieber und netter Mensch, und andererseits, er hat Sie ins Auge geschlagen. Das ist doch wohl nicht lieb und nett?

Frau: Ich meine, er betrügt mich nicht.

Richter: Er will sie ja auch gerne zurückhaben.

Frau: Das will ich glauben, so eine wie mich findet er ja auch nicht zum zweiten Mal. Aber zurückkommen kann ich nur, wenn das Gericht Gütertrennung und Kassentrennung anordnet. Seit ich verheiratet bin, habe ich ihn miternährt. Ich verdiene 573 Mark, ich will gar nichts von ihm haben.

Richter: Aber wie wird das mit dem Kind? Wenn Sie ihn verlassen haben, sind Sie schuldig. Da weiß man noch gar nicht, wie das mit dem Kinde wird? – Plötzlich, von einer Minute auf die andere, sackt die Frau zusammen und weint: Wegen des Kindes will ich zurück.

Nach der Tragödie das Satyrspiel. Einer will durchaus nicht wegen Ehebruch, sondern nur wegen Ehewidrigkeit verurteilt werden.

Richter: Aber Sie leben doch schon lange mit Ihrer Freundin in derselben Wohnung. Haben Sie nicht auch ein Kind von ihr?

Mann: Zweie sogar.

Von dem schlichten Wort: »Ich kann sie nun eben nicht mehr leiden«, von der Beschwerde: »For mir immer blanke Stulle und sie mit Wurscht, und meine Lohntüte zu ihrer Mutter getragen«, bis zum teuren Scheidungsgrund mit Detektiv ist es ein langer Elendszug beim Leichenbegängnis der Liebe.

(BT, 16. August 1931)

Plünderung oder Mundraub?

Ein Arbeitsloser, arbeitslos seit April 1930, sieht in der Rosenthaler Straße eine Menge junger Burschen, die zur Magazinstraße ziehen. Er hat nichts zu tun, zieht mit und sieht, dass der Haufen in ein Buttergeschäft eindringt, Sachen nimmt, davonläuft und verschwindet. Einer verliert eine Wurst und verschwindet. Er nimmt die Wurst auf und wird verhaftet. Er ist unbestraft. Ein zweiter Arbeitsloser, der wegen Bettelns vorbestraft ist, war bei dem Haufen dabei, drang in den Laden mit ein und nahm fünf Flaschen Himbeersaft. Warum Himbeersaft? Weil er nichts anderes gekriegt hat, es waren zu viele.

Der Aussage des Ersten, der nicht im Laden gewesen sein will, widerspricht die Zeugin, die Verkäuferin, die den Mann im Laden gesehen haben und bestimmt wiedererkennen will.

Derartige Verhandlungen finden jetzt ziemlich häufig vor dem Schnellgericht statt, und es wäre über sie, da ihr Hintergrund wohl der interessanteste und aktuellste dieser Tage, die Verhandlung selber aber denkbar einförmig ist, kaum zu berichten, wenn nicht die Strafanträge und die Urteile von exorbitanter Höhe wären. Es werden nämlich diese Notdiebstähle nicht als Notdiebstähle abgeurteilt und auch nicht als Mundraub, sondern sie gelten als Landfriedensbruch. Die Mindeststrafe für Landfriedensbruch ist sechs Monate Gefängnis. Der Staatsanwalt erklärte: »Diese Überfälle auf Lebensmittelgeschäfte sind von bestimmter Seite inszeniert, und es muss deshalb mit energischen Strafen diesen Plünderungen entgegengetreten werden.« Er beantragte gegen den Himbeersafträuber sechs Monate Gefängnis, gegen den Wurstdieb neun Monate Gefängnis.

Das Gericht verurteilte die beiden zu sieben Monaten Gefängnis. Der eine der Arbeitslosen erklärte ohne jede Verteidigung, bereits beim Antrag des Staatsanwaltes, dass er die Strafe annehme. Es ist sehr die Frage, ob bei unbestraften Leuten, die zum ersten Mal bei einem Mundraub betroffen werden, generell Landfriedensbruch angenommen werden muss und ob man nicht in manchen milder gelagerten Fällen Notdiebstahl annehmen könnte.

(BT, 20. August 1931)

Am Rande des Gerichts
Von Zuhörern und Wachtmeistern

Am Rande sitzen die Zuhörer und die Wachtmeister. Ebenso wie Wachtmeister sind immer Zuhörer da. Die Zuhörer sind das Volk. Sie sind die Öffentlichkeit, eine der großen Errungenschaften der Französischen Revolution, sie sind das Ende der Kabinettsjustiz, unter vielen andern natürlich. Aber der Zuhörer gehört dazu. Die Mündlichkeit und Öffentlichkeit des Verfahrens gehört dazu. Und so ist noch jedes Mitglied der Unterwelt, das kommt, um zuzuhören, ob der blasse Emil sich auch kommentmäßig benimmt, ein Träger einer der großen Ideen des Liberalismus.

Der Zuhörerraum ist dem Richter geneigt, und er vertritt – es sei denn, seine Zusammensetzung sei eine ganz besondere, wie in politischen Prozessen – die Ideale der Ordnung und der

Zucht. Bei Taten, die das Gerechtigkeitsgefühl in Harnisch bringt, wie Heiratsschwindel oder Darlehensschwindel oder Ähnlichem, ist der Zuhörerraum für Aufhängen oder Vierteilen oder für ähnliche primitive Rachestrafen. »Sowat jehört nich unter Menschen.«

Die Reaktion des Zuhörers auf Verhandlungsführung und Urteil ist ein Lehrbuch der Psychologie. Das Wohlwollen gehört in den meisten Fällen mit eigentümlicher Instinktsicherheit dem alten, milden und ruhigen Richter in viel höherem Ausmaß als dem sehr klugen oder gar geistreichen.

Der Zuhörer ist nun zwar Träger einer großen Idee, aber im Übrigen zur Stummheit verurteilt. Der Wachtmeister bewacht ihn. Und man kann kaum vom Zuhörer reden, ohne des Wachtmeisters zu gedenken.

Der Wachtmeister trägt Feldgrau, was eine sehr bescheidene Tracht ist. Des Wachtmeisters Tätigkeit besteht darin, die Listen für die Gebühren auszufüllen und Angeklagte und Zeugen aufzurufen, erst gemeinsam: »Angeklagte und Zeugen eintreten«, dann jeden Zeugen noch einmal einzeln und namentlich. Seine ganze weitere Tätigkeit besteht in seinen Beziehungen zum Zuhörerraum. Ist der Zuhörerraum besetzt, was meist schon fünf Minuten nach Beginn der Sitzungen der Fall ist, so hängt der Wachtmeister ein Schild »Besetzt« hinaus. Kommt dann doch noch einer herein, so schreit der Wachtmeister: »Ist doch alles voll!« Geht dann der Träger der großen Idee immer noch nicht, so begibt sich der Wachtmeister in den Zuhörerraum und drängt ihn hinaus, was zu heftigem Protest Anlass gibt. Wird die Öffentlichkeit wegen Gefährdung der Staatssicherheit oder der Sittlichkeit ausgeschlossen, so hängt der Wachtmeister, nachdem alles leer ist, den Zettel »Öffentlichkeit ausgeschlossen« hinaus und verschließt die Tür.

Eine weitere Tätigkeit des Wachtmeisters besteht darin, dem Publikum das Schwatzen und das Frühstücken zu verbieten. Je nach Temperament sagt er dann: »Gegessen wird hier nicht!« Oder: »Hier is kein Frühstückslokal!« Das Lachen hingegen verbietet der Vorsitzende selbst: »Ich bitte, jede Beifalls- und Missfallensäußerung zu unterdrücken.«

Das wäre der Wachtmeister. Sling[41] – während seines Lebens konnte man nur sagen: der bekannte Gerichtsberichterstatter, nach seinem Tode kann man sagen: der berühmte Gerichtsberichterstatter – Sling, mit dem ich das Glück hatte, fast vier Jahre lang durch Moabit zu wandern, sah manchmal melancholisch auf die Wachtmeister und sagte neidvoll: »Die haben es nicht nötig, sich durchs Leben zu slingen.« Auch der Zuhörer teilt diese Empfindung, und er sagt manchmal: »Ne schöne ruhige Arbeit haben die Wachtmeister.« Wohingegen sich bei den Wachtmeistern erweist, dass das Milieu und die Gehaltsklasse keineswegs den Menschen bestimmt und dass man nichts verallgemeinern kann. Wir haben Wachtmeister, die, jeder Zoll ein Unteroffizier, es lieben, Schnauzbärte zu tragen, die man fast über die Ohren legen kann, und eine Frage, zum Beispiel »Ist Pause?« als Insubordination betrachten und in richtiger Folge ihres – man muss schon sagen – vormärzlichen Geistes eine helle Freude haben, wenn die Öffentlichkeit ausgeschlossen ist und sie brüllend das Volk, diesen Träger aufrührerischer Gedanken, verjagen können.

Aber es gibt auch heiter-menschliche, ja, es gibt ihrer sogar bedeutend mehr als der anderen, solche, die Witze machen zum Beispiel. Da kommt ein Angeklagter zu früh und geht an seinen Platz. »Kommen Sie man her und setzen Sie sich hier auf die Zeugenbank. Auf die Anklagebank kommen Sie noch immer früh genug!« – »Wennse schon frühstücken, dann rascheln Sie doch nicht so mits Papier, dass mans merken muss, hier darf nämlich nicht gegessen werden.« Es gibt Wachtmeister, die finden jede Verhandlung interessant, sie verfolgen jedes Wort, sie werden gute Juristen und noch bessere Menschenkenner, und es gibt andere Wachtmeister, die nölen immer vor sich hin, und wenn man sie etwas fragt, so sagen sie: »Ich hab' da nich zujehört, ich weiß nich, was hier los ist.« Die einen machen the best of it, sie finden ihre Tätigkeit in jeder Beziehung interessant, spannend verläuft ihnen der Tag. Die anderen dämmern hin, und tausend Menschenschicksale sind ihnen kein Vorgang, für den es sich lohnte, aus dem Halbschlaf zu erwachen.

Die Zuhörer hingegen sind so, wie sie sich jeder Vortragende wünscht. Morgens um 9 Uhr treten sie an, und um 3 Uhr verlassen sie den Raum. Der Zuhörer kommt entweder wegen dieser einen Verhandlung, oder er kommt aus allgemeinem Interesse. Zuhörer, die wegen der einen Verhandlung kommen, sind natürlich ganz verschieden. Da sind die Mitglieder der Ringvereine, wenn es sich um Einbrecher und ähnliche Sparten handelt, da sind die Bräute und Freundinnen, wenn es um Zuhälterei oder Kuppelei geht, da kommt das Haus zu den Beleidigungsprozessen, und manch ein Meineidsprozess ist aus dem Zuhörerraum heraus entstanden.

Frauen sind wenige im Zuhörerraum; solche, die aus allgemeinem Interesse hingehen, fast gar nicht. Wenn einmal mehr Frauen sich in einem Verhandlungszimmer zeigen, so ist es entweder ein Sensationsprozess, oder es sind Angehörige. Manchmal sieht man jetzt auch junge Paare in Windjacken, bei denen man immer erst einen Augenblick hinsehen muss, wer der männliche Teil ist, weil die Mädchen eine jünglingshafte Kühnheit in Gesicht und Haar haben und ihre Tracht sich nicht von der des Begleiters unterscheidet. Nur ist eins beim Alten geblieben. Der junge Mann erklärt die Vorgänge dem Mädchen, nicht umgekehrt.

Aber all diese sind Spreu unter dem sesshaften Weizen der- jenigen Gerichtsbesucher, die ihr Leben aufgegeben haben, um dem der anderen zuzusehen. Seit sechs Jahren sehe ich unter ihnen einen älteren Mann, der aussieht wie ein freundlich hei- terer Schauspieler. Er sitzt immer tagaus, tagein auf demselben Platz, im selben Saal, er wechselt nie das Zimmer. Unter den verschiedenen Möglichkeiten wählt er immer das Gleiche. Die Angeklagten sind jede Stunde andere, immer wieder kommen andere Staatsanwälte, andere Richter, andere Referendare, an- dere Schöffen, nur einer blieb sechs Jahre der Gleiche, der Zuhörer! Wir machten uns neulich bekannt, nicht etwa mit Vorstellung, sondern über das Gitter weg, hinter dem das Volk sitzt, sagten wir: »Na, Sie sind ja auch schon lange hier.« – »Tja, ja«, sagten wir beide.

»Haben Sie denn immer Zeit?«, fragte ich Neugierling.

»Gott, Fräulein, mit die Geschäfte ist ja nichts mehr zu ver- dienen.«

Und weil er das seit sechs Jahren in guten und schlechten Zeiten so fand, darum hat er es aufgegeben, sich überhaupt noch an den Zeiten zu beteiligen, und sitzt, ein heiterer Zu- schauer des schweren Lebens, seit sechs Jahren von 9 Uhr mor- gens ab auf seinem Stammsitz in Moabit.

(BT, 2. September 1931)

Sensation! Sensation!
Unterwelt, die keine war

Große Sensation in allen Blättern. »Hand in Hand«! Unterwelt! Mitglieder von Unterweltvereinen, Verbrecher greifen aus Rache Wirt in Berlin an, zertrümmern das Mobiliar, bezahlen nicht die Zeche. So hieß es. Aber wie sah die Sache vor Gericht aus?

Angeklagt sind sechs Personen. Sechs Leute wegen Zechprellerei, wegen Sachbeschädigung, wegen Körperverletzung.

Es stellt sich heraus, dass fünf davon gar nichts gemacht haben und dass der sechste eine Eiterbeule im Kopf hat. Von Verbrechern kann gar keine Rede sein. Die meisten sind unbestraft. Drei von ihnen machten eine kleine Bierreise, so von morgens um 10 Uhr an, und inzwischen war es 8 Uhr abends, und man fing schon an, ein bisschen angetrunken zu sein, und als sie in das Restaurant von Schleier kamen, bestellte der mit der Kopfverletzung eine Lage, und dann bestellte er noch eine Lage, aber da wollte der Wirt erst die erste Lage bezahlt haben. Über diesen Zweifel an seiner Kreditwürdigkeit, dass er erst die erste Lage bezahlen sollte, bevor er die zweite Lage bekam, erboste er sich ganz außerordentlich. Ja, er erboste sich erstens über den Wirt, aber zweitens kam zu der sozusagen natürlichen Erbostheit die, die infolge der Kopfverletzung hinzukam, und so ergriff er erst 18 Flaschen Weinbrand, warf sie in alle Ecken und zertrümmerte, was ihm in den Weg kam, und dann ergriff er noch 40 Likörflaschen und zerschmiss sie. Und keiner konnte ihn aufhalten in seinem sinnlosen Tun. Sein Freund, der neben ihm stand, rief: »Ich habe noch Bewährungsfrist, ich will doch nicht, dass ich wegen so'n Quatsch die Bewährung verliere!« Und er trollte sich. Und so blieb von der ganzen »Rache der Unterweltvereine« nichts weiter übrig als ein Freispruch in fünf Fällen und die Tat eines Betrunkenen, der noch dazu eine Kopfverletzung hat. Wegen dieser Kopfverletzung wurde dann noch dazu die Sache vertagt, damit Sanitätsrat Dr. Leppmann den Mann auf seinen Geisteszustand untersuche. Das ist alles, was vom Rachefeldzug des Unterweltvereins »Hand in Hand« übrig blieb.

(BT, 20. September 1931)

Nachspiel
Der Mann, der ins Gefängnis wollte

Das Urteil ist verkündet. Sieben Monate Gefängnis. »Und was ist mit der Haft?«, fragt der Angeklagte. »Ich habe leider keine Möglichkeit, Sie zu verhaften«, antwortet der Richter bedauernd. – »Na, was soll ich nu machen?«

»Ich glaube, es erwartet Sie draußen eine Möglichkeit, in Haft zu kommen.« Mit diesen dunklen Worten entlässt der Richter den Dieb.

Draußen vor dem Saal promeniert tatsächlich seit einiger Zeit ein Bestohlener. »Na, Otto«, sagt er, »das war nicht schön, dass du mir meine Windjacke gestohlen hast, wo ich selber nichts habe. Ich werde dir jetzt verhaften lassen.«

So in aller Freundschaft will der Bestohlene Otto zum Schupo führen, als ein Journalist sich ihnen nähert: »Meine

Herren«, sagt er. »es sei mir vergönnt einzugreifen, ich sehe, dass Herr Otto eine Windjacke trägt, vielleicht ist es die Ihre? Vielleicht kann Ihnen gleich zu Ihrem Eigentum verholfen werden?«

»Ja, richtig«, sagt der Bestohlene, »das ist sie ja. Kannstse mir ja gleich wiedergeben, ist der Fall erledigt. Wirste auch nicht frieren?«, sagt der Bestohlene besorgt.

»Nee, nee, sieh mal, ick habe so ne dicke Wollweste an und dann noch 'n dickes Hemde drunter.«

»Na ja, denn gib se her.« Der Dieb zieht seine Windjacke aus und gibt sie zurück. »Und was wird mit der Anzeige?«, fragt er dann. – »Na, wo ich die Jacke wiederhabe, könnte ich se ja zurücknehmen.« – »Und was soll ich machen?«, sagt der Dieb, »wo ich in Falkenberg zu Hause bin?« – »Na das Fahrgeld werden wir schon aufbringen«, sagt der Journalist.

»Ich will aber gar nicht zurück nach Falkenberg, da sitzt meine Alte, wenn die det erfährt mit sieben Monat und so, det mechte ich nich erleben.« – »Und wat willste hier machen?« Der Dieb zuckt die Achseln. »Sagen Sie, meine Herren, wat soll ich tun?«

Er weiß nicht, wir wissen auch nicht, und er verschwindet, ein Sandkorn des großen Meeres Berlin, ein Sandkorn im Ozean der Autos und Steinhäuser.

(BT, 25. Oktober 1931)

Wer schießt aus Liebe?

Ist man sechs Jahre ein Bewohner von Moabit und hat man vieler Menschen Schicksal gesehen, so macht man eine erschütternde Beobachtung. Männer schießen aus Liebe zwischen siebzehn und dreiundzwanzig, Frauen schießen zwischen fünfunddreißig und fünfzig.

Der Mensch schießt aus Phantasielosigkeit. Aber der Mann sieht hinter dieser und gerade nur dieser Käthe ein dunkles Nichts nur so lange, wie er jung ist. Später scheint es beinahe so, als ob er noch am Grabe die Hoffnung aufpflanze.

Die Frau aber sieht gerade an der Wende der Zeiten den schwarzen Abgrund, ihr erscheint meist schon dreißig eine Zeit, wo der verlorene Otto gleichbedeutend ist mit dem Verlust des Mannes überhaupt. Schießen besagt weder für noch gegen Subjekt oder Objekt etwas. Erstens ist ein Revolver kein Beil, das heißt, ein Revolver ist so leicht zu handhaben, dass dem primitivsten Menschen die Wirkung nicht klar ist. Ein Beil oder ein Dolch lassen auf Wut oder Roheit schließen, zum Revolver genügt Traurigkeit.

Fast alle unglücklich Liebenden schießen aus Trauer. Eifersucht ist nicht das Primäre. Primär ist die Traurigkeit, zu der die Eifersucht tritt. Wenn das deutsche Mädchen auf den südländischen Studenten schoss, so hatte er sich natürlich im Typ vergriffen. Was für Hunderte eine reizende Episode gewesen wäre, war für die Traurige, die Hundertunderste, die große Katastrophe. Sie war erst siebenundzwanzig, aber in ihrer Mentalität war sie schon über dreißig.

Genau wie bei Privatklagen sehr häufig der Kläger schuldiger ist als der Beklagte, so scheinen beim Schießen aus Liebe fast immer die Schießenden die Edleren. Sie sind es, die monogam sind, und sie machen schon aus diesem Grunde vor Gericht den besseren Eindruck als die angeschossenen, meist leichtsinnigeren Zeugen und Gegenstände solch lebensgefährlicher Liebe. Aber überhaupt ist der Liebende größer als der Geliebte. »Der Schenkende«, sagt ein herrliches chassidisches Wort, »ist vonseiten der Gnade, und der Empfangende ist vonseiten des Gerichts, und so ist es mit jedem Ding. Wie wenn man aus einem großen Gefäß in einen Becher gießt. Das Gefäß schüttet sich in Fülle aus, aber der Becher setzt seiner Gabe die Grenze.«

Jeder will lieben, aber keiner wagt es, zu gestehen. Das Ehrenvollere ist nämlich, geliebt zu werden. Der Kurswert eines Mannes oder einer Frau richtet sich nicht nach seiner Liebesfähigkeit, sondern der Quantität seines Geliebtwerdens. Darum erzählen alle Frauen gern, wie Männer sie lieben und wie eifersüchtig sie sind, und die Männer erzählen dasselbe von Frauen. Zu lieben, vor allem unglücklich zu lieben, gilt nämlich als Schwäche und als Lächerlichkeit, und eine alternde Frau, die unglücklich liebt, ist ebenso komisch wie ein männlicher Grünschnabel. Nur an einem Ort ist der unglücklich Liebende merkwürdigerweise der Sympathische, in Moabit nämlich, wo es immer so aussieht, als ob die Tragödien nie durch die Gewalttätigkeit und die Ungerechtigkeit der Liebenden entstünden, sondern durch die Intoleranz und die Mitleidlosigkeit der Geliebten.

Da war ein junger Monteur, der hatte auf seine Braut geschossen. Die Braut war auf einer Gesellschaft, der Monteur ging hin, rief sie auf den Korridor heraus und verletzte nach kurzem Wortwechsel sie leicht, sich schwer. Das Mädchen ging zur Rettungswache, ließ sich verbinden und eilte dann zur Tanzerei zurück. »Wie?«, rief der Vorsitzende entsetzt, »Sie gingen zur Tanzerei zurück? War Ihnen denn dafür nicht die Lust vergangen?« – »Ach nö.«

In diesem »Ach nö« behandelte sie das Ganze. Staatsanwalt und Richter rieten dem jungen Mann ab, dieses Mädchen je zu heiraten. Aber er blieb dabei, dass er sie liebe, denn das ist das Seltsame: die Frau, die schießt, hasst, der Mann, der schießt, liebt. Meistens lieben die Männer die Angeschossene noch immer weiter, während die Frauen von einem entsetzlichen Hass erfüllt sind. Der Fall Flessa[42] war hierin eine Ausnahme. Vielleicht, weil der Mann tot war, liebte ihn das Mädchen mit gleicher Glut weiter.

Allen Menschen, die sich in Moabit wegen Liebesschießens zu verantworten haben, und deren Zahl ungefähr konstant bleibt, wäre zu helfen. Und zwar meist mit anderen und neuen Exemplaren für die Liebe. Aber die, die da schießen, sind die Hilflosen auf diesem Gebiet, die blutjungen Männer und die älteren Mädchen, und sie haben meist nur den einen Mut, nämlich den Mut, ein eigenes Gesetz zu stipulieren, Todesstrafe nämlich für Nichtwiederlieben. Sie haben keinen Begriff für das ureigenste Recht der Kreatur, sich die Gegenstände seiner Liebe selber zu wählen.

(BT, 5. Dezember 1931)

Atmosphäre des Bürgerkriegs

In den Fememordprozessen wurde der Vorhang geöffnet vor Verschwörung und Landsknechtstum und in ihrem Gefolge Putsch und Mord. Unvergesslich die Aussage Schmidt-Halbschuhs aus einem der letzten Fememordprozesse: »Wir gründeten eine nationale Armee 1920. Ziel der nationalen Armee war Vernichtung der Republik in allen ihren Organen. Wir beschlossen die Tötung Severings, Seeckts und die Befreiung Ehrhardts.«

Der Vorsitzende Siegert fragte damals: »Wie groß war die nationale Armee bei ihrer Gründung?« Zeuge: »Sechs Mann.« Gelächter im Zuhörerraum. Gelächter im Zuhörerraum! Grausig, diese Bürgerkriegsatmosphäre, Spießgesellen, gedungene

Mörder, und Befehlshaber, die den Mord diktierten. Aber das Ganze 1927 ein Spuk aus dem Jahre 1923, da mit der Währung alle sittlichen Begriffe in den aufgetanen Abgrund flogen.

Jetzt, 1931, herrscht nicht mehr bei sechs Mann, sondern bei sehr vielen die Psychose des Bürgerkriegs. Der Ausdruck der Nationalsozialisten ist der militärische. Das Zivilleben kennen sie nicht mehr. Noch vor wenigen Jahren fiel es auf, als in einem Prozess ein nationalsozialistischer Schlächter sein Schlächterbeil ernsthaft sein Schanzzeug nannte. Aber inzwischen hat sich die Psychose ausgebreitet, und die Schlägereien in den Straßen Berlins werden mit allem Glanz und Schimmer von Kriegshandlungen umgeben. In diesen sämtlichen Prozessen, es handle sich nun um Landfriedensbruch oder um Totschlag, wird die Nomenklatur des Krieges gebraucht. Auf das »Angriffslokal« oder das »Verkehrslokal« wird ein Überfall erwartet. Aus diesem Grunde muss »Verstärkung herangezogen« werden. Verstärkung wird herangezogen aus dem Angriffslokal oder dem Verkehrslokal. Sie rüsten. Sie untersuchen einander, »ob jeder was zu schlagen hat«. Sie »geben Alarm«. Sie rufen: »Dicke Luft«. Und das Angriffslokal ist die Filiale des »Angriffs«[43], und das »Verkehrslokal«, jene »Stellung« nämlich, die »überfallen« wird, »gestürmt« wird, »verteidigt« werden muss, wenn's nottut, mit »Verstärkung«, ist eine beliebige Kneipe, im Prozess Kollatz die Kneipe »Kirschke«, im Prozess Timpe und Genossen die Kneipe »Ameise«, in anderen Prozessen andere Kneipen. Vor diesen Berliner Restaurants oder den Zeitungsfilialen »ziehen sie auf Wache«. Sie stehen »Wachtposten«. Sie essen aus Feldküchen, in denen SA-Schwestern das Essen bereiten. Das Feld ist nicht der Schützengraben in Frankreich, sondern die Hedemannstraße. Sie tragen Waffen. Der Vorsitzende im Kollatz-Prozess fragte: »Ist Ihnen nicht bekannt, dass vonseiten Ihrer Partei das Waffentragen verboten ist?«

Kollatz: »Ja, das Waffentragen im Dienst ist verboten. Ich habe die Waffe auch nur außerhalb des Dienstes getragen.«

Damit will er sagen, »auf Wache«, abkommandiert als Posten der »Angriff«-Filiale, war er ohne Waffen. Den Revolver steckte er erst wieder ein, als er sich außerhalb des offiziellen Dienstes und nur im latenten Bürgerkrieg befand. Denn wann befindet sich ein Nationalsozialist nicht im Dienst? Nie. Beispiel für viele sei Kuntze, der den 16-jährigen Lehrling Nathan totgeschossen hat. Als Kuntze von dem Vorsitzenden nach seinem Beruf gefragt wurde, antwortete er: »Ordonnanz, Ordonnanz des Standartenführers II.« Erst langsam war zu erfahren, dass er Postaushelfer sei, verheiratet und Vater zweier Kinder. Das ist die vollendete Kriegsmentalität, wo der Mensch nur noch Oberleutnant war oder Vizefeldwebel oder Gefreiter, wo an Stelle aller bürgerlichen Ehrgeize der Trieb nach militärischer Beförderung getreten war. Die Nationalsozialisten behaupten, die Revolution der Marxisten zu bekämpfen, sie wollen ihr bürgerliches Leben erhalten, aber wenn sie gefragt werden, wer sie sind, so antworten sie mit dem Armeerang im Bürgerkrieg. Sie sind SA-Mann oder SS oder Ordonnanz oder auch nur HJ. Sie haben längst vergessen, dass sie Arbeitslose sind oder Verkäufer von Stoffen oder Buchhalter oder Postbeamte.

Sie fliehen nicht, wenn sie ein Verbrechen begangen haben, sondern sie bekommen Befehl, sich nach Mecklenburg zu begeben. Nicht der Ringverein hilft ihnen weiter, sondern die Fluchtorganisation, die Befehl auf Befehl überbringt, und statt der Parole schreiben sie sich Adressen in gedruckte Bücher. Und wenn sie verhaftet werden sollen, so »ergeben« sie sich.

In diese Mentalität des Krieges passt die Renommiersucht mit hinein. Immer erzählen diese jungen Leute von ihren Kriegstaten. »So lag ich, so führt' ich meine Klinge.« Der Nationalsozialist Westenberger, der den Zeitungshändler Heimbürger erstach, hatte seiner Freundin erzählt: »Ich habe heute einen Kommunisten erstochen, ich habe ihm das Messer in den Leib gerammt.«

Vorsitzender: »Warum erzählten Sie ihr das?«

»Aus Renommage.«

Fast wörtlich wiederholte sich dieser Dialog in dem Kollatz-Prozess. Hauschke hat Weber in Kufstein bei der Einweihung der Heldenorgel erzählt, dass er zwei Leute erschossen habe. »Warum erzählten Sie das?«, fragte der Vorsitzende.

»Aus Renommiersucht.«

In dieser Atmosphäre werden die Menschen nicht mehr getötet oder ermordet, sondern sie fallen. Und die Menschen werden zu Leuten.

Am Freitag sagte der Angeklagte Bressel: »Ich habe den Reichsbannermann Schneider gut gekannt, und es tut mir leid, dass er gefallen ist.« Keiner rügte das. Im Gegenteil. Zwei Tage später sagte der Vorsitzende schon selber: »Sie wussten nun doch, dass zwei Leute in dieser Nacht gefallen waren.« Er sagt nicht: getötet wurden, ermordet wurden, erschossen wurden, er spricht in diesem Totschlagsprozess von »Gefallenen«.

Es ist Krieg, und jene Psychose, die diesen latenten Krieg entfachte, wird weiter genährt.

Wo immer man die nationalsozialistischen Blätter aufschlägt, ist sie zu finden. Erinnern Sie sich an die amtlichen Bekanntmachungen des Oberbefehlshabers in den Marken? An den Tagesbefehl jeder kleinsten Schreibstube? Dieser Stil wird bewusst fortgesetzt.

»Bekanntmachung der Reichszeugmeisterei zu Nr. 347 des ›Völkischen Beobachters‹.[44]

Feldbindenschloss für SS-Führer.

Für SS-Sturmführer und höhere SS-Führer wird laut Anordnung der RFSS[45] nur noch das neue gesetzlich geschützte Feldbindenschloss geliefert. Aus technischen Gründen kommen nur fertige Garnituren, bestehend aus Feldbinden, Schloss und Leibriemen zum Versand. Bei Bestellung ist die Weite des Leibriemens anzugeben, dieselbe wird bis zum mittleren Schnall-Loch gemessen. Der Preis der Garnitur beträgt 4,60 Mark zuzüglich Versandspesen. Die Lieferung erfolgt nur durch die Reichszeugmeisterei der NSDAP.

SA-Adjutantenschnur. Der Verkaufspreis der SA-Adjutantenschnur wird auf 3,90 Reichsmark zuzüglich Versandspesen festgesetzt. Bestellungen sind an die zuständigen Zeugmeistereien zu richten.«

Und da es im Kriege Verwundete und Gefallene gibt, gibt es auch Befehle über Sanitätsmaterial.

»Den Bemühungen des Reichsarztes in Verbindung mit der Reichszeugmeisterei ist es gelungen, SA-Verbandspäckchen und Sanitätstaschen in bester Ausführung vorteilhaft zu beschaffen. Diese SA-Verbandspäckchen und Sanitätstaschen werden zu folgenden niedrigen Preisen abgegeben:

SA-Verbandspäckchen – Stück 0,10 RM

Sanitätstaschen aus Kernleder – Stück 2,50 RM

(zuzüglich Versandspesen)

Es handelt sich keineswegs um alte abgelagerte Bestände, sondern um fabrikneue Ware.

Bezugsberechtigt sind SA, SS, NSKK[46] und HJ. Verwendung ausschließlich im Dienst. Bestellungen sind an die zuständigen Zeugmeistereien zu richten.

Kassel, den 7. Dezember 1931.

Reichsarzt

gez. Dr. Hocheisen

München, den 7. Dezember 1931.

Reichszeugmeister

gez. Büchner

Anschrift der Zeugmeistereien. Zeugmeisterei Ost, Berlin SW 48, Hedemannstraße 10, für Groß-Berlin, Brandenburg, Ostmark-Pommern, Ostpreußen, Mecklenburg-Schwerin und Mecklenburg-Strelitz usw.«

»Es versteht sich von selbst, dass vorgezeichnete Stücke laut Notverordnung nur in der Wohnung getragen werden dürfen.«

So weit geht der Hohn. Zeugmeisterei, Reichszeugmeister, Feldbindenschloss und Adjutantenschnur, und alles nur als Maskerade für die eigene Wohnung. Aber der Krieg findet bereits auf den Straßen statt.

(BT, 18. Dezember 1931)

Wilhelm der Dritte erscheint in Moabit

Man weiß, wie sehr in Moabit Beleidigungsprozesse verpuffen können. Sie finden in einem kleinen Raum statt. Es wird nichts irgendwo erwähnt. Ein Mensch sucht sein Recht. Aber niemand erfährt von seiner Rehabilitierung.

Der Prozess Hitler gegen Stennes[47] wurde so aufgezogen, als hätte man ein Interesse daran, Hitler als künftigen Monarchen zu zeigen!

Früher wurden Schulkinder zum Spalierbilden befohlen. Jetzt befiehlt man Journalisten, es zu tun. Niemand darf in den Saal, so wird angeordnet. Statt dass nun vorher etwa fünfzig Pressevertreter in aller Ruhe im Saal gesessen hätten, wenn Hitler hereinkam, wie das sonst üblich ist, waren sie nun gezwungen, Spalier für Hitler zu bilden, es ergab sich dadurch der Zustand, dass jedermann im Gerichtsgebäude den Eindruck von etwas Außerordentlichem hatte, zu der Gruppe trat und ebenfalls Spalier bildete. Stennes musste gleichfalls draußen warten. Nur Hitler wurde erlaubt, mit Gefolge den Saal früher zu betreten, wie es der Majestät zukommt. Die Journalisten, das Spalier, mussten ihm nachher in der würdelosesten Weise nachdrängen. Es war genau so, wie man es machen muss, um eine Stimmung des Besondern, der Sensation entstehen zu lassen.

Nicht ein Kommunist, nicht ein Sozialist, sondern der Chauffeur einer Rechtszeitung, der diesen künstlich aufgezogenen Betrieb sah, sagte: »Die machen ja den Jungen gewaltsam verrückt.«

Nebeneinander auf der Anklagebank saßen drei mehr als schwarze Leute, Lippert, Redakteur vom »Angriff«, Hitler und Rechtsanwalt Frank II, alle drei von einer Schwärze, die kein Rassebuch aufhellen kann.

Nach den Einleitungsworten des Vorsitzenden erklärte Rechtsanwalt Frank: »Die Worte des Herrn Vorsitzenden waren nationalsympathisch«, ein Wort, von dem man das innigste Verlangen hegt, dass es in die deutsche Sprache eingehen möge wie »Belange« und »verrecke«.

Der Amtsgerichtsrat, wie es seines Amtes ist, um einen Vergleich bemüht, riet Hitler: »Sie spielen doch eine große Rolle im politischen Leben, denken Sie doch an die Worte eines Dichters, eines deutschen Dichters, des Dichters Gerhart Hauptmann: ›Der deutschen Zwietracht mitten ins Herz‹.«

Das, um Stennes mit Hitler zu versöhnen! War es Ironie? Nahm der Richter an, dass der Name Gerhart Hauptmanns den Anwesenden bekannt sei? »Ich bin ein fanatischer Anhänger der Gesetzlichkeit«, sagte Rechtsanwalt Frank II im weiteren Verlauf der minutenkurzen Verhandlung, aber Hitler bietet als Beklagter an, einen Eid zu leisten, beweist damit eine abgründige, primitive Unkenntnis der Gesetze.

Doch Hitler hat keinen Vergleich und keine Gesetzeskenntnis nötig, der Freispruch ist ihm von vornherein sicher. Der Prozess drehte sich um einen Artikel im »Völkischen Beobachter«, durch den Stennes als Polizeispitzel bezeichnet wurde. Die Klage von Stennes, vertreten durch Rechtsanwalt Becker, wandte sich an die falsche Adresse. Sie hätte Binz, den Hauptschriftleiter des »Völkischen Beobachters« treffen müssen. Dieser, so meinte der Kläger, war nicht auffindbar, deshalb habe er sich an Hitler gehalten. Hitler erklärte, nichts mit dem Artikel zu tun zu haben. Darauf wurde Hitler entlassen.

Man hat gesagt, dass Wilhelm II. nicht umsonst zu Reinhardts[48] Zeiten lebte. War schon zu Wilhelms Zeiten die Regie alles, so übertrifft ihn Wilhelm III. noch bei weitem. Preußische Gerichtsbehörden ließen sich willig dieser Regie vorspannen.

(WB, 26. Januar 1932)

Armes Kind...
Mitleid in Moabit

Diese Geschichte ist so traurig, als wäre sie einem Volkskalender entnommen, aber ihr Inhalt hat gar nichts Volkskalendermäßiges.

Sie ist einundzwanzig Jahre, hat ein Kind von drei Jahren, doppelseitig Lungentuberkulose. Sie ist schön, wie Kranke manchmal sind: Große schwarze Augen in einem zarten Gesicht. Sie ist ganz schwarz gekleidet, und so wie sie dasteht, könnte man denken, sie kenne das Leben nur vom Auto aus.

Aber sie ist angeklagt wegen §218. Neben ihr steht der Abtreiber Korn. Eine üble Type, vorbestraft, fünfundvierzig Jahre alt, Arbeiter, und ohne die geringsten medizinischen Kenntnisse.

Beide leugnen, dass sie überhaupt ein Kind erwartete. Der Befund aus dem Virchow-Krankenhaus, in das sie halb verblutet eingeliefert wurde, spricht ebenso gegen diese Behauptung wie ihre erste Aussage: Sie habe von einem, den sie nicht nennen wolle, ein Kind erwartet, Korn habe es ihr abgenommen. Die Sache lag klar verurteilungsreif. Kein Verteidiger war da. Aber der Richter vertagte, um den Wachtmeister, der das Mädchen zuerst vernommen hatte, als Zeugen zu laden.

Zufällig saß ein Rechtsanwalt im Zimmer, sah die hilflose Kreatur und erbot sich, sie beim nächsten Termin zu verteidigen. Auch das Jugendamt stellte Ermittlungen an, und das Virchow-Krankenhaus teilte mit: »Bei diesem ärztlichen Befund wäre die Unterbrechung der Schwangerschaft unbedingt geboten gewesen.«

Das kranke Mädchen aber verteidigte sich im zweiten Termin ebenso töricht wie im ersten. Sie hatte, auf Wohlfahrtsunterstützung angewiesen, lange bei Korn gewohnt, wollte den Mann schonen und leugnete wie im ersten Termin. Es war ein hartes Stück Arbeit für alle Anwesenden, das Mädchen vor sich selbst zu verteidigen. Der Richter fragte: »Nicht wahr, Sie hatten Angst, dass Sie sterben müssen, wo Sie doch bei der ersten Geburt Nierenbeckeneiterung hatten und Rippenfellentzündung.«

Alle warteten auf des Mädchens »Ja«, durch das sie freigesprochen werden konnte. Sie brachte es nicht über die Lippen. Sie sagte: »Es kann schon sein.« Es war furchtbar, mit anzuhören, wie sie dem Richter, der die Wahrheit hören und ihr dadurch helfen wollte, Antworten gab, durch die sie verurteilt werden musste. Die Hilflosigkeit und Dummheit der Kreatur schrie zum Himmel.

Als Zeugen waren zwei Frauen geladen. Eine 45-jährige Mutter und ihre 18-jährige Tochter. Korn hatte ihnen ebenfalls Hilfe angeboten gegen Zahlung von 20 Mark für die damals 16-Jährige, die von Korns Neffen ein Kind erwartete. Die Mutter erlaubte es nicht, und das Kind kam zur Welt. Korn verteidigte sich schwach damit, er habe nur einem Arzt Patienten zugeführt. Im Hintergrund der Verhandlung lag der bittere Selbstmord jenes 18-jährigen Neffen Korns, der, als jetzt durch die Anklage die alten Geschichten aufgedeckt wurden, sich das Leben nahm.

Der Staatsanwalt beantragte zwei Wochen Gefängnis für das Mädchen und Bewährungsfrist, da ein subjektiver Grund nicht vorlag. Rechtsanwalt Bernstein bat, zu bedenken, dass Todesgefahr für das Mädchen vorlag. Das Gericht folgte nach langer Beratung dem Verteidiger und sprach das Mädchen frei. Sie habe mit gefährlicher Gefährdung gerechnet, der Notstandsparagraph stehe ihr zur Seite.

Später stellte sich heraus, dass das hilflose Mädchen keinen Pfennig in der Tasche hatte, dass sie mit hungrigem Magen eineinhalb Stunden nach Moabit gelaufen war. Eine kleine Sammlung wurde veranstaltet. Sie bekam zu essen und konnte nach Hause fahren. Vielleicht wurde dadurch für sie dieser dies ater[49] ein Tag des Glücks.

(BT, 5. Februar 1932)

Frauen im Gerichtsgebäude

Moabit ist ein Ort der Männer. Als Subjekt und Objekt spielen Frauen eine sehr geringe Rolle. Sie sind weder Betrüger, noch Einbrecher, noch Hehler. Weder bestechen sie, noch vergehen sie sich im Amt, sie widerstehen nicht der Staatsgewalt, noch treiben sie Landesverrat. Ihr Gebiet ist das Ewige, die Liebe und der Klatsch.

Immer noch steht Gretchen, einsam und verlassen, weil sie ihr Neugeborenes mordete, vor dem Schwurgericht. Immer noch steht die Verlassene da, die auf den Verführer schoss. Martha Schwerdtleins ewige Gestalt, die Kupplerin, immer alt, nur sehr verschieden angetan, vom kostbaren Pelzwerk bis zum armseligen Umschlagetuch. Da recken sich die Hälse von Lieschen und Bärbelchen aus dem Hausflur, die bösen Zungen schnattern; sie alle sitzen da, die wegen Hausklatsches klagen und verklagt werden. Wegen der gemeinsamen Wasserleitung, wegen Gretes Mann oder Olgas Bräutigam, wegen des Radiolärms haben sie sich »alte Sau« genannt. »Ich werde den Wahrheitsbeweis dafür antreten!« Und dann stehen sie vor dem Schwurgericht, um eines törichten Meineids willen, den sie in ebenjenem Privatklageverfahren oder in einem Ehescheidungsprozess leisteten.

Da sitzt die Diebin, junge Dirne, um sich wegen eines nächtlichen Diebstahls zu verantworten. Aus der Untersuchungshaft wird die Warenhausdiebin vorgeführt, die immer zu zweit oder zu dritt auftritt. Die Zeuginnen, das sind die Geschädigten, die vom Heiratsschwindler getäuschten Mädchen, die um eine Kaution betrogenen alten Frauen, die bestohlenen Damen, die

Bekannten beim Totschlagsprozess, ihre Schwägerin und seine Tante. Da sitzen die Bräute der Zuhälter, die schwarzen Ponys ins Gesicht gezogen, Schnürstiefel bis zum Knie, abgetretene Hacken, voll Angst und Sorge, bereit, jeden Meineid zu schwören, um den Liebsten zu retten. Da sind, Welt voll tiefster Schmerzen, die Mütter, die gekommen sind, um ein gutes Wort einzulegen für den alten Ein- und Ausbrecher, ebenso wie für den Jungen, der zum ersten Male fehlte.

Über allen sitzen Männer zu Gericht. Manchmal sitzt auch eine Frau als Schöffin da, um sich an der Urteilsfindung zu beteiligen. Immer noch sehr selten ist die Frau als Verteidigerin. Zu den Frauen vor Gericht gehören jetzt auch die Beamtinnen der Jugendgerichtshilfe, die den Verhandlungen beiwohnen und in der Stille viel Gutes wirken.

Noch zwei Kategorien von Frauen gibt es in Moabit: Die eine ist die Zuhörerin, die nur kommt, wenn sie dieser Spezialfall interessiert und die unter den Scharen von männlichen Zuhörern ein Prozent ausmacht, und die zweite ist die Reinemachefrau, »die letzte Frau«, die unter der Perspektive des Staubes die Welt betrachtet. Sie wird finden, dass es nie einen schmutzigeren Prozess gab als den Sklarek-Prozess[50] mit seinen Scharen von Menschen, die täglich ganze Wolken Staubes aufwirbeln. Aber der Schmutz ist kein Blickpunkt zur Betrachtung der Welt.

(*»Weltspiegel«, Wochenendbeilage zum Berliner Tageblatt, 21. Februar 1932*)

Felsenecke

Im Prozess Felsenecke, kleiner Teilabschnitt aus dem deutschen Bürgerkrieg, von dem Knickerbocker berechnet hat, dass die Verlustliste bereits 182 Tote und 15 000 Verwundete beträgt, handelt es sich um einen Kampf zwischen Kommunisten und Nationalsozialisten, bei dem ein Kommunist und ein National-sozialist getötet wurden.

In Haft sind sechs Faschisten, hingegen achtzehn Anti-faschisten, keineswegs nur Kommunisten. Schon dies Miss-verhältnis führt zur Erbitterung.

In einer der Sitzungen geschah Folgendes: Einer der Kom-munisten bat nach mehrstündiger Sitzung um ein Glas Wasser und ein paar Tropfen Baldrian, es sei ihm schlecht, er könne sonst der Verhandlung nicht mehr folgen. Der Wachtmeister – warum weiß kein Mensch –, der Wachtmeister verweigerte die Baldriantropfen und das Glas Wasser. Der Angeklagte, dem die Baldriantropfen verweigert worden waren, fiel um. Sein Neben-mann rief: »Wir protestieren, wir haben keine Freistunde.« Und dann wurden noch zwei weitere ohnmächtig. Die Sitzung wurde unterbrochen, der weitere Teil der Verhandlung mit den Protesten und Anträgen der Rechtsanwälte auf Haftentlassung ausgefüllt, »denn so«, sagte Rechtsanwalt Litten, »wie die Kom-munisten behandelt werden, ist es unmöglich, dass die Ange-klagten, zum Teil sehr leidende Personen, die Untersuchungs-haft so aushalten, dass sie verhandlungsfähig sind.«

Tatsächlich stellte sich Folgendes heraus: Der Prozess, von wochenlanger Dauer, beginnt dreimal in der Woche um neun Uhr. Da die Freistunde des Gefängnisses von halb neun bis neun Uhr abgehalten wird, so können die Angeklagten, wenn sie an der Freistunde teilhaben, nicht um neun Uhr pünktlich zum Prozessbeginn da sein.

Der Prozess hätte dann erst um halb zehn Uhr beginnen können. Na und?

Die Prozesse beim Schwurgericht I beginnen immer erst um halb zehn Uhr.

Niemand wird etwas dagegen haben, wenn mit Rücksicht auf verwöhnte Zeugen ein feiner Prozess wie der Van Gogh-Prozess, erst um zehn Uhr anfängt. Das ist möglich, nur aus freundlicher Rücksicht auf die Schlafgewohnheiten von Zeugen! Kein Wort dagegen!

Aber unerhört dann, wenn unterernährten und geschwächten Angeklagten die einzige halbe Stunde frischer Luft entzogen wird, die sie haben müssen und die ihnen zusteht; noch dazu vor einem Prozess, in dem es um ihr Lebensschicksal geht. Und warum, weshalb? Nur damit stur der Prozess um neun Uhr beginnt!

Woran hat der Staat ein Interesse? An der ruhigen und ordentlichen Durchführung eines Prozesses. Genau das wurde verhindert. Es gab die Protesterklärung des Angeklagten, die Unterbrechung der Sitzung, die Anträge der Rechtsanwälte, die Aufregung über ohnmächtige Angeklagte unter an sich schon zum Teil nervenschwachen Angeklagten. Aus einem winzigen Punkt wird aus Unmenschlichkeit, Dummheit und Böswilligkeit die Revolte erzeugt.

Baldriantropfen und frische Luft verweigert. Warum, aus Denkträgheit? aus Phantasielosigkeit? Nein, leider auch aus Böswilligkeit.

Seit der Revolte beginnt der Prozess um halb zehn Uhr. Der Vorsitzende wusste nichts von alledem.

(WB, 3. Mai 1932)

Sklareks, die sympathischen Menschen

Die Sklareks erfreuten sich allgemeiner Sympathie. Das ist selbstverständlich von dem Augenblick an, wo sie Geld und Macht hatten und dieses Geld und diese Macht benutzten, um andre sowohl am Geld wie an der Macht teilnehmen zu lassen. Aber wie kamen sie erst an die Macht und ans Geld und warum waren sie aller Welt sympathisch?

Darauf kann man mit zwei Worten erwidern: weil sie tranken und weil sie sich für Pferde interessierten. Ganz im Anfang der Sklarekaffäre erklärte ein Staatsanwalt, der durch den Skandal kompromittiert wurde, Folgendes: »Auf der Rennbahn hat mir Graf X die Sklareks vorgestellt. Ich bitte, Graf X vom Union-Club und die Leute hatten tadellose Pferde, da kann man sich doch dann nichts denken.«

So fing es an und in einer der letzten Sitzungen der Beweisaufnahme trat Graf Bredow auf, alter Aristokrat, groß mit blondweißem Vollbart, und sang ein hohes Lied auf die Sklareks. Er sagte: »Die Leute waren wirklich große Sportsleute. Sie hatten tadellose Pferde. Der Derbysieger war ein ausgezeichnetes Pferd. Ein Skandal, dass dieses Pferd für zwanzigtausend Mark verschleudert wurde, das hundertfünfundzwanzigtausend Mark wert war. Sie haben viel für den Rennsport getan. Sie hatten achtzig Pferde im Stall. Sie haben sich sehr um die Arbeit an den Pferden gekümmert, sie haben nie, was beim Rennsport ja leider vorkommt, irgendwelche schiefen Sachen gemacht. Sie hatten nicht nur tadellose Pferde, sie haben sie auch tadellos laufen lassen. Es ist nicht wahr, dass sie protzenhaft auftraten. Im Gegenteil, sie sind äußerst bescheiden auf dem Rennplatz gewesen. Ich kann nur eins sagen, der Union-Club hat es doch noch immer verstanden, sich exklusiv zu halten. Es ist bei uns öfter die Frage aufgetaucht, was ist, wenn die Sklareks, die schließlich den größten Stall haben, bei uns aufgenommen zu werden wünschen. Wir haben immer gesagt, wir nehmen sie auf.«

So der Feudale. Und wie wurde das Volk gewonnen? Wie erzielte man Popularität? Brolat sagte: »Ich habe immer gesagt, die Sklareks, das sind richtige Berliner Jungs, die trinken auch mal einen übern Durst.« Hier klar das Rezept. Wie öffnen sich Türen? Bestechung allein tuts nicht. Denn nicht von jedem hätten die Beamten die Anzüge genommen, nicht zu jedem wären sie zum Essen gegangen, nicht mit jedem ins Tanzpalais. Aber unverdächtig ist, wer Pferde fair laufen lässt, und Vertrauen erweckt, wer sich betrinkt. Man kann ruhig sagen, wären die Sklareks keine Alkoholiker gewesen, nie hätte es eine Sklarekaffäre gegeben.

Die Sklareks sind sicher sympathische Menschen, Leo ist ein lustiger Bruder, mehr Conférencier in einem Kabarett von WW als Kaufmann, Willi ein Mann aus der Konfektionsbranche. Sie ziehen sich nicht die Cutaways der Ehrbarkeit an, wie die Beamten der Stadtbank. Sie geben sich nicht als Biedermänner, wo sie raffiniert die Psychologie der Stadträte benutzt haben. Sie haben bestochen, das geben sie auch zu, sie sind naiv. Leo sagte einmal in den Couloirs von Moabit: »Ich weiß gar nicht, was der Staatsanwalt gegen uns hat. Wozu hat der Mann das nötig, so eine gehässige Anklageschrift zu schreiben.«

Sie sind tatsächlich weise Skeptiker, weil sie wirklich diese Welt kennengelernt haben. Aber nicht deswegen galten sie allgemein als sympathische Menschen, sie galten als sympathisch wegen der Pferde und des Alkohols. Die irrationale Komponente für den Erfolg in der Verehrung der Menge, die in England erfolgreiches Kricketspielen bedeutet, ist bei uns die Fähigkeit, viel zu trinken. Nicht dem Klugen, nicht dem Tüchtigen, nicht dem Wissenden ebnen sich die Wege, die Wege ebnen sich dem Menschen, der sich besäuft, und sicherer als jede Auskunft erwirbt Vertrauen die bestandene Trinkprobe.

(WB, 17. Mai 1932)

Wer schwindelt Heirat?

Vor vielen Jahren hat Walter Hasenclever[51] ein reizendes Stück geschrieben, das »Ein besserer Herr« hieß. Der bessere Herr war ein Heiratsschwindler. Das Stück hatte nur einen Fehler: Hasenclever hatte in Unkenntnis der wirklichen Mitglieder dieser Zunft den Heiratsschwindler als einen schönen, eleganten, bezaubernden Mann dargestellt, als einen Don Juan mit Überlegung, einen Geschäftsmann, der statt mit Kleidern oder Seife mit Liebe handelt. Offenbar besteht allgemein die Vorstellung, dass ein Heiratsschwindler ein Bezauberer sein müsste, ein Rattenfänger. Aber nichts ist falscher als diese Idee.

Ende 1928 stand ein Mann vor Gericht, der hinkte, dazu war er fast taub und hatte ein schweres Rückenmarksleiden, wozu noch eine Malaria kam, außerdem war er Morphinist. Diesem Wrack gab eine schöne, gebildete Krankenschwester 2500 Mark, weil er um ihre Hand anhielt. Ein Heiratsschwindler, der vor kurzem vor Gericht stand, weil er einige Mädchen um 50 000 Mark geprellt hatte, wurde auf einer Tragbahre wegen unheilbaren Leidens in den Saal geführt.

Das ist das Typische in schlechten und guten Zeiten. Wenn Männer so elend sind, dass sie zu gar nichts mehr taugen, wenn sie zum Betrüger zu dumm und zum Dieb körperlich zu behindert sind, wenn kein Krankenhaus sie mehr aufnimmt, weil es meint, sie gehörten ins Siechenhaus, dann haben sie immer noch die Möglichkeit, als Heiratsschwindler ihr Leben zu fristen.

Dass dem so ist, liegt daran, dass dem jungen Mädchen und seinen Eltern das Zustandekommen einer Ehe wichtiger ist, als die Ehe selbst. Es liegt ferner daran, dass bei einer gewissen Unbefriedigung offenbar eine partielle Seh-Achsenstörung eintritt. Es sind die besten und sympathischsten Mädchen, die auf Heiratsschwindler hereinfallen. Ein Heiratsschwindler muss ein Trostsucher, ein Mitleiderreger, ein Unglücklicher sein. Nur er wirkt auf die zarten und guten Geschöpfe mit den mütterlichen Instinkten, auf die Helfenwollenden. Die Opferbereiten sind die Opfer des Heiratsschwindlers. Unter ihnen blühen die Gretchen, die Zöpfe, die Herzensreinheit und die Unschuld. Wenn ihnen, die im Stillen wachsen, ein Mann von Heirat redet, und noch dazu krank ist, so schwillt ihnen das Herz vor Liebe. Im Café angesprochen, im Auto geküsst, und schon ist es ihre große Leidenschaft, ihr großes, weil einziges Erlebnis.

Die Erfolge der Heiratsschwindler sind ein trauriges Zeichen nicht so sehr für die Mädchen wie für die Männer. Diese Mädchen wollen nichts weiter als einen, der zu ihnen allein gut ist, der ihnen Liebesbriefe schreibt und der sie heiraten will. Wer kommt zu ihnen, wer findet sie? Die Heiratsschwindler! Das sind nicht die Mädchen, die, wie Schopenhauer es nennt, ein Knalleffekt der Natur sind, ausgestattet mit überreichlicher Schönheit, Reiz und Fülle, damit der Mann dazu hingerissen werde, die Sorge für sie für die ganze Lebenszeit zu übernehmen. Es sind die, die nicht wild auf Geld sind, auf materielle Vorteile, die nur Nahrung wollen für ihr Herz.

Alle Heiratsschwindler umgeben sich mit geheimnisvoller

Romantik. Sie sind uneheliche Söhne deutscher Fürsten oder wenigstens uneheliche Söhne von Akademikern aus diskreten Verbindungen. Sie sind mit den Romanows verwandt, ihre Mütter sind Schauspielerinnen oder Tänzerinnen oder Adlige. Sie sind Schlangenpräparatoren, politische Mörder, Landbriefträger, Doktoren der Schiffbauwissenschaft, Kirchenmaler oder Verbindungsleute oder Ähnliches. Die Mädchen glauben ihnen alles, kluge, gebildete Mädchen! Wenn sie später dastehen, betrogen und verlassen, so nennen sie oft Hypnose, was man sonst im Allgemeinen als Liebe zu bezeichnen pflegt.

Außer den Männern, die gerade die am besten für Ehe und Kinderaufzucht geschaffenen Mädchen unbeachtet lassen, sind die Liebesbriefe am Übel des Heiratsschwindels schuld. Papier ist geduldig, und die Worte »ich liebe dich« können ebenso gut aus glühendem Herzen kommen, wie aufgesetzt und abgeschrieben sein. Was für ergreifende Briefe werden in Eifersuchtsprozessen vorgelesen, wo wahrhaft Blut floss, aber genau dieselben Worte schreibt der Heiratsschwindler auch. »Meine einzig geliebte Berta! Ich habe meine Mappe mit 600 Mark liegen lassen. Ich habe über 600 Mark kassiert. Ganz in Gedanken versunken, die bei Dir weilten. Du kannst Dir denken, wie verzweifelt ich bin. Nur der Gedanke an Dich, meine Berta, hält mich aufrecht. Man möchte sich am liebsten das Leben nehmen. Die Firma wird nicht glauben, dass ich so in Gedanken versunken war. Du Liebstes, was ich auf Erden habe, Du meine Liebste, ich habe ja niemanden außer Dir, Du meine einzig Geliebte. Ich habe ja niemanden! Mein Glück ist Dein Glück. Mein Wohl ist Dein Wohl. Meine liebe, gute Berta, meine liebste, beste Berta, bewahre mich vorm Abgrund! Wenn ich Dich nicht so liebte, dann wüsste ich, was ich zu tun habe. Sei mir ein Helfer in meiner ungewollten Not. – In aller Ewigkeit, Dein Adolf.« Woran wollen Sie einen fingierten von einem echten

Liebesbrief unterscheiden? Der mitgeteilte stammt von einem Heiratsschwindler. Woran wollen Sie das erkennen? Am Gefühl? Nein, nein.

Kurzum, man soll sich nicht über Mädchen lustig machen, die auf Heiratsschwindler hereinfallen. Im Gegenteil, ich möchte allen ehrbaren, jungen Leuten raten, sich zu Verhandlungen gegen Heiratsschwindler zu begeben. Dort werden sie die guten, sanften, liebefähigen Geschöpfe finden, die ihnen sonst entgehen.

(BT, 5. Juni 1932)

Bürgerkriegsgericht

In Moabit, niemand, der gerecht, nicht durch eine Parteibrille, sieht, kann es leugnen, herrschte bisher eine humanisierte Atmosphäre. Jetzt, seit acht Tagen, ist dort Hochgericht.

Seit Jahren kennen wir diese Prozesse. Mit einer Schlägerei begann es, mit dem Krieg hat es geendet. Immer war es so, dass über die aufgeregte Tat, nach wochenlanger Untersuchung und Untersuchungshaft geurteilt wurde, wenn sich die Welt schon wieder geändert hatte, wenn die Außenwelt sich schon nicht mehr für diesen Fall interessierte. In Stille und Ruhe, mit immer neuen Zeugen milderte sich, aber verwischte sich auch das Urteil über das Geschehnis, und schließlich, wie es bei Kollektivhandlungen nicht anders sein kann, war die Schuld des Einzelnen schwer messbar, schien immer gering, stand nie im Verhältnis zur Erschütterung des Gesamtwohls.

Jetzt tagt in Moabit das Sondergericht.[52] Wie Sondergericht? Es ist ein Kriegsgericht. Es ist ein Bürgerkriegsgericht.

Die Aufregung der erhitzten Straßen, der aufgehetzten Menge, der verängstigten Menschen, die Furcht haben vor dem politischen Gegner, ist nun im Gerichtssaal. Der Schrecken geht um und das Grauen. Todesstrafe, zehn Jahre Zuchthaus! Es gibt keine Laienrichter mehr. Drei gelehrte Richter, drei Juristen fällen den Spruch. Die Urteile sind unanfechtbar. Die Verhandlungen sind rasch. Es ist Kriegsgericht.

Wer ein Leben lang die Gedanken der Humanität gepflegt hat, wessen Weltanschauung fern steht der Gewalt, für den enthalten diese Gerichtsverhandlungen, an deren Schluss der Schrei der verzweifelten Mütter steht und das Brüllen vernichteter Tiere, das Ende einer mildern Welt.

Aber nicht nur dies ist der Schrecken. Diese Gerichtsverhandlungen sind so: Der Tatbestand ist geklärt, eine Schlägerei oder eine Schießerei auf die Polizei oder auch nur eine Zusammenrottung.

Das Urteil mit seinen hohen Strafen steht fest. Was nicht feststeht, ist etwas ganz Primitives, nämlich: Ist der Angeklagte überhaupt der Täter?

Alle Verfeinerungen der Urteilsfindung werden über Bord geworfen. Nicht der Täter wird mehr beurteilt, sondern nur noch die Tat. Für die Staatsräson war immer die asoziale Tat das zu Bestrafende. Eine spätere, weniger primitive Zeit hat sich entschlossen, das Individuum über das Kollektiv zu stellen, und es war der Täter, der bestraft wurde. Aber jetzt handelt es sich nicht mehr darum, das Maß von Schuld abzuwägen, das dieses und gerade dieses Individuum trifft nach seinem Verstand, seinem Herkommen, dem Ausmaß seiner Lebensschwierigkeit. Die Psychologie hat ausgespielt, die Staatsräson ist wichtiger. Es ist nur noch die Tat, um die es sich handelt.

Der Staat ließ dem Terror freien Lauf, Jahr um Jahr, nichts wurde gehindert, Drohreden konnten geschwungen werden,

Bürgerkriegstruppen sich vorbereiten, der Terror den Friedlichen wie den Unfriedlichen bedrohen, das Morden verherrlicht, zweierlei Recht proklamiert werden, ehe der Staat eingriff. Nun werden die Letzten mit der ganzen Schärfe des Gesetzes vernichtet.

Und wenn nur die Richtigen gefasst würden! Aus jeder Verhandlung bleibt der Zweifel übrig, der furchtbare Zweifel jedes Indizienbeweises. Und wenn gerade Schmidtke nicht geschossen hat? Schmidtke, der Junge, Püschel, der fast Blinde, Kopper, der Vater dreier kleiner Kinder! Was dann? Und jeder ist zu zehn Jahren Zuchthaus verurteilt worden!

Wer ist Zeuge in diesen Prozessen? Der politische Gegner. Oft hat man das Gefühl, für ihn sind diese Prozesse die Fortsetzung des Straßenkampfes mit andern Mitteln. Da treten die Zeugen vor und kennen die Angeklagten ganz genau, sie sahen sie schießen, sie sahen sie demonstrieren. Der Reichsbannermann Rothe wurde verurteilt, weil einige junge Nationalsozialisten bestimmt behaupteten, ihn nachts um 1 Uhr in der Alten Jakobstraße auf der gegenüberliegenden Seite erkannt zu haben, trotzdem einige ältere Nationalsozialisten vorsichtiger erklärten, so bestimmt könnten sie das nicht sagen. Ganz harmlos und nebenbei sagt ein Angeklagter: »Nach den Anweisungen des X (Nationalsozialist) wurde nach Verdächtigen gesucht.« Was schützt davor, dass Missliebige als Schießende bezeichnet werden, Abtrünnige oder sonstwie Verhasste? Nichts.

Vorsichtige Richter wie Landgerichtsdirektor Tolk, dessen Kammer früher Kammer der barmherzigen Brüder genannt wurde, versuchen, die Aussagen der politischen Gegner so viel wie möglich wegzulassen. Das geht manchmal. Schmidtke aber wurde nur auf Aussagen der Gegner hin verurteilt. Andererseits kann der Grundsatz, den ein anderer Richter in Moabit aussprach, dass Aussagen der politischen Gegner nicht maßgebend sein könnten, zu furchtbaren Konsequenzen führen. Angenommen, ein linker Mann, von einem Gesinnungsfreund begleitet, wird von Leuten der Rechten überfallen oder umgekehrt, so ist er nach diesem Grundsatz vogelfrei. Denn die Zeugen, der Überfallene und sein Begleiter, sind politische Gegner, deren Zeugnis nichts gilt.

In diesen Prozessen, die bisher gegen linke Leute stattfanden, zeigt sich auch, wie sehr sich die Nationalsozialisten als Hilfe der Polizei fühlen. »Ich möchte das Gericht darauf aufmerksam machen«, sagte zum Beispiel ein völlig unbeteiligter Zeuge, »dass dieser Zeuge einer der schlimmsten KPD-Funktionäre ist, und dann soll er doch mal sagen, was er denn an dem Tag in der Weißenburger Straße gemacht hat.« Das Gericht verbat sich die Einmischung, aber es zeigt die Haltung der Zeugen.

Die Sondergerichte sind vielleicht nützlich. Die Terrorakte haben seit ihrer Einrichtung sehr abgenommen. Aber um welchen Preis! Und dieser Preis, das ist das Furchtbare, wäre nicht nötig gewesen, wenn man früher den Predigern der Rache und des Hasses entgegengetreten wäre, die auch heute noch von beamteten Stühlen zweierlei Recht fordern dürfen, »eine marxistische Forderung, auch wenn sie aus nationalsozialistischem Munde kommt«, sagte Papen.[53]

Einmal wurden scheußliche Taten in Moabit abgeurteilt, scheußliche Morde.[54] Damals ließ man Gnade vor Recht ergehen, und die Mörder wurden Reichstagsabgeordnete, Führer des Volks. Jetzt gibt es ein Recht ohne Gnade.

(WB, 6. September 1932)

Die Kronzeugin

Die kleine, dicke, blonde Polin war eine der Kronzeuginnen im Sondergerichtsprozess gegen die neun Arbeiter wegen Totschlags und verlangte vor ihrer Aussage Ausschluss der Öffentlichkeit, weil sie sich bedroht fühle. Von wem? Eine Frau habe gesagt: »Warte, du Sau, du wirst auch noch kaltgemacht.« Welche Frau? Was für eine Frau? »Also nicht nur eine Frau, sondern auch ein Mann!« »Also ein Ehepaar?«

»Ja, beide haben gesagt, warte, du Sau, du wirst auch noch kaltgemacht.« Auch seien ihr Fensterscheiben eingeworfen worden. Wann sind ihr Fensterscheiben eingeworfen worden? Sind überhaupt Fensterscheiben eingeworfen worden? Also, so ganz genau weiß sie das nicht und geht darüber hinweg. »Wenn der Herr Rechtsanwalt mich so viel fragt, kann ich überhaupt nicht antworten.« Tränen.

Die Öffentlichkeit wird nicht ausgeschlossen.

Die blonde Frau ist aus barer Neugierde mit den Kommunisten mitgegangen, war mittendrin, hat alles beobachtet, prima Zeugin also. Hauptbelastungszeugin der Staatsanwaltschaft. »Ein Mädchen reichte eine Pistole einem Mann aus ihrer Bluse. Ich ahnte schon, dass da jemand totgeschossen wird.« So gehts weiter. Es waren zwei Trupps, einer, in dem geschossen wurde, und ein Nachtrupp. Im Schützentrupp schossen zwei Leute, die sie in der Anklagebank bezeichnet, und zwei weitere waren mit im Trupp. Glatt und rund, unter Eid, sind das zwei Todesurteile und zwanzig Jahre Zuchthaus. Der Verteidiger Rosenfeld versucht ihr den Ernst der Lage klarzumachen, dabei sagt er: »Leider kam ein Nationalsozialist ums

Leben.« »Warum leider?«, sagt sie, »ich weiß doch, wie sehr sie sich freuten!«

Ja, sie kann die Kommunisten nicht leiden. Sie hat einen Laden, und da nennen sie sie Nazikaufmann und boykottieren sie, und Flugblätter gibt es »Rote Wacht, habt acht«. Alles gegen sie. Es ist kein angenehmes Leben. Und sie bleibt dabei, zwei haben geschossen, und zwei andre waren dabei. Sie erkennt sie nach Gesicht, nach Gestalt, nach Anzug, nach grauer Hose und blauem Hemd und aufgekrempelten Ärmeln. Zweifel ausgeschlossen. Und als der Verteidiger Litten[55] immer eindringlicher fragt, sagt sie: »Muss ich mir dessen süßen Schmus weiter anhören?« Sie sitzt auf dem hohen Ross. Sie weiß alles. »Ich hätt noch welche festnehmen lassen können. Der Herr Hauptmann hat bloß keine Zeit gehabt, als ich ihm Leute melden wollte.« Aber die Rechtsanwälte fragen weiter, ohne Gnade und Barmherzigkeit. »So«, sagt sie und springt auf, blond und dick und voll Wut, »jetzt werde ich Ihnen auch die Wahrheit sagen, jetzt grade. Da hinten stehen noch zwei, die dabei waren, und die hab ich sogar verhaften lassen.« Und sie zeigt auf zwei weitere in der Anklagebank: »Diese beiden haben am andern Tag an der Litfaßsäule gestanden und geschimpft, auf die verdammten Nazis, die ihre eignen Leute totschießen. Wie können die so reden, habe ich gedacht und habe den Schupo geholt und gesagt, die beiden waren auch dabei, und das sind die beiden, die da hinten stehen.« Glatt und rund, unter Eid, sind das zwanzig Jahre Zuchthaus für Tobehn und Krüger, die Männer, die da hinten stehen. Niemand bringt sie davon ab. Es sind die beiden, die da hinten stehen. Aber die beiden, die da hinten stehen, wurden erst acht Tage später verhaftet, und die beiden, die sie acht Tage früher an der Litfaßsäule verhaften ließ, das waren ein Mitglied eines katholischen Gesellenvereins und ein Radrennfahrer, die keinesfalls an diesem Abend bei der Schießerei dabei waren.

»Das sieht ja nun sehr duster aus«, sagt der Vorsitzende, »und es wird zu erwägen sein, ob Sie nicht der Teilnahme am Landfriedensbruch verdächtig sind, und nun können Sie nach Hause gehen.«

Und wen wird sie nach der nächsten Schießerei an der Litfaßsäule verhaften lassen?

Das ist Pfänderspiel und nicht Justiz. Eine hysterische Dame sagt: »Die zwei schossen.« Und dann kommen die zwei auf zehn Jahre ins Zuchthaus. Das ist Rätselraten, Sherlock Holmes, Wallace, aber mit einer Justiz nach den Regeln des Strafgesetzbuchs hat das gar nichts zu tun.

Wenn schon lettre de cachet[56], dann doch lieber von ehrlichen Häschern des Herzogs als von der hysterischen Dame im Kaufmannsladen. Wir können jetzt alle das schöne Spiel spielen, wenn wir jemanden nicht mehr leiden können: Ich werde dich an der Litfaßsäule verhaften lassen.

(WB, 27. September 1932)

Freigesprochen

Der Prozess begann damit, dass der »Angriff« die Köpfe der Angeklagten forderte, und er endete mit dem Freispruch aller Angeklagten.

Dazwischen liegen zweieinhalb Wochen eines der aufregendsten Prozesse, die je in Moabit stattfanden. Noch nie war die These der Nationalsozialisten von zweierlei Recht, einem für Nationalsozialisten als Staatsbejaher, einem andern für Kommunisten als Staatsverneiner, so tief bis in die Taten und Protokolle der Polizei und der Staatsanwaltschaft zu spüren gewesen, und dabei handelte es sich um Todesurteile gegen fünf junge Menschen. Es handelte sich in der Verhandlung nicht um das Urteil, nicht um Differenzierungen über die Beurteilung von Tat und Täter, sondern plump und grob wie in einem schlechten Kriminalroman um die Frage: Wer schoss? Die Justiz wurde degradiert zur Detektei. Alle Ermittlungen, sonst von der Polizei begonnen, von der Staatsanwaltschaft fortgesetzt, von dem Untersuchungsrichter geprüft, sind beim Sondergericht nur noch auf Polizei und Staatsanwaltschaft konzentriert. Polizei und Staatsanwaltschaft tippen auf den Falschen. Ein Untersuchungsrichter zur Verhinderung von Irrtümern fehlt. Anklage gegen neun Arbeiter wird erhoben. Der Prozess beginnt. Nun greift die Verteidigung ein, und bei Rechtsanwalt Litten geht es zu, als ob er das berühmte rote Plakat der Mordkommission affichiert hätte – tausend Mark Belohnung. Bei ihm melden sich Zeugen und aber Zeugen, alles, was Aufgabe der Behörden in einem gesunden Rechtsverfahren ist, geschieht nun durch die Verteidigung. Zugunsten nicht nur der Angeklagten, sondern zugunsten des Rechtes, zur Verhinderung eines vielfachen Justizmordes, der ein rotbrennendes, ein entzündendes Fanal geworden wäre, auch in einem Deutschland, das in Dingen der Gerechtigkeit stumpf und schwerhörig geworden ist.

Kurz der Tatbestand: Calm, Angestellter einer Treuhandgesellschaft und Funktionär der KPD, hatte eine Sitzung von Kommunisten zur Gründung einer Hausschutzstaffel für die Röntgenstraße in ein neutrales Lokal berufen, zu der auch eine schon bestehende Hausschutzstaffel kam: Im Ganzen etwa fünfundzwanzig Leute. Beim Heimweg gingen sie geschlossen auf der rechten Seite der Röntgenstraße. Drei Nationalsozialisten, die von einer Sturmversammlung kamen, gingen auf der gleichen Seite der Straße, kamen in einen Wortwechsel mit den

Kommunisten, lösten sich von der rechten Seite, um auf die linke Seite, wo das Verkehrslokal des Sturms 33[57] ist, hinüberzugehen. In diesem Moment fallen zehn bis fünfzehn Schüsse. Der Nationalsozialist Gatschke ist tot, die zwei andern sind verwundet. Die Kommunisten fliehen zurück. Die Polizei kommt zufällig sofort, fährt bis an das Sturmlokal, untersucht die etwa vierzig Anwesenden vergeblich auf Waffen. Nur auf dem Hof liegen zwei Revolver. So weit das Geschehnis.

Sofort danach geht in der Gegend die Rede, die Nazis hätten ihre eigenen Leute erschossen. Aber unbeirrt, gebannt den Verstand auf die Tatsache gerichtet, dass nur Nationalsozialisten verwundet und getötet wurden, geht die Untersuchung davon aus, dass nur Kommunisten geschossen haben können, und kommt zu folgender Anklage: Am Abend der Tat traf ein Trupp Nationalsozialisten, der von einem Sturmabend kam, »auf mehrere Leute, die ihn beobachteten, aber unbehelligt ziehen ließen«. So mit den verdächtigen Patrouillensitzern beginnt nach Ansicht der Staatsanwaltschaft die weitgesponnene Aktion. Sie wird fortgesetzt im Hauptquartier des Lokals Willmann, wo von Calm die Mannschaften instruiert und in geschlossenem Zuge zur »planmäßigen und vorbereiteten Aktion« gegen das Lokal des Sturms 33 geführt werden. Zu Beginn des Überfalls »werden Waffen von Frauen an die Kommunisten verteilt«. »Fortgeworfene Waffen werden von Radfahrern abgeholt.« Auf das Kommando »Jetzt los« wird das Feuer eröffnet. Durch das Kommando »Los, türmen« das Zeichen zur Flucht gegeben. Schießspuren in den Häusern auf der Seite der Kommunisten erklärt die Anklageschrift damit, dass Kommunisten sich im Haus neben dem Nazilokal versteckt hätten, die beim Kommando herausgeeilt wären, das Feuer eröffnet und ihre Waffen in den Hof des Nazilokals geworfen hätten. Die Schützen seien fünf namentlich bezeichnete Kommunisten, die wegen Totschlags angeklagt werden, vier weitere wegen schweren Landfriedensbruchs.

Als die Verhandlung beginnt, zittern fünf Köpfe, sehen vier Männer langen Zuchthausstrafen entgegen. Die Nazizeugen, etwas unklar, bestätigen doch im Ganzen die Anklage. Ungewöhnlich gute Sinne unterstützen sie dabei, aber dem Gericht sind nach und nach die politischen Zeugen verdächtig geworden. Es vereidigt sie nicht. Nun erweist sich Punkt für Punkt der Anklage als falsch. Von den »Beobachtern« bis zu den »Schützen« bleibt nichts übrig. Was die »Beobachter« anbetrifft, so sehen junge SA-Leute offenbar überall »verdächtige Gestalten«. Alle, die herabgekommen aussehen und in heißen Sommernächten auf Parkbänken sitzen und keine befreundeten Kameraden sind, sind Kommunisten. »Warum denn?«, fragt der Vorsitzende. »Die Nationalsozialisten kenne ich, und Zentrumsleute[58] sitzen nicht auf den Straßen.« Der Mensch starb, es gibt nur noch Parteibuchinhaber. Sie fühlen sich immer bedroht. »Die Uniform«, sagt einer der SA-Leute, »ist immer aufreizend und auffallend.« Er weiß es, Papen hat es nicht gewusst. Die Instruktionssitzung vor dem Sturmangriff oder vielmehr vor dem Angriff auf den Sturm, ist wirklich nur die Sitzung einer Hausschutzstaffel mit völlig ungeschulten Leuten, die wegen der Unsicherheit in der Röntgenstraße, mit Recht, wie sich erweist, in geschlossenem Zuge nach Hause gebracht werden. Die Waffen, die »von Frauen zu Beginn des Kampfes verteilt« wurden, konzentrieren sich auf einen Griff in eine Bluse, aus der eine Frau etwas Glitzerndes holte, um es ihrem Begleiter zu geben, was im Übrigen nur jene Kronzeugin sah, die zwei völlig Unschuldige verhaften ließ und dann noch dazu im Gerichtssaal zwei Angeklagte für jene gar nicht anwesenden Leute hielt und deshalb unvereidigt blieb. Ein Zeuge der Staatsanwaltschaft erkannte einen Schützen wieder, nachdem er das Ganze vom vierten Stock aus beobachtet hatte, ein weiterer hatte die Entsicherung der Pistole gehört, ein Geräusch, das er nur vom Hörensagen kennt, und ein Pfarrer gar beeidete den Rauch der Pistolen, der sich nachher als Tabaksrauch aus einer Lokaltür erwies. Wie diese Anklage zustande kam, zeigt Folgendes: Calm wurde zuerst von einem Zeugen fälschlich als Schütze erkannt. »Dass diese Bekundung richtig ist, ergibt sich aus der Aussage der Zeugin Maskos, die einen Mann mit einer Pistole beobachtet hat, dessen Beschreibung genau auf den Angeschuldigten zutrifft.« Eine Beschreibung trifft zu! Grundlage für ein Todesurteil! Eine Beschreibung, in der notabene ein untersetzter Mann »schmächtig« genannt wird. So weit die Belastungszeugen.

Hingegen hatten Zeugen alle Arten Nationalsozialisten aus dem Lokal laufen, Schützenketten bilden und schießen sehen, und zwar nicht nur vom Hausflur 12 aus, wo nach der Anklage Kommunisten gestanden haben sollen, sondern auch vom Haus 14 aus, wo ganz bestimmt keine standen. Zeugen hatten Nationalsozialisten aus dem Fenster ihres Lokals in den Hof springen, Pistolen dort wegwerfen, wobei sie warnend »Polente« schrien, und in anstoßende Gärten verschwinden sehen. Es ergab der Augenschein, dass gegenüber dem Nazilokal alles voller Einschüsse war, dass unter anderem in die friedliche Wohnung der Zeugin Engelhardt geschossen worden war und in ein Seifengeschäft. Und die unpolitische Wissenschaft der Mikroskopie ergab, dass die Kugel im Körper des Getöteten übereinstimmte mit der, die unter Skatspieler in ein ordentliches Lokal fiel, vor dem sich der Haufen der Kommunisten gedrängt hatte. Abgeschossen von einer Stelle aus, wo nur ein Nationalsozialist gestanden haben kann.

Somit war erwiesen, dass Gatschke von seinen eignen Leuten erschossen worden war. Somit war der Prozess entschieden. Der Vorsitzende war sofort für die Aufhebung der Haftbefehle.

Aber der Staatsanwalt beantragte nach alledem die Vereidigung der Nationalsozialisten als Zeugen, er beantragte nach alledem Zuchthausstrafen für die Angeklagten.

Der Prozess ist erledigt. Aber nicht erledigt ist das Verhalten der Polizei und das Versagen der Staatsanwaltschaft gegenüber den eigentlichen Tätern. Da wurden von den Engelhardts, der Familie des nationalen Steinsetzmeisters, ein Angehöriger des Sturms ganz bestimmt als Schütze bezeichnet. Man verhaftet aber diesen nicht etwa, man sagt ihm: »Kommen Sie später zur Polizei.« Er kommt später zur Polizei und kann ein »einwandfreies Alibi« mitbringen, wie es im Protokoll heißt. Das einwandfreie Alibi besteht aus der Behauptung, er sei bei einem Freund gewesen und habe mit einem Polizisten gesprochen, eine Behauptung, die ihm ohne Nachprüfung geglaubt wurde. In der Hauptverhandlung stellt sich heraus, dass er den Namen des Polizisten nicht weiß, und sein Freund ist ebenfalls SA-Mann. Das ist das von einem Polizeibeamten beschworene einwandfreie Alibi. Und als die Engelhardts einen zweiten Nationalsozialisten verhaften lassen wollten, wurde ihnen von der Polizei Vorwürfe gemacht und gesagt: »Nanu, das sind Dummejungenstreiche, wenn die Leutchen Arbeit hätten, dann wäre das alles nicht passiert.« Die neun Arbeiter aber wurden verhaftet nach höchst zweifelhaften Erkennungszeichen, die zumeist von politischen Gegnern gegeben wurden, und die Kronzeugin gar konnte Arbeiter so ohne weiteres an der Litfaßsäule verhaften lassen. Die Einen schossen bestimmt, die Andern schossen vielleicht, die Einen blieben unbehelligt, wurden Zeugen, die Andern wurden verhaftet und Angeklagte. Noch nie ward so offenkundig mit zweierlei Maß gemessen.

Aber über diesen Einzelfall hinaus stand in diesem Prozess der friedliebende Bewohner Berlins da und legte Zeugnis ab von dem, was er von den SA-Leuten leidet. Da ist Herr Willmann, Gastwirt, und so sieht er auch aus, nett und füllig und ein bisschen vergrämt, der lieber einen Lotterieverein für sein Lokal gehabt hätte, aber gesehen hat, dass es ohne Partei keine Existenz für sein Lokal gibt. »Da war ich dann ganz froh, als die kommunistischen jungen Leute kamen und für ihre Besprechungen mein Lokal wollten. Ich bin unpolitisch.« Und dann sagte er ein europäisches Bürgerwort: »Ich bin grundsätzlich gegen jeden Terror!« Aber im März schon wurde ihm ein Pfahl durch die Scheibe geworfen, und er hat keine Anzeige erstattet, weil man ihm gesagt hat, dann würde der Terror nur schlimmer. Aber das nützte ihm gar nichts. Eines Nachts wurde ihm um halb vier Uhr sein Lokal beschossen, und jetzt vor vierzehn Tagen, nach der Schießerei, sind sechs Nationalsozialisten hereingekommen, haben das Lokal demoliert, alles kurz und klein geschlagen und einen Gast schwer verletzt. »Als die Polizei kam, sind die Nazis davongelaufen, und sie hat keinen mehr erwischt.« So geht es zu. Ein Überfall auf ein Lokal – ein Gast schwer verwundet – niemand wird verhaftet – niemand wird bestraft – niemand wird verfolgt. Man weiß es, es ist der Sturm 33, dort in der Röntgenstraße, es ist der Terror. Aber keine Zeitung meldet mehr so etwas, keine Polizei gibt es als Nachricht weiter – es ist der Bürgerkrieg als Gewohnheit. Herr Willmann will Skat spielen und unpolitisch sein, er will eine ruhige Existenz haben und wählte vielleicht vor zwei Jahren Hitler, um ebendieser kleinen ruhigen bürgerlichen Existenz willen, die nun der Terror ebendieser Partei ihm vernichtet. Da ist dann Engelhardt, kein klassischer Augenzeuge, aber ein Zeuge für die Gefühle eines alten und nicht klugen Mannes, der in der Umgebung eines Nazilokals wohnt: »Ich bin immer Regierungsmensch gewesen und habe immer for die Regierung gearbeitet. Ich, ein alter deutschnationaler Steinsetzmeister. Aber«, sagt Engelhardt mit Volkes Stimme und erhobenem Fin-

ger, »das ist sehr traurig von der Polizei, das wird sich noch aus-
wirken. Die Leute schreiben das einfach nicht ein, was man
ihnen sagt.« Er hat es erlebt, wie Nazis die Leute, harmlose
Leute, die an ihrem Lokal vorübergehen, anpöbeln, er hat erlebt, wie sie einen jungen Mann überfielen und zertrampelten,
»immer mit die Absätze bearbeitet«, im Juni den Arbeiter
Kürschner, am 30. Juni den Arbeiter Pachurka, am 17. August
den Arbeiter Maschewski, der durch Messerstiche schwer verletzt wurde, am 29. August den Arbeiter Schröder. Engelhardts
sahen, wie sie den einen an den Füßen und am Kopf packten
und immer gegen die Wand schlugen, noch ist das Blut zu
sehen. Und wenn dann die Polizei kommt, dann liegt ein Ver-
wundeter da, und es ist eine Blutlache; es ist kein heimlicher
Degenstoß zu Verona, aber die Täter sind nicht zu finden.

So sprachen die Menschen, die Polizei schützt sie nicht, die
Staatsanwaltschaft blieb nicht die objektivste Behörde, die sie
zu sein hat. Tief fraßen schon faschistische Gedankengänge
sich in die Köpfe. Die letzte Instanz, das Gericht, hat nicht versagt. Das ist kaum mehr als ein Zufall. Es trafen zusammen eine
groteske Anschuldigung, ein wahrheitssuchender Mensch als
Richter, dem der heilige Gedanke des gleichen Rechts für alle
nicht eine Phrase ist, und leidenschaftliche Anwälte des Rechts.
So ging es gut aus. Aber sagen wirs ganz deutlich: die Justiz ging
sauber aus diesem Prozess hervor, weil ein kommunistischer
Anwalt sie stützte. Die Wahrung seiner Autorität verdankte der
Staat den Ermittlungen einer kommunistischen Organisation.

(WB, 11. Oktober 1932)

Landarbeiter

Die Grenze zwischen Europa und Asien verläuft an der Elbe, und wenn man hundert Kilometer von Berlin nach Osten fährt, so kommt man ebenso viele Jahre zurück. Das Land ist flach und grau, und es liegen dort die großen Rittergüter, eine Welt für sich. Das ist die soziale Stufenleiter: der Gutsherr, der Herr Inspektor, die Gutssekretärin, die Handwerker: der Stellmacher – der Treckerführer – der Schmied – der Monteur, da sind die Mamsell und der Kutscher oder Chauffeur, da kommen zuletzt die Arbeiter, die auf so einem Gute wohnen, und es gibt Freundschaften und Zankereien. Auf Ritthagen in der Uckermark hat zum Beispiel der Obermelker zum Pferdepfleger gesagt: »Die Pferdepfleger sind alle Hornochsen, fehlen ihnen bloß noch die Hörner«, weil der den Dung immer an eine falsche Stelle tat. Seitdem hat der Pferdepfleger nicht mehr mit dem Obermelker gesprochen. Dann gab es einen Streit zwischen dem Obermelker und dem Stellmacher wegen des Radios. Der Obermelker ging immer zum Stellmacher, um Radio zu hören. Als einmal Brüning sprach, machte der Obermelker, der Nazi ist, immer Bemerkungen dazwischen, was den Stellmacher ärgerte und störte, und er verbot ihm, weiter bei ihm Radio zu hören. Und dann war da noch die Sache mit dem Schrott und den Brettern. Auf allen Gütern wird geklaut. Sogar mächtig geklaut. Es liegt alles herum, und das meiste ist essbar. Wenn die Gutsbesitzer mit den Gewerkschaftsführern wegen der Lohntarife verhandeln, dann sagen sie: »Wozu Lohnerhöhung? Was zu wenig gezahlt wird, wird ja doch geklaut.« Vor kurzem wurde in Prenzlau ein Vorschnitter verurteilt, weil er achtunddreißig Ferkel im Laufe der Zeit, sagen wir, requiriert hatte. Auf Ritthagen warf der Obermelker dem Stellmacher vor, dass er Holz gestohlen, zwölf Rodelschlitten gebaut und in Prenzlau verkauft habe. Der Stellmacher konnte den Kauf des Holzes nachweisen und warf daraufhin dem Obermelker vor, dass er massenweise Schrott stehle, was dieser nicht ableugnen konnte und weshalb er angezeigt wurde.

Diese ganzen Streitigkeiten und den Ärger fraßen die Betroffenen still in sich hinein. Sie schwiegen, wie man schweigt in der großen Tiefebene, die sich bis zum Ural hinzieht. Erst wenn sie Alkohol getrunken haben, dann fallen die Hemmungen. Auf dem Erntefest, das der Besitzer den Leuten gab – mit Fleischverteilung, Tanzerei, Freibier und Keilerei – fielen die Hemmungen. Die Keilerei war infolge einer Zigarette entstanden, dem einen war sie runtergefallen, der andre wollte sie haben. Sie hatte sich so fortgesetzt, dass der Stellmacher am Auge getroffen wurde, dass ihm das Blut herunterlief, dass ein großer Knäuel entstand, dass den Schemeln die Beine ausgerissen wurden, dass der Pferdepfleger, die Wut über den Hornochsen noch im Leibe, den Melker schlug, dass der Melker Steine sammelte, dass ein Alter am Kopf getroffen wurde, dass der Pferdepfleger wirklich roh die harmlose Frau des Melkers mit dem Schemelbein über die Nase schlug. Nach dieser Keilerei sagte der Besitzer, sie sollten doch weiter tanzen und vor allem das Freibier austrinken. Und dann kam auch noch die schwere Stunde für eine Kuh, aber leider waren die Schweizer so betrunken, dass der Gutsherr selber das Kälbchen rausziehen musste, damit das Tier nicht einging. Das war ein Erntefest, wie es üblich ist.

An diese Sache geriet ein nationalsozialistischer und noch dazu ehrgeiziger Oberleutnant der Landjägerei, welcher keinen Sinn dafür hatte, dass zu einem Erntefest auch eine Keilerei gehört. Er sah in dieser harmlosen Rauferei sofort den feigen Überfall marxistischer Arbeiter auf Andersdenkende. Er brachte die Unbescholtenen, die übrigens keineswegs marxistisch waren, in die Gefahr, auf ein bis zehn Jahre ins Zuchthaus zu kommen, indem er in seinem ersten Polizeibericht die harmlose Schlägerei als eine Sache aufzog, auf die die Terror-Notverordnung Anwendung finden musste, alles nur deshalb, weil er die Arbeiter für links hielt.

Vor Gericht erschienen der Stellmachermeister, der eine schwere Giftgasvergiftung im Kriege erlitten hatte, fünfzig Prozent erwerbsunfähig ist und, wie ein weiterer Angeklagter, der demokratischen Gewerkschaft der deutschen Landarbeiter angehört. Ein dritter Angeklagter war Mitglied des Stahlhelms, ein Vierter völlig unpolitisch. Ein Fünfter hat einen Onkel, der der KPD angehört. Das alles hat genügt, damit der Landjägeroberleutnant von »marxistisch« eingestellten Arbeitern schrieb, die »der linksstehenden Partei« angehören. Es ergab sich sofort nach der Vernehmung der Angeklagten, dass von Politik keine Rede sein konnte.

Wie unpolitisch es in Ritthagen war, zeigten auch die Betriebsratwahlen, für die zwei Listen, eine sogenannte linke und eine nationalsozialistische, aufgestellt waren. Einer der Betriebsräte wurde vor Gericht gefragt, wie er »eingestellt« sei. Sozial sagte er, womit er offenbar die SPD meinte. »Sie sind doch aber auf der Liste der Nationalsozialisten aufgestellt worden?« – »Ich kenn mich in der Politik nicht so aus«, meinte er darauf verlegen.

Der verprügelte Obermelker ist tatsächlich Nazi, »darum hassen ihn die marxistisch eingestellten Arbeiter«, schrieb der Oberleutnant in seinem Bericht, aus dem der ganze Prozess entstand. Aus Hass offenbar spielte den ganzen Abend einer der marxistischen Angeklagten auf der Ziehharmonika, die ihm der Nazi geliehen, und aus Hass brachte er ihm seit Wochen Lebensmittel aus der Stadt. Hier auf kleinem Fleck war die politische Differenz schon deshalb nur mikroskopisch vorhanden, weil eigentlich keiner wusste, worin sich der Nationalsozialist von »den Linken« unterscheidet. Der Hauptteil der Zeugen wusste von gar nichts: »Dazu war ich zu besoffen.« Und das drückt offenbar die Gefühle, aus denen die Prügelei entstand, am richtigsten aus. Der Angeklagte, der durch einen Onkel in der Stadt, der noch dazu der KPD angehörte, schwer kompromittiert erschien, hat seit elf Jahren schmerzhaftes Eiterlaufen aus dem Ohr. Trotzdem er seit sechs Jahren in der Krankenkasse ist, war er noch nie beim Arzt. Jetzt im Gefängnis hat er zum ersten Mal überhaupt vom Institut des Arztes erfahren, als der ihm Watte verordnete. Im »Segen der Erde« schildert der große Konservative Hamsun, wie das Gefängnis die Menschen die Zivilisation kennen lehrt und so für das einfache Landleben verdirbt, in Norwegen ist es die Nähmaschine, in der Uckermark der Arzt.

Dann aber erschien die bewaffnete Macht, die schimmernde Wehr, zwar nicht die Armee selber sondern nur die Landjägerei. Aber welch ein Glanz! Hier in dem barbarisch bunt angestrichenen Raum eines preußischen Gerichts, vor der strengen Kargheit der übrigen Beamten, erschien der Leutnant in einer Extrauniform von dem Glanz der alten Garderegimenter, mit so viel hellem Leder um den Leib wie ein Tscherkesse, mit geputztem Metall, mit langem, klirrenden Schleppsäbel, eine bedrohliche Erscheinung! Er unterschied klar: »Die nationalgesinnten Arbeiter«, sagte er, und warf damit die andern, »die den linken radikalen Parteien angehören«, in den Abgrund der Verachtung. Er stand da, die objektive Behörde, die Staatsgewalt selber, als verkörpertes Parteiinstitut, kein Zweifel, er wollte ein Exempel statuieren und die Arbeiter auf Grund der Terror-Notverordnung ins Zuchthaus bringen, was ihm gelungen wäre, wäre nicht alles zu grotesk gewesen. Das, was der

Oberleutnant mit »die nationalgesinnte Arbeiterschaft« bezeichnete, hatte nämlich schwarzes und lockiges Haupthaar, hieß zum Beispiel Jersinska und sprach schlecht Deutsch und war zwar kriegerisch, aber aus Polen. Auf der Anklagebank hingegen saß das, was sich die Nazis unter der germanischen Rasse vorstellen. Blonde Leute, die deutsche Namen trugen und im Felde für ihr Vaterland gelitten hatten.

So weit geht die Verwirrung. In Ostpreußen sollen die polnischen Schnitter geschlossen Hitler gewählt haben und einem Mann der preußischen Polizei, einem Anhänger des Überdeutschen Hitler, kommen Polen, die Hitler wählen, deutscher vor als Deutsche, die teils dem Stahlhelm, teils einem Berufsverband angehören, und er hetzt die Staatsmacht auf sie. Der Reaktionär alter Schule, freundlicher ausgedrückt, der konservative Richter, sah von Anfang an die Lächerlichkeit dieser Anklage. Er sah auch die Hemmungslosigkeit dieses Reaktionärs neuer Schule. »Was verstehen Sie unter den radikalen linken Parteien?«, fragte der Verteidiger Olden den Oberleutnant. Bevor er antworten konnte, verhinderte das Gericht diese peinliche Frage. Der Richter erklärte nach zwölfstündiger Verhandlung, dass ein politisches Vergehen nicht in Frage komme, und so wurden die Raufenden mit zwei Monaten und Bewährungsfrist bestraft.

Man sollte nun annehmen, dass die Polizei das Urteil des Gerichts beherrscht hinnehmen würde. Nein, keineswegs. Der Oberleutnant gab seine Verachtung dieses Urteils mit hemmungslosem Gesichtsausdruck kund. Offenbar nannte er den Richter innerlich einen Schlappschwanz, der keinen Sinn dafür hatte, dass man eine andere politische Gesinnung selbst dort noch bestrafen muss, und zwar mit Zuchthaus, wo sie sich auf ein innerliches Räsonieren beschränkt.

(WB, 20. Dezember 1932)

Deutsche Besprisornis[59]

Durch die Berliner Presse ging vor kurzem folgende Polizeinachricht: »In der nördlichen Gegend Berlins hat die Unsicherheit für das Eigentum der Anwohner Formen angenommen, die für den Winter das Schlimmste befürchten lassen. Die Einbrüche und Diebstähle, die von zumeist jugendlichen Banden in Scheunen und Bauernhäuser und Sommervillen ausgeführt werden, nehmen von Tag zu Tag zu. In den allermeisten Fällen handelt es sich um Diebstähle von Nahrungsmitteln, also Kartoffeln und Rüben, die gleich mietenweise geplündert werden. Die Anwohner und Landjäger sind dem Treiben gegenüber so gut wie machtlos. In einigen Ortschaften ist man im Begriff, freiwillige Wachen zu bilden, um so das Eigentum der Kleinbauern und Siedler, von denen viele kaum selbst das Notdürftigste zum Leben haben, zu schützen. Mehrere Verhaftungen, die in letzter Zeit vorgenommen wurden, haben die erschreckende Tatsache ergeben, dass die Täter meist jugendliche Arbeitslose aus Berlin sind. Die weiteren Feststellungen der Polizei ließen erkennen, dass die Festgenommenen tatsächlich aus bitterer Not zum Verbrechen getrieben worden sind. Nur in den wenigsten Fällen ist die Beute in Berlin weiterverkauft worden, vielmehr haben die Diebe sie untereinander geteilt, um so für den schweren Winter vorzusorgen.«

Ihre Geburt fiel in die Zeit des Kriegs. Ihre Mütter drehten Granaten. Ihre Nahrung waren Kohlrüben. Später gingen sie rudelweise auf Raub aus. Sie wurden, wie wir alle, die wir versuchten, hintenherum etwas Magenfüllendes zu bekommen, findige Raubtiere, Kartoffeln, ein Stück Fleisch oder einen Salzhering. Als sie vierzehn waren, begann die Krise. Nie haben sie gearbeitet. Aus Fürsorgeanstalten brachen sie aus. Kamen nach Berlin. Ohne Nahrung, ohne Obdach. Wo bleiben sie? Die ganze Nacht hindurch rumlaufen, immer hin- und hertippeln, in Schneematsch und Strippenregen, mal auf Böden, mal in leeren Kellern. Woher das Essen nehmen? Man kann ein Kleiderstück für ein paar Pfennig verkaufen in der großen Wärmehalle. Hier fragt keiner, woher und wohin. Der Topf Kaffee kostet fünf Pfennig. Dort ist der große Handelsplatz. Erbettelte Stullen und schlechte Zigaretten und Westen und Jacken werden verscherbelt. Vom Leib weg für fünfunddreißig Pfennig. Gute Schuhe werden für eine Mark hergegeben. So ungeheuer viel wert ist hier das Bargeld, denn damit kann man sich für vierzig Pfennig eine Matratze für eine Nacht in irgendeinem Keller mieten, wo nicht nach der Anmeldung gefragt wird. Mit dem Geld kann man den ganzen Tag bei einer Molle in den paar Lokalen sitzen, zwischen Bülowplatz und Münze, wo diese ganze Jugend immer wieder herumkriecht. In diesen fürchterlichen, schmutzigen, schmierigen Lokalen, in denen ein ewiges Bockbierfest herrscht und ein ewiger Katzenjammer. Papiergirlanden und Lautsprechergebrüll, oder falsche Exotik mit Lampions und schwüler Musik, von morgens um sechs bis morgens um drei Uhr. Wo die Luft der Hölle herrscht von Körpern, die den ganzen Winter nicht baden, von uralten Lumpen, von undurchdringlichem Zigarettenqualm, von Fusel und schlechten Fetten. Wo sich fünfzehnjährige Jungen wie Mädchen anbieten. Als vielbenutzte Nachmittagswärmehalle hat der Obdachlose noch die gepflegte saubere schöne Stadtbibliothek, aber die wird um neun Uhr geschlossen. Wo soll man bis früh um sechs Uhr bleiben, bis die Lokale mit Lautsprechergedröhn und Grammophon wieder anfangen? Bis acht Uhr, wo in Arbeitsämtern oder sonstigen Wartehallen einige Sitzgelegenheit zu finden ist, vor klebrigen Mauern, was bleibt als Schlafstätte wieder andres als Hausboden oder Keller oder eine eisige leere Laube draußen im Laubengelände?

In diesem Elend, wo der Handel mit alten Sachen die einzige mit winzigem Kapital mögliche Erwerbsquelle ist, wo es vielleicht noch einen Zufallsverdienst an der Markthalle gibt, oder ein, zwei Tage Schnee schippen, da schließt man sich an andre an. Fünf bis zehn Jungen tun sich zusammen und bilden eine Clique. Führer ist der Überlegenste an Körperkraft und Intelligenz, der Cliquenbulle. Sie bilden eine Blutsbrüderschaft. Aufgenommen wird jeder nur nach einem Paradestück sexueller Hypertrophie. Dann halten sie zusammen. Wofür? Wozu? Eine Weile findet der oder jener eine Arbeitsgelegenheit. In diesen Cliquen findet sich nicht nur das Elend zusammen, nicht nur der entlaufene Fürsorgezögling ohne Papiere, sondern Asoziale aller Gesellschaftsschichten. Sehr bald werden Diebesbanden gebildet, auf Märkten, Markthallen und dichtgefüllten Bahnen werden den Arbeiterfrauen ihre paar Groschen entwendet. Homosexuelle Beziehungen werden zum Erpressen ausgenutzt. Die Anständigen oder die Schwachen oder die weniger Verbitterten müssen mitmachen. Nichtmitmachen heißt Verrat. Auf Verrat steht die grausamste Eigenjustiz. Die Roheit siegt. Wer aus der Clique herauswill, kann nur fliehen, und zwar genügt schon die Flucht von der Münze bis Neukölln. Meist endet das alles im Gefängnis.

Es ist ein fast zu spannendes Buch, ein ungewöhnlicher Bericht aus intimer Kenntnis der Verhältnisse, der dieses Leben der Berliner Besprisornis zeigt, der letzten, der ärmsten Opfer des Krieges und der ersten ärmsten Opfer der Krise: Ernst Haffner: »Jugend auf der Landstraße Berlin« (Verlag Bruno Cassirer; 4,50 und 3,80).

Landstraße Berlin! Denn das ist es. Alle Landstraßen

Deutschlands führen nach Berlin. Hier auf der Münze ist für Zehntausende arbeits- und obdachloser Jugend der Rendezvousplatz. Aus allen Fürsorgeanstalten, aus allen Gefängnissen, vom Lande, von zu schwerer Landarbeit, tippeln sie straßauf, straßab nach Berlin, sie fahren als blinde Passagiere nach Berlin, sie fahren mit ordentlichen Billetts nach Berlin, immer nach Berlin. Landstraße Berlin ist die Münz- bis Linienstraße. Diese Welt schildert, von der andern Seite gesehen, auch das sehr wichtige Buch von Justus Ehrhardt: »Straßen ohne Ende« (Agis-Verlag; 3,75 und 2,85). Erhardt ist Fürsorger am Jugendamt Berlin, und das Buch ist vor allem durch den charaktervollen, seltnen Mut ausgezeichnet, die Fürsorgeerziehung, diese Abteilung der Jugendfürsorge, ja den ganzen behördlichen Apparat derart anzugreifen. Der Apparat tötet die Menschen, treibt den, der guten Willens ist, dem Verbrechen in die Arme. Das ist das vollkommen eindeutige Urteil. Die einmal eingeleitete Fürsorgeerziehung wird auch dann aus Bürokratie aufrechterhalten, wenn man erkennt, dass sie ungeeignet ist und sehr anständige Eltern ihr einmal kriminell gewordenes Kind wieder nach Haus nehmen wollen. Ein fürchterlicher Missstand, der wieder Tausende zu Besprisornis macht, zu Landstreichern auf der Landstraße Berlin.

Es ist ein wunderbarer Mann, der sich mit Tolstoi'scher Menschenliebe einer etwas höhern Schicht dieser Jugend annahm: Albert Lamm. Er hat ein ergreifendes, stilles, kunstloses Buch über diese Jugend geschrieben, »Betrogene Jugend« (Bruno Cassirer; 4,50 und 3,80). Es sind nichts als Aufzeichnungen von Erlebnissen mit jugendlichen Arbeitslosen in einem Tagesheim der Stadt Berlin, wo Lamm Zeichenunterricht gibt. Zuerst ein schweres Zusammenleben. Diese Jugendlichen erkennen nichts an. Mutwillig wird das gemeinschaftliche wie das private Eigentum gestohlen und zerstört, keine Zeichnung ist sicher, keine Jacke, keine Mütze, aber auch nicht die gemeinsame Einrichtung des Heims. Die Lichtleitungen werden herausgerissen, die Wände beschmiert, die geringe Ordnung in so einem Heim, der Arbeitszwang von einer Stunde wird nur höchst widerwillig ertragen, von Solidarität ist keine Spur. Langsam wird die Schale gelöst, die eine Abwehrschale ist, geformt von Not, Hunger und vielen Prügeln. Lamm tastet, findet auf vielen Wegen das Einfache, dass die Unruhe und Sehnsucht dieser armen Menschen ins Leere stößt, ins Nichts. Lamm weiß, dass unter den Heimbesuchern regelrechte Bandendiebe sind. Der Polizei anzeigen kann er keinen, denn das würde den Charakter des ganzen Heims zerstören. Was tun? An welche sittliche Weltordnung, die ihre Triebe bändigt, sollen sie glauben? Und Lamm stellt die Dostojewski-Frage: Warum ist das Kindlein arm?

Die Sehnsucht der Jungen ist eng begrenzt, eine Zigarette und ein Kino für vierzig Pfennig erscheint die ergreifend geringe Erfüllung. Er meint, sie hätten ein sittliches Ideal, das Ideal des »anständigen Menschen«, der nichts mit dem moralischen Menschen zu tun hat. Er findet bei ihnen eine mystische Hingabe an die Natur, eine neue Metaphysik. Er bekommt es fertig, ihnen zu beweisen, was Solidarität bedeutet, Dass der Mensch es ist, der seinem Nebenmenschen das Wichtigste zu geben und leisten hat. Hier wurde ein Heim geschaffen, das eine wirkliche Hilfe war, auch für jene vollkommen Vereinsamten, die vom Leiden schon so kaputt gemacht sind, dass sie nichts weiter wollen, als andre leiden machen. Man sollte meinen, dieses Heim von Lamm für jene Jungen, die oft genug auf der Straße hungern und frieren, müsste sich des äußersten Wohlwollens der Behörde erfreuen. Aber nein! Dieses Heim, in dem die Jungen jahrelang blieben, wurde durch einen unbegreiflichen Beschluss einer ehrenamtlich wirkenden Kommission aufgelöst. Lamm schreibt, der Beweggrund zu solcher Auflösung sei politisch gewesen, »in der traurigsten Verirrung politischen Denkens, man will mit diesen Verordnungen eine möglichst große Zahl erwerbsloser Jugendlicher erfassen. Das erreicht man, indem man bei großer Beschränkung der Ausgaben für Heime und Personal recht viele Jugendliche durch diese Heime marschieren lässt und keinen längeren Aufenthalt als ein Vierteljahr erlaubt. Wenn die Alten zu mir kommen, weil sie Hunger haben, weil sie auf der Straße liegen und nicht wissen, wo sie bleiben sollen, weil sie nur einmal wieder zusammen sein wollen, muss ich sie fortschicken, weil sie schon vor einem Vierteljahr hier waren. Dazu müssen die ohnedies überlasteten Beamten des Arbeitsnachweises nebenbei statistische Arbeiten über Zu- und Abgang der Jugendlichen führen, die nur den einen Zweck haben, Zahlen für politische Bierreden zu gewinnen, ein wie hoher Prozentsatz von erwerbslosen Jugendlichen durch diese Arbeitskurse erfasst werden. Sogar Kurse für den Bau von Segelflugzeugen sind eingerichtet, dafür weiß man die Mittel zu schaffen. Aber das gibt schöne Fotografien für die Spießerfeigheit, die beim Kaffee im Morgenblättchen gern liest, wie herrlich alles eingerichtet wird. Dass mit all dem Unsinn das Gegenteil einer sozialen Fürsorge erreicht wird, erfährt ja kein Mensch. Es gibt Heimbesucher, die lieber nach Hause gehen, weil ihnen das Essen zu Hause besser mundet.«

Liest man diese Bücher, so hält man es nicht für möglich, mit wie viel Torheit auch in den einfachsten Sachen verfahren wird. Es wird genau das Falsche getan. Alle sind sich einig über die Mängel bei den ungemein hohen Kosten der Fürsorgeerziehung. Es geschieht nichts. Und hier hilft man, statt wenigen wirklich, vielen, aber denen gar nicht.

In diesen Büchern aber weht auch der Sturm jener gärenden,

begabten, brodelnden neuen Jugend, der jugendlichen Erwerbslosen von Berlin, in denen die Zukunft ruht und von denen
jetzt nur die Polizeiberichte melden.

(WB, 27. Dezember 1932)

Brolat

Brolat hat 72000 Mark Gehalt bei der BVG bezogen. Kein Herrscher über vergesellschaftete Produktionsmittel sondern ein
Emporkömmling, schlüpfte er vom blauen Hemd des Metall-
arbeiters allzu rasch ins seidene Hemd der Sklareks. Ein
Deutschnationaler darf 150000 Mark Gehalt beziehen oder
500000 Osthilfe – das schadet ihm nicht, aber wenn ein alter
sozialistischer Arbeiter 72000 Mark bezieht, herrscht Einigkeit
in sämtlichen Parteien. Brolat hat nicht mehr bekommen als
andre Direktoren auch. Solange er bei der Berliner Verkehrs-
gesellschaft war, kam kein Streik vor, der Gewerkschaftler
konnte die Wünsche der Arbeiter mit denen des Unterneh-
mens vereinigen, kaum war er fort, brach der Berliner Verkehrs-
streik aus, der die BVG 1000000 Mark kostet. Für die BVG war
er sein Gehalt wert. Warum anlässlich eines Meineidsprozesses
wieder vom Gehalt sprechen? Weil alle davon sprachen: Anklä-
ger, Zeugen, Verteidiger.

Die Vernehmung Brolats durch den Regierungsrat Tapolski
nach dem Zusammenbruch der Sklareks dauerte vier Stunden.
Über diese Vernehmung existieren zehn Seiten Protokoll. Aber
war es überhaupt eine Vernehmung, sah es nicht beinahe aus
wie eine Unterhaltung? Ob Brolat gesagt wurde: es geht um den
Stadtbankdirektor Hoffmann, ist aus dem Protokoll nicht zu er-

sehen. Ob er auf die Bedeutung des Eides aufmerksam gemacht wurde, ist aus dem Protokoll nicht zu ersehen. Ob er auch nur gefragt wurde, verwandt oder verschwägert mit dem Angeklagten, ist aus dem Protokoll nicht zu ersehen. Wann er vereidigt wurde, ist aus dem Protokoll nicht zu ersehen. Das war keine Gerichtsvernehmung, wo dem Vernommenen schon am Talar der Ernst des Ganzen aufgeht. Und später schrieb Brolat ans Gericht: »Wenn noch ein Punkt aufzuklären ist, bitte ich mich zu vernehmen.« Auf dieses Schreiben bekam er nie eine Antwort.

Und nie wäre Brolat in dieser ganzen Affäre verdächtigt worden, wenn nicht der Obermagistratsrat Brandes den Verdacht ausgesprochen hätte, Brolat sei am Tage vor der Verhaftung der Sklareks zu ihm gekommen, um die Untersuchung aufzuhalten. Brolat bestreitet es, und Brandes kann Leute der Linken nicht leiden. Die Staatsanwaltschaft unter Freiherr von Steinäcker – der bekanntlich die These vom zweierlei Recht verficht, »eine bolschewistische Forderung, auch wenn sie aus nationalsozialistischem Munde kommt«, wie Papen gesagt hat – begann auf diesen Verdacht hin eine Untersuchung gegen Brolat wegen Begünstigung, und dann noch eine, auf Anzeige des Vereins gegen das Bestechungsunwesen, wegen unlauterm Wettbewerb. Und das alles dauerte drei Jahre, und eines Tages wurde die Untersuchung aus rechtlichen Gründen eingestellt. Aber mit keiner Miene wurde in diesen drei Jahren verraten, dass im Hintergrund ein Meineidsverfahren lauert. Bürgermeister Elsas erkundigte sich. Die Verfahren seien erledigt: kein Wort von Meineid. Da plötzlich im November 1932 wird noch einmal das alte Tapolski'sche Protokoll hervorgeholt. Man entdeckte »Unstimmigkeiten« im Verlauf des drei Jahre langen Verfahrens und eröffnete ohne weiteres die Voruntersuchung. Der Bürgermeister, der sich nach dem Stande der Dinge vergeblich erkundigte, erfährt das aus der Zeitung. Am dritten Weihnachtsfeiertage wird Brolat verhaftet, weil er in zwei Punkten die Unwahrheit gesagt habe.

Erstens: »Ich kenne die Stadtbankdirektoren nur dienstlich und auch nur flüchtig.«

Vorwurf: Er hat mit Hoffmann anlässlich der Anzugbezahlung gesprochen, also ist es ein Meineid.

Zweitens: »Ich bezog seit 1928 meine Anzüge unmittelbar von Keller und Furch.«

Vorwurf: Er hat sie an Sklareks bezahlt. Also Meineid. Aber das Groteske, ist, dass Brolat 250 Mark für den Anzug sehr hoch erschien, und er dachte die Sklareks kriegen Prozente von Keller und Furch, was er ihnen nicht verderben wollte, wohingegen in Wirklichkeit die Anzüge 350 Mark kosteten und Sklareks also 100 Mark zusetzten. Das ist eine ziemlich komplizierte Bestechungsform.

Dann kam später noch ein dritter Anklagepunkt: Er erwähnte als Geschenke nur einen silbernen Stock und Blumen und nichts von den seidenen Hemden, obwohl er die zwölf Stück am Tage vorher mit dem berüchtigt gewordenen Preis von 819 Mark bezahlt hatte. Dabei fällt die Gesinnung der Untersuchenden auf, die meinen, ein Geschenk von zwölf Hemden sei mehr Grund, den Schenkenden zu decken als Duzfreundschaft mit ihm, seidene Hemden seien mehr als Freundschaft! O, Welt!

Das alles liegt über drei Jahre zurück, steht in jenem Protokoll Tapolskis, das in Bezug auf den Eid so ungenau abgefasst ist und das Brolat anbot zu berichtigen.

Dass Brolats Beziehung zu den Sklareks schief war, kein Wort darüber, dass Brolats ganze Existenz schief war, kein Wort darüber – Brolat ist Verkörperung vom Glanz und Abstieg einer großen Bewegung, der Proletarier, der Kleinbürger wurde, satt und sehnsuchtslos. Aber noch nie ist eine Meineidsklage auf solche Weise erhoben worden. Meineidsanklagen kommen aus den Anzeigen des Hasses, der in Ehescheidungsprozessen sich ansammelt, im Beleidigungsprozesse, in Mietsstreitigkeiten. Der Brodem aus üblen Instinkten steigt aus diesen Anzeigen auf. Die Staatsanwaltschaft geht ihnen fast nie nach. Die Anzeigenden bedrängen die Behörde immer wieder, immer wieder: »Ich wer'n schon auf die Anklagebank bringen.« Ungern beugen sich die Staatsanwälte, ein winziger Prozentsatz aller Anzeigen kommt zur Anklage. Aber hier begann ein großer Eifer, diese Anklage zustande zu bringen. Und es genügte nicht der erste Staatsanwalt vom Landgericht III, ein Staatsanwalt vom Landgericht I, Spezialist in Sklareksachen, wird ihm zugeteilt. »Und mit Sklarek sollt ihr euch beschäftigen euer Leben lang.« Nicht aus einer Anzeige entstand dieser Prozess sondern aus Aktenvergleich. Und drei Sätze, vor drei Jahren gesagt in einer vierstündigen Unterhaltung, werden Grundlage zu einem Antrag auf anderthalb Jahre Zuchthaus und zu einer Bestrafung mit einem Jahr Gefängnis. Vae Victis!

(WB, 28. Februar 1933)

Der erste Tag im Veit-Harlan-Prozess

Der Prozess Harlan[60] begann gestern mit allen Zeichen des Sensationsprozesses. Jupiterlampen, Filmkurbel, Fotografen. Überfüllter Zuschauerraum. Strengste Kontrolle. Es ist heute Harlans Tag, an dem fast nur er selber zu Worte kam. Harlan ist ein kleiner, untersetzter, grauhaariger Mann von 50 Jahren, dem niemand den Künstlersohn oder gar selber einen Künstler ansehen würde.

»Man hat gesagt, dieser Prozess sei ein Prozess von weltpolitischer Bedeutung gegen den Antisemitismus. Dieser notwendige Prozess wird und soll einmal stattfinden, aber der heutige dreht sich um nichts als um meine Person.«

Harlan war nie in der Partei. Harlan war in erster Ehe mit einer Jüdin verheiratet, die sich noch einmal in letzter Not 1942 an ihn wandte, bevor sie zugrunde ging. »Einfache Leute von typischer jüdischer Gutherzigkeit«, so beschreibt er sie. Nein, ganz und gar kein Antisemit, es kommen ihm die Tränen, wenn er seiner besten Freunde, Francesco von Mendelssohns und Kortners[61] gedenkt, die Trauzeugen bei seiner Hochzeit mit Hilde Körber 1929 waren. Er hat mit ihr drei Kinder. Kein Antisemit. Der beste Freund seines Vaters war Julius Bab[62], der ihm die Trauerrede hielt und auch jetzt ihm aus Amerika schreibt. Seine großen Lehrer und Vorbilder waren Reinhardt, Jürgen Fehling[63] und Leopold Jessner[64]. Er hält den Antisemitismus für einen Schandfleck auf der deutschen Ehre. »Mit mir hat das nichts zu tun.«

Und dann kommt jenes Bekenntnis, von dem er offenbar nicht merkt, dass ein großer Regisseur es nicht ablegen kann. »Meine Partei ist die Kunst, meine Politik ist Heimatliebe. Ich habe versucht, mich auf dem Boden der Tatsachen zu bewegen.« Er gibt zu, dass er weniger zu achten ist als ein idealistischer Nationalsozialist.

Er hat angefangen als Silberschmied und Bildhauer, er war Hilfsregisseur bei Max Mack, war Schauspieler unter Kayßler, 1924 bis 1934 Staatstheater, 2000 Mark im Monat. Aber er wollte Regisseur werden. Der erste gedrehte Film »Krach im Hinterhaus« brachte ihm 3000 Mark, sein Einkommen stieg bis ganz zuletzt auf 80000 Mark pro Film.

Er gibt eine Darstellung von Goebbels' Stellung in der Filmindustrie. Goebbels besaß 51 Prozent der Aktien von Tobis und

UFA. Es gab Schauspieler, die nicht spielen durften; es gab Schauspieler, die unerwünscht waren, von denen das aber nicht gesagt werden durfte; es gab Schauspieler, die empfohlen, und Schauspieler, die sehr empfohlen wurden. Goebbels setzte jede einzelne Gage persönlich und willkürlich fest.

Man wusste, dass Goebbels das Schafott bediente, ein satanisches Herz, das fast ebenso wie die Juden die Österreicher hasste, kein Wort war zu scharf gegen Maria Theresia, und am Ende des Krieges fiel ihm nichts anderes ein als der große Krieg: ein Film über Friedrichs des Großen Krieg gegen Österreich. Goebbels ließ sich jeden Abend die gedrehten Streifen vorführen, und der Produktionsleiter bekam entweder einen auf den Kopf oder eine Belohnung. Goebbels griff mit seinen grünen Randbemerkungen in alle Details ein; der Schluss vom »Herrscher« war zum Beispiel von Funk geschrieben worden.

Aber dann kommen die belastenden Briefe, die belastenden Taten, alles noch jenseits von »Jud Süß«. Da ist ein erstes Interview mit der Reporterin des »Völkischen Beobachters«, in dem er ein Bekenntnis zum Nationalsozialismus ablegt. Da ist ein Brief an Hinkel: »Das Schiller-Theater war die Hoffnung von uns Jungen«, sagte er, »warum nicht dem eitlen Pfau, Herrn Hinkel, schmeicheln.« Und so schreibt er. »Lassen Sie uns die schönste aller Zeiten nicht versäumen. Sie wissen, was die Erhebung für das Theater bedeutet.« Das schreibt er in einem Brief, in dem er vorschlägt, ein Völkertheater zu machen, was das Beste aller Völker vorführen soll.

Der Fall Fröhlich nahm einen ziemlichen Raum im Prozess ein, und zwar von zwei Seiten her. 1939 hatte ihm Goebbels auf einem rot getippten Zettel – Goebbels pflegte Liebesgeschichten rot zu tippen – vorgeschlagen, die Baarova zu heiraten, da er, Harlan, in diesem Augenblick geschieden war und Goebbels sich infolge dieser Angelegenheit in ziemlich unangenehmer

Situation befand. Dieses Ansinnen lehnte er ein Jahr, bevor er den »Jud Süß« drehte, ab. Drei Jahre später, als Fröhlich sich in schwierigen Verhältnissen befand, ließ er ihn bei sich spielen. Fröhlich sei sehr leichtsinnig gewesen, habe in der Pause ins Mikrophon gesagt, dass er froh sei, dass die Italiener Keile kriegten und ähnliche Dinge. Goebbels kamen diese Dinge zu Ohren, und Harlan wurde ins Propagandaministerium bestellt. Dort gibt es nun ein Protokoll von ihm, in dem er ausgesagt hat, dass Gustav Fröhlich ein »undeutscher und ekelhafter Kerl sei, schwatzhaft, eitel, disziplinlos«.

Die böseste Geschichte ist ein Brief vom 2. April 1940 an Hinkel. Zu dieser Zeit hat Harlan im Strasser-Kreis verkehrt, in den er von Lothar Müthel eingeführt worden war und in dem dauernd von der Ermordung Hitlers gesprochen wurde. Anlässlich des Attentats auf Hitler[65] sandte Harlan einen Brief an Hinkel. – »Anbei ein Schreiben, dass ich den Attentäter von München irgendwoher kenne, kann sein, aus dem Kreis von Strasser... Ich will nichts ungetan lassen, was unserer Zeit und unserem Führer helfen kann.« Das war zu einer Zeit, als er gerade den »Jud Süß« drehte. Harlan sagte: »Es gab den Menschen gar nicht, der Brief konnte keinem Menschen schaden, und mir hat er genützt.«

Am Schluss des Krieges wurden Harlan von Goebbels drei verschiedene Filme vorgeschlagen: »Der Kaufmann von Venedig«, »Soll und Haben« und »Die siebente Weltmacht«, das heißt die Presse. »Der Kaufmann von Venedig« sollte beginnen mit einer Anrufung Shakespeares als des Zeugen in der Judenfrage. Harlan behauptet, dass er das Drehen dieses Films sabotiert habe.

Es wurde der Antrag gestellt, am Sonnabend bei der Vorführung des Films »Jud Süß« die Öffentlichkeit auszuschließen. Unter anderem deswegen, weil »Jud Süß« sowohl wie der »Ewige

Jude« auf der Liste der verbotenen Filme stehe. Die Verteidigung beantragte, die Öffentlichkeit zuzulassen und außerdem den »Oliver Twist«-Film[66] vorzuführen. Der Staatsanwalt bat zu bedenken, dass der »Jud Süß« sich in die Verfolgungsmaßnahmen des Dritten Reiches einreiht und einen Teil von ihnen bildet, während durch den »Oliver Twist« keinem Menschen ein Haar gekrümmt würde. Nach Beratung wurde der Ausschluss der Öffentlichkeit bei der Vorführung des »Jud Süß« und Vorführung des »Oliver Twist« beschlossen.

(NZ, 4. März 1949)

Zum Harlan-Prozess

Wenn es je eine dramatische Gerichtsverhandlung gab, dann diese am Freitag, 4. März gegen Harlan.

Harlan, ein Berliner, klein und quick, ganz große Intelligenz, genau der Typ, bei dem das ganze Ausland fragt: »Na, da war doch zum Beispiel der X. Hat der das auch mitgemacht? Rätselhaft!«

Eugen Klöpfer[67], alt geworden, mit einem kranken Bein, ein Süddeutscher, der Typ des großen Mimen, fast des Komödianten, ein Geschöpf dieses instinktiven, durch und durch künstlerischen, spielfreudigen Landstrichs.

Genau so würde Harlan selber die Typen abgewogen, die Rollen besetzt haben. Und dann kommt als Dritter ein bürgerlicher Kaufmann, ein ganz gerader einfacher Mann und erzählt völlig ohne die Harlan'schen Lieblingsausdrücke »gewaltig« und »dämonisch« das Schicksal der deutschen Juden vom Boykotttag des Jahres 1933 an bis zum Tod in Auschwitz, dem er entrann, während seine Frau und sein Sohn, ein Dreijähriger, vergast wurden.

Nichts ist mehr rätselhaft an den deutschen Intellektuellen, nachdem Harlan zwei Tage sprach.

Da ist zuerst das Nichtnachdenken darüber, was mit den Juden passierte. »Ich konnte mir vorstellen, dass es Pogrome gab. Ich wusste von der Kristallnacht, aber das konnte sich niemand vorstellen, dass eine ganze Menschengruppe von Regierungs wegen gemordet wurde.«

Dann die Geschichte des »Jud Süß«-Films: Jede Filmfirma hatte einen antisemitischen Film im Jahr zu drehen. Er soll den »Jud Süß« drehen. Er bekommt das Drehbuch. Er wird zu Goebbels bestellt. Er spricht seine Meinung aus: »Das ist kein widerliches Drehbuch, sondern das ist ein widerlicher Film, ein unästhetischer Film.« – »Sie haben völlig recht«, sagte Goebbels. Und so schreibt Harlan das Drehbuch um. Er nimmt die abstoßenden Szenen raus. Er will aus dem »Jud Süß« einen gewaltigen, einen dämonischen Menschen machen.

Jannings[68], Willi Forst, Marian schlug Goebbels als Besetzung vor. »Jannings und Klöpfer, das geht nicht, zwei solche Kolosse. Forst war zu halbseiden, blieb Marian. Marian sagte: ›Ich gebe dir mein Wort, ich mache es nicht.‹«

So stehen sie bei Goebbels. Marian sagt, er will nicht. »Ich weiß, ich weiß«, sagt Goebbels, »dass Sie alle nach Hollywood wollen. Kommt nur darauf an, wer der Stärkere ist.« Und Marian sagt: »Ich will mich nicht aus meinem Fach herausspielen.« – »Wer wird Sie in Zukunft besetzen? Ich oder das deutsche Publikum?« – »Sie natürlich, Herr Minister.« Aber Goebbels blieb nicht sanft: »Ihr wollt gut verdienen, aber die Partei wollt ihr nicht.« Goebbels tobte, Goebbels schrie. »Raus«, schrie er Marian an, »raus.«

Goebbels veränderte den Text. Harlan holt Erich Engel[69] zu

Hilfe. Der rät: »Mache die andern so scheußlich, wie du kannst, mache den Juden so gut, wie du kannst.« – »Ich glaube«, fährt Harlan fort, »dass der Jud Süß eine entsetzliche Gestalt war, dass es Feuchtwangers[70] Schuld ist, dass er aus einem solchen Scheusal ein Idol gemacht hat.«

Harlan machte ihm einen grandiosen Schluss mit den historischen, heroischen Worten des Süß. Aber Goebbels nennt ihn instinktlos, ändert ihn völlig. »Ich bin kein Antisemit. Ein Künstler liebt Gottes Welt, wie sie ist, sonst könnte er sie nicht gestalten. Es war schon grässlich genug, mit diesen Dingen etwas zu tun gehabt zu haben.«

Er stand unter Druck, er fürchtete sich. Er sagt sogar, dass er unter dienstlichem Befehl stand. Goebbels kümmerte sich um alles, bis aufs Nasenkleben. »Das waren Fakire, furchteinflößend, ausweglos.«

Er spricht vom unerbittlichen Dämon Goebbels. »Wer bin ich?«, fragt Harlan, »Warum jagt man mich, einen Filmregisseur? Ich stelle die Scheinwerfer, ein Handlanger, ein Darsteller.«

Man kommt dem Punkt nahe, dem entscheidenden Punkt, warum sich Harlan falsch benommen hat und es auch heute noch nicht weiß, wenn man ihm zugestehen sollte, dass er unter Druck gehandelt hat. »Für mich kam es nur darauf an, das Drehbuch zu ändern und zu mildern.«

»Warum hat ›Der Ewige Jude‹ nicht gewirkt?«, fragt der Richter.

»Wahrscheinlich ist er schlecht, dramatisierter ›Stürmer‹[71], er hat die ästhetischen Gesetze nicht beachtet, aus der Schächtszene sind die Leute rausgelaufen. Mein Film ist ein Kunstwerk. Ich wollte ihn so künstlerisch wie möglich machen. Ich habe doch nur die Möglichkeit, Propaganda in Kunst umzuwandeln.«

»Aber Marian hat geahnt, dass es etwas andres gibt.« Der

Vorsitzende hält es Harlan vor. Marian hat absichtlich schlecht gespielt. Alle Schauspieler beschlossen, schlecht zu spielen. Harlan hatte das nicht mitgemacht. Harlan widerspricht: »Das gibt es nicht. Er wäre ja kein Schauspieler, wenn er nicht gut spielte.«

Und hier sind wir beim Kernproblem nicht des Veit Harlan und seines »Jud Süß«, sondern beim Kernproblem des führenden deutschen Geistigen überhaupt.

»Deutsch sein heißt, eine Sache um ihrer selbst willen tun.« Sehr wunderbar, wenn diese Sache nicht Verbrechen denkt. Dass auch heute noch Harlan, der wohl zu unterscheiden weiß zwischen Gut und Böse, dass er auch heute noch sagt: »Mein Film ist ein Kunstwerk. Ich habe doch nur die Möglichkeit, Propaganda in Kunst umzuwandeln.« Das löst das Rätsel des deutschen Intellektuellen. Warum hat Harlan nicht das widerliche Drehbuch von Goebbels nur noch widerlicher gemacht, so widerlich, dass keiner sich diesen Film hätte ansehen mögen? Nur gute Kunst ist Propaganda. Schlechte ist keine. Das einzig Richtige ist, was Marian wollte, schlecht spielen. Mist schreiben. Filme drehen, dass die Kinos leer gewesen wären. Alle Tempi verzerren. Alle Einsätze verhauen, sodass sich keiner mehr die »Neunte« hätte anhören mögen. Das ist echter Widerstand.

Niemand weiß, ob Europa unzerstört wäre und die Juden am Leben, wenn Harlan und alle wie er nur widerliche Drehbücher von Goebbels in ihrer ganzen Scheußlichkeit gezeigt hätten, wenn sie ihr göttliches Talent nicht dazu benutzt hätten, Kunst daraus zu machen, aber das große Erbe der Deutschen wäre unbesudelt.

Das ist die große Kernfrage im Harlan-Prozess.

Nach Harlan kam Klöpfer, der den verfemten und schließlich in den Tod getriebenen Gottschalk vier Jahre lang an seinem Theater beschäftigte. Aber in seinem Theater konnte er drohen, er werde die Direktion niederlegen. Im Film konnte er das nicht. Er sagt: »Ich war froh, wenn ich in mein Theater zurückkam.« Herr Wollheim[72] gab nur die Tatsachen und die erschütternden Zahlen seines eigenen Transports. Am 27. Februar 1943 sind von 1000 Leuten 750 gleich umgebracht worden. Von 250, die als Zwangsarbeiter versendet wurden, blieben sieben bis acht übrig. Und er spricht von der Angst der Juden, als man von diesem Film 1940 hörte, dass er der Auftakt sein würde zu neuen Pogromen, und wiederum von der gleichen Angst, als man im Konzentrationslager die Nachricht bekam, der Film würde der SS vorgeführt. Herr Wollheim endete seine Darstellung mit einem versöhnenden Schluss, sehr großartig aus seinem Munde: »Ich habe den Film zum ersten Mal vor einem Jahr gesehen. Es ist ein Wunder, dass die Zuschauer damals nicht in die jüdischen Wohnungen eingedrungen sind und ihr Mütchen gekühlt haben. Aber es ist nirgends geschehen.«

(Unveröffentlichtes Typoskript, 4.März 1949. Nachlass Tergit, DLA Marbach)

Nicole Henneberg
»Montag und Donnerstag Überfall«

Nach ihrer Griechenlandreise 1927, einer Zeit »gelösten Inseldaseins«, wie Gabriele Tergit in ihren Erinnerungen schrieb,
kehrte sie mit einem durch den Kontrast besonders geschärften
Blick zurück in ein Land, das von inneren Spannungen ge-
schüttelt wurde – auch wenn niemand die Anzeichen vorerst
sehr ernst nahm. »Montag und Donnerstag Überfall – Heimkehr zu den deutschen Belangen« nannte sie, wieder im Gericht
in Berlin-Moabit, ihren ersten Bericht am 11. August 1927. Es
ging um eine Schlägerei zwischen Jugendlichen, »vom Staat
wurde diese Bolzerei für Politik angesehen«, fügte sie fast stau-
nend hinzu, weil der »Prokurator« der Republik, Reichsanwalt
Kirchner selbst auftrat. Er verhängte für die Taten der Linken
wegen Landfriedensbruch deutlich höhere Strafen als für die
rechten Messerstiche. Einige Monate später sollte sich Tergits
Blick auf derlei Gewalttaten grundlegend ändern, aber schon
hier hielt sie das entscheidende Kriterium der Verhandlung
fest: Die heimliche Sympathie, die der Richter den rechten
Schlägern entgegenbrachte, die er für Patrioten hielt, im Gegensatz zu den Linken.

Gabriele Tergit war damals 33 Jahre alt und schon eine er-
fahrene Journalistin. In einem Lebenslauf schrieb sie: »Von 1915
an veröffentlichte ich gelegentlich Artikel, erstes Gedicht in der
Aktion, erster Artikel im *Zeitgeist* des *Berliner Tageblatts*. Von
1920 an schrieb ich regelmäßig Feuilletons für die *Vossische Zeitung* und das *Berliner Tageblatt*. Nach dem Doktorexamen war

ich einige Monate Gerichtsberichterstatterin beim *Berliner Börsen-Courier*, von dort wurde ich von Theodor Wolff als Mitglied der Redaktion geholt, der Kerr, Scheffler, Alfred Einstein, Rudolf Olden, der zwielichtige Fred Hildebrandt, Auburtin und Höllriegel, der wirklich gute Mensch Fritz Engel, Walther Kiaulehn und viele andere angehörten.«

Ihr Artikel im *Zeitgeist* 1915 hieß »Frauendienstjahr und Berufsbildung«, und der Redakteur der Beilage des *Berliner Tageblatts* rief, als er sie sah: »Wenn ich gewusst hätte, dass Sie so jung sind, hätte ich den Artikel nicht gebracht«; zuletzt wurde ihr in der Schule noch das Honorar aus der Manteltasche gestohlen. Es war ein schwieriger Anfang, sogar das Zeitunglesen schickte sich damals nicht für ein junges Mädchen, für eine Zeitung schreiben erst recht nicht – in der Familie begegnete sie allgemeiner Verachtung. Doch sie setzte durch, dass sie studieren durfte, um besser für den Journalistenberuf gerüstet zu sein – schon immer, sagte sie ihrem Herausgeber Jens Brüning in einem Interview 1979, hatte sie sich leidenschaftlich für Zeitungen und Geschichte interessiert. Nach dem Abitur als Externe studierte sie in München, Heidelberg und Frankfurt Geschichte, der akademische Lehrer, der sie am meisten beeindruckte, war Friedrich Meinecke. Sein Credo: Entschlossenheit, Klarheit, Maß und bedingungslose Ehrlichkeit in der Betrachtung, sollte sie prägen.

Der damalige Feuilletonchef des *Berliner Tageblatts*, Erich Vogeler, für den Tergit seit 1920 Feuilletons schrieb, bot ihr den Posten einer Gerichtsberichterstatterin an. Er meinte, »es gäbe jetzt bei Ullstein Gerichtsberichte von einem Mann der heißt Sling, und das sollte ich doch versuchen«. Sie ging ins Gericht, wagte aber nicht, die Tür zum Verhandlungsraum zu öffnen – zu einschüchternd war die ganze Atmosphäre. Überdies war sie die einzige Frau im ganzen Gebäude, von den Angeklagten und

Putzfrauen abgesehen – diese Erfahrungen beschreibt sie 1932 unter dem Titel »Frauen im Gerichtsgebäude« in der *Weltspiegel*-Beilage des *Berliner Tageblatts*. Erst der zweite Anlauf gelang, ein Referendar nahm sie mit in den Verhandlungssaal, und die *Vossische Zeitung* druckte ihre Berichte. Sling, den der inzwischen nach Kopenhagen versetzte Feuilletonchef erwähnt hatte, wurde damit für die junge Gerichtsreporterin Herausforderung und Inspiration zugleich.

Berichte aus den Gerichten interessierten das Publikum damals brennend. Insgesamt stieg das Bedürfnis nach Unterhaltung, aber auch nach politischer Identifikation und Orientierung – das *Berliner Tageblatt* erschien, außer montags, zweimal täglich in einer Auflage um die 160 000 Exemplaren, am Wochenende auch mehr, und verfügte über viele Beilagen: *Haus, Hof, Garten*, den *Modespiegel* und eine reich illustrierte Sportbeilage, daneben den *Weltspiegel*, ein Magazin, würde man heute sagen. Dass gerade die Gerichtsberichte das Publikum besonders faszinierten, hing mit den um 1925 einsetzenden, scharfen Diskussionen über eine nötige Modernisierung des Straf- und Zivilrechts zusammen, besonders des Scheidungsrechts und des §218.

Die meisten Richter standen solchen Debatten ablehnend gegenüber, wie sie die junge Republik insgesamt ablehnten. Sie waren zumeist in der Kaiserzeit ausgebildet und politisch geprägt worden, sie trauerten dem Monarchen als oberstem Dienstherrn nach und vermissten schmerzlich den Satz »Im Namen des Königs« vor jedem Urteil, der auch ihre fraglose Autorität garantiert hatte. Und was, so die fast einhellige Meinung der Juristen, war schon von einer Republik zu halten, die aus »Rechtsbruch« und »Hochverrat« hervorgegangen war? So war es noch der Geist des preußischen Kaiserreichs, der durch die Gerichtssäle wehte: »Der Richter steht zum Angeklagten wie der Offizier zum Untergebenen«, das war die gängige Meinung, nach ihr wurde praktisch gehandelt. In dieser Autoritätsgläubigkeit trafen sich die Richter durchaus mit den nationalistischen Angeklagten, deren Taten auf die Beseitigung der Republik zielten und auf die Herstellung einer autoritären Staatsordnung. Aus ihren Taten, so die Meinung der Richter und Staatsanwälte, sprach echte »vaterländische Gesinnung«, die ihnen wichtiger war als Verfassungstreue. Natürlich waren die Richter auf die Verfassung vereidigt, aber, so meinten viele und sprachen das auch in der Deutschen Richterzeitung aus, es genüge, den Tatbestand des Hoch- und Landesverrats zu meiden, der Eid verpflichte nicht dazu, die Republik zu verteidigen oder gar zu lieben. An dieser Überzeugung konnte auch das am 22. Juli 1922 erlassene »Gesetz zum Schutz der Republik« nichts ändern.

Weite Kreise der Gesellschaft misstrauten den Gerichten, je nach politischem Blickwinkel aus unterschiedlichen Gründen, aber einig waren sich alle darin, dass an den sozialen und wirtschaftlichen Probleme, etwa den Folgen der Inflation und der Arbeitslosigkeit, die Republik schuld sei. Das Wort »Vertrauenskrise« beherrschte die politische Diskussion der Jahre 1926 – 1928, und die Gerichtsberichte waren eine der wenigen Möglichkeiten, einen Blick hinter die Kulissen der Staatsgewalt zu werfen. Das Publikum konnte sehen, nach welchen Grundsätzen dort gehandelt wurde, bekam den ›Geist‹ der Gerichte erklärt und sah, wie mit reichen und armen, gestörten und betrügerischen Menschen umgegangen wurde und mit den vielen Analphabeten, die die Sprache der Richter gar nicht verstanden. Dass sich die Machtverhältnisse und sozialen Missstände nirgends so ungeschönt und nackt zeigten wie vor Gericht, darüber waren sich die Leser einig.

Der literarische, von Sling (Paul Schlesinger) begründete Stil der Gerichtsberichte zog die Leser in seinen Bann, sie konnten Anteil nehmen und Partei ergreifen, wobei die konservativen Bürger und Juristen sie als Anmaßung und Bedrohung der richterlichen und staatlichen Autorität wahrnahmen. Sling war kein Jurist, die Formalien interessierten ihn nur am Rande, aber er konnte gut schreiben und erlaubte sich, neben einer eigenen Meinung, auch grundsätzliche Kritik an Urteilen, Verhandlungen und Gesetzen. Natürlich hatte er den Anspruch, einen Prozess wahrheitsgemäß wiederzugeben, gleichzeitig wusste er, dass diese Wahrheit subjektiv war, dazu sprachlich aufbereitet und verdichtet.

Ihn interessierte vor allem das Menschlich-Exemplarische hinter den Fällen, er dachte in psychologischen und ethischen Kategorien, versuchte aber auch, sich in die Köpfe der Richter einzufühlen. Seine Reportagen wirken heute wesentlich kühler und analytischer als die von Tergit, mehr auf grundsätzliche psychische und charakterliche Eigenheiten bezogen als auf das Individuum und die je speziellen gesellschaftlichen Kräfte, denen es ausgesetzt war. Auch soziale Fragen interessierten ihn eher am Rande und wenn, dann unter dem Aspekt des Humanen.

Kurt Tucholsky hatte 1925 in der *Weltbühne* in einer Hommage an Egon Erwin Kisch geschrieben: »Aber wie ›sachlich‹ man auch schreiben mag, es hilft alles nichts. Jeder Bericht, jeder noch so unpersönliche Bericht enthüllt immer zunächst den Schreiber.« Das wird gerade im Vergleich der Artikel von Sling und Tergit, die zum Teil über die gleichen Fälle berichteten, sehr deutlich. Tergit hat die Berichte von Sling, der 1928 unerwartet starb, sehr genau gelesen und viel daraus gelernt – und schrieb dann ganz anders.

Schon ihr aus der Not des Anfangs geborener Grundsatz, im Gedächtnis den einen, entscheidenden Satz der Verhandlung festzuhalten und daraus einen Bericht zu entwickeln, zeigt ihren besonderen Ansatz. Zu Beginn wagte sie nichts zu notieren, um nicht aufzufallen – später erwies sich gerade diese Herangehensweise als ideal für ihre Artikel, die stellenweise an kleine Novellen erinnern. Dieser eine, entscheidende Satz enthält nicht nur den inhaltlichen Kern, sondern die ganze Atmosphäre eines Prozesses. Besonders deutlich wird das in den Artikeln, die etwas mehr verallgemeinern – was sie sonst strikt ablehnte – und ein Genre von Verhandlungen umfassen. »Wer schießt aus Liebe« ist ein solcher, dessen Kern der wunderbare Satz bildet: »Ein Beil oder ein Dolch lassen auf Wut oder Roheit schließen, zum Revolver genügt Traurigkeit.« Auch Heiratsschwindler haben sie besonders interessiert, »Wer schwindelt Heirat« fasst ihre jahrelange Erfahrung mit solchen Fällen und dem Typus des Heiratsschwindlers zusammen, der das genaue Gegenteil dessen verkörpert, was man sich unter einem Liebesbetrüger vorstellt: Er ist nicht etwa ein Beau oder Gentleman, sondern eine bedauernswerte, hilfsbedürftige Kreatur.

Januar 1925 bis März 1933 arbeitete Tergit beim *Berliner Tageblatt* – es waren die sieben fetten Jahre nicht nur ihres Lebens, sondern einer ganzen Generation, schrieb sie in ihren Erinnerungen. September bis Dezember 1924 arbeitete sie für den *Berliner Börsen-Courier*, im Dezember bewarb sie sich beim *Berliner Tageblatt*. Der *Börsen-Courier* war bei der damaligen Jugend beliebt, aber das *Tageblatt*, das bei Tergit zu Hause gelesen wurde, galt ihr als die »Times«, wie sie Brüning im Interview erzählte. Die Gerichtsberichte im *Tageblatt* fand sie nicht gut, also schrieb sie dem weithin geachteten Chefredakteur Theodor Wolff einen Brief und legte einige Artikel bei. Ihr Vorstellungsgespräch am 24. Dezember 1924 hat sie in ihren Erinnerungen *Etwas Seltenes überhaupt* genau beschrieben, auch ihr diskretes Pokern um das Gehalt. Theodor Wolff bot ihr für neun Gerichtsberichte 500 Mark im Monat, jeder sonstige Artikel sollte mit 75 Mark honoriert werden – ein damals fürstliches Gehalt. Zum Vergleich: Eine Heimnäherin verdiente 20–25 Mark die Woche und musste das Garn noch selbst stellen. In manchen Monaten verdiente sie bis zu 1000 Mark, davon erhielt sie die Familie, denn ihr Mann, der Architekt Heinz Reifenberg, musste noch Mutter und Schwester ernähren. Seine schwerreiche, aus Russland stammende Familie war nach Krieg, Oktoberrevolution und Inflation völlig verarmt.

Neun gedruckte Gerichtsberichte von Tergit gibt es in keinem Monat im *Tageblatt*, der Durchschnitt waren 6–7, denn neben ihr schrieben noch andere Gerichtsreporter. Außerdem kommentierte die wichtigsten Prozesse Rudolf Olden, ein brillanter Autor und Jurist, der auch viele politische Kommentare schrieb. Oft erschienen kurze, rein faktische Berichte auch ohne Namen, und sehr schnell gewinnt man den Eindruck, Tergit habe sich die besonders interessanten oder ungewöhnlichen Fälle heraussuchen dürfen. Innerhalb nur eines Jahres erschrieb sie sich durch ihre klugen Beobachtungen und prägnanten Sätze einen besonderen Status im Blatt, schon 1926 wird sie als Korrespondentin zu zwei großen Prozessen nach Frankfurt am Main geschickt, über die auch Sling berichtete.

Die Arbeit in der Lokalredaktion, zu der Tergit gehörte, empfand sie auch wegen der selbstverliebten Redakteure bald als eng und beschränkt, also erfand Walther Kiaulehn, der die Lokalredaktion auch nicht mochte, im Herbst 1926 die Berlin-Seite. Kiaulehn, Rudolf Olden und Tergit waren damit der »unerfreulichen« Arbeit in der Lokalredaktion entronnen. Dank der täglichen Seite *Berliner Stadtblatt* konnte die junge Journalistin ab November 1926 ihre Feuilletonreihe »Berliner Existenzen« beginnen, flankiert von einer kleinen Rubrik »Berliner Gespräche«: Kurze Dialoge, die so wirken, als seien sie wörtlich auf der Straße oder in der S-Bahn mitgeschrieben – eine ihrer großen Stärken. Gleichzeitig eine große Erweiterung ihres Schreib-feldes, das während des täglichen Mittags-Stammtisches im Restaurant »Capri« mit Kollegen von anderen Zeitungen und Gästen aus dem Ausland bei mediterraner Kost und Grappa stetig ausgebaut wurde. »Wir hatten alle nur einen Ehrgeiz, wir wollten die Wahrheit sagen über eine Ecke des Lebens, des Staates. Wir waren ein Stammtisch von Don Quixotes«, schreibt Tergit in ihren Erinnerungen. Eines der ersten Bücher, das hier erdacht und geplant wurde, war Tergits Romandebüt *Käsebier er-obert den Kurfürstendamm*. Es erschien 1931 und wurde ein ein-drucksvoller Erfolg. »Es ist etwas ganz Großes darin: dass es uns über unser Elend lachen macht, oder wenigstens lächeln. Es ist voll von melancholischem Humor. Ach, das ist, wahrhaftig, sel-ten, dass man das findet: Lachen im Elend des Zu-Grunde-Gehens. Und eine Frau, die das empfindet, die das ausdrücken kann, die das nachfühlen lässt, das ist etwas ganz Seltenes. Et-was Seltenes ist die Tergit überhaupt.« So weit Rudolf Olden in seiner Besprechung am 25. November 1931 im *Berliner Tageblatt*. Aus diesem Artikel nahm die so Gelobte später den Titel ihrer Erinnerungen.

So schwer sich Tergit mit den Titeln ihrer Romane tat – auch der *Käsebier*-Titel verniedlicht den Roman eher als dass er ihn spezifisch ausdrückt –, so sicher gelangen ihr die Überschriften für ihre Artikel. Schon beim ersten Blick auf die Berlin-Seite springen sie dem Leser von ihrem angestammten Platz in der linken oberen Spalte entgegen, aus optisch bester Lage. »Der leibhaftige Unfug vor Gericht« oder »Moderne Gretchentragö-die«, »Kantinen im Monde« oder »Syndikus der Taschendiebe« – Letzteres eine fast lyrische, schwebend-zarte Moabit-Betrach-tung – alle diese Artikel erzählen die Geschichten neben und hinter den Prozessen, charakterisieren die Angeklagten und Richter, schildern in wenigen, präzisen Sätzen die Atmosphäre nicht nur im Verhandlungsraum, sondern im ganzen Gerichtsgebäude, zum Beispiel im Bericht über einen Prozess gegen Hitler wegen eines Presse-Vergehens (»Wilhelm der Dritte erscheint in Moabit«, 1932). Viele ihrer Artikel sind kleine Feuilletons vor ernstem Hintergrund, die Verhandlung, das Urteil im Blick, andere mehr Charakterstudien oder Porträts. Aber kleine Erzählstücke, Geschichten, Miniatur-Novellen sind sie fast alle – von einigen rein faktischen abgesehen.

Tergit verstand den Gerichtssaal als offene Bühne, auf der sich bei jeder Verhandlung ein neues Stück abspielte. Sie machte keinen Hehl aus ihrer Meinung und beachtete besonders die sozialen und psychologischen Details der Fälle, ebenso würdigte sie die Weisheit der Richter, wenn es denn eine solche gab. Ihre Kindheit im proletarischen Osten Berlins hatte diesen Blick vorgeprägt, sie durfte unbeaufsichtigt mit den Kindern auf der Straße spielen, für das behütete Kind einer gutbürgerlichen Familie war das damals ungewöhnlich. Sie kannte die dunklen Hinterhöfe, die feuchten, überbelegten Zimmer, die frierenden Kinder im Winter, die prügelnden Eltern. Der Kontrast zwischen dem reichen Tiergartenviertel, in das die Familie Hirschmann zog, als sie vierzehn Jahre alt war, und dem Friedrichshain ihrer Kindheit, wo es eine tiefe, schwer zu bekämpfende Armut gab, ist eines der zentralen Motive ihres Romans *Effingers*.

Auch die Frauenbewegung hat Tergit stark geprägt, der Unterricht in der neugegründeten Sozialen Frauenschule, in der Alice Salomon und Gertrud Bäumer sie unterrichteten, blieb ihr lebenslang im Gedächtnis. Ihr Engagement für weibliche Berufsbildung und ihr Einsatz für eine Reform des §218 haben ihren Grund in dieser Erfahrung. Das ganze *Berliner Tageblatt* beteiligte sich an den Diskussionen über eine dringend nötige Modernisierung des §218 und des Strafrechts, die besonders erbittert in den Jahren 1927/1928 geführt wurden. Wie auch in der Politik vertrat die Zeitung hier dezidiert links-liberale Positionen, Theodor Wolff schrieb in dieser Überzeugung seine wöchentlichen Leitartikel, Rudolf Olden lieferte streitbare Kommentare. Ein wegen illegaler Abtreibungen angeklagter Arzt erhielt eine ganze Seite, um über die Missstände aufzuklären und C.G. Jung schrieb über Psychiatrie und Patienten in seiner Klinik. So gerieten die Forschungen und Erkenntnisse der modernen Psychiatrie und der jungen Wissenschaft Psychologie immer stärker in den Blick der breiten Öffentlichkeit, und das *Berliner Tageblatt* vertrat sehr klar die Meinung, der Gesetzgeber habe deren Erkenntnisse vorrangig zu berücksichtigen. Die wöchentliche Medizin-Seite widmete sich Themen wie Sucht, Depression und »Erlebnissen, denen man nicht gewachsen war« – dringend notwendig angesichts der rasend schnellen Entwicklung von Kommunikation, Technik und Medien, die viele Menschen verstörte.

So standen, mehr noch als die Feuilletons, Tergits Gerichtsreportagen mitten in den Diskursen der Zeit, sie lassen sich als politische Chronik und Sozialgeschichte jener Jahre lesen. Lebendig, leidenschaftlich und mit viel Sprachwitz erzählt, bilden sie bis heute das leuchtende Herzstück von Tergits Werk. Sie wusste das: Ihre Recherchen, das Insiderwissen der Kollegen, die Arbeit in der Redaktion und eigene Beobachtungen auf den Straßen Berlins, das damals in jeder Hinsicht ein Laboratorium der Moderne war, bilden den riesigen Fundus, aus dem sie ihre Feuilletons genauso schöpfte wie später ihre Romane – die *Effingers* nehmen dabei eine Sonderstellung ein, weil sie auch viel Familiengeschichte enthalten. Schon im *Käsebier* zeigt sich ihr spezielles Verfahren, das Fakten und Fiktion mischt und synthetisch mit dokumentarischem Material arbeitet: Der ruinöse Bau samt Spekulation, der rote Faden des Romans, hat sein Vorbild in der Bebauung eines Mosse-Grundstücks am oberen Kurfürstendamm, dem WOGA-Komplex. Betrugs- und Spekulationsprozesse, wie sie im Roman vorkommen, kannte sie aus ihrer Gerichtspraxis, ebenso gefälschte Unterschriften, wie sie in einem (natürlich fiktiven) *Käsebier*-Prozess verhandelt werden, Betrügereien und Bestechungen. In der Redaktion der *Berliner Rundschau*, die dem *Berliner Tageblatt* nachgebildet ist, wird auch über die Brüder Sklarek gesprochen, die den größten, politisch höchst brisanten Korruptionsskandal der Republik und damit eine Regierungskrise auslösten. Umgekehrt wurden ihre autobiographischen Texte auch von ihren Artikeln beeinflusst, so heißt ein Kapitel ihrer Jahrzehnte später geschriebenen Erinnerungen »Rückkehr zu den deutschen Belangen« und greift damit die anfangs genannte Artikelüberschrift von 1927 auf.

Sie verhielt sich also wie eine Schriftstellerin, die naturgemäß alles als Material ansieht und mehrfach verwertet, auch in ganz unterschiedlichen Texten. Dabei galt ihre besondere Aufmerksamkeit von Anfang an den Details und scheinbar nebensächlichen Alltagsgeschichten, weil sich »nur aus tausend Einzelheiten« eine Atmosphäre erklären lässt, wie sie in ihren Erinnerungen schrieb.

Immer deutlicher treten ab 1927 in Tergits Gerichtsberichten die bedrohliche Atmosphäre und das Klima der Gewalt hervor. Die Kämpfe zwischen rechten paramilitärischen Verbänden, den Sturm-Trupps, und linken Schlägergruppen, KPD-Wehren und Hausschutzstaffeln lehnte Tergit genauso entschieden ab wie ihr Chefredakteur Theodor Wolff. Ihr erster Roman lässt sich auch als erzählerische Darstellung ihres sehr klaren, politischen Credos lesen: Sie glaubte leidenschaftlich an eine liberale Gesellschaft, getragen von aufgeklärten, nicht korrumpierbaren Bürgern. Sie verteidigte auch in vielen Stadtfeuilletons und

Diskussionsbeiträgen die Errungenschaft der Republik, zum Beispiel den Bau der Gartenstädte oder die Verbesserung der Bildungsmöglichkeiten für Frauen. Dass alle liberalen und freiheitlichen Werte von den Bürgern so leichthin preisgegeben wurden, empörte sie zutiefst.

Nicht alle im Haus Mosse waren von dem Roman so begeistert wie ihre Kollegen Olden und Kiaulehn, einige warfen Tergit vor, die Redaktion und das ganze Haus Mosse, in dem sich 1930/1931 die Machtverhältnisse mit einem neuen Verlagsdirektor und einem neuen Feuilletonchef nach rechts verschoben, indiskret und abfällig geschildert zu haben – sie hielten sie für eine Nestbeschmutzerin. Mit der Folge, dass sie nach Erscheinen des Romans immer weniger schreiben durfte, im ganzen Jahr 1932 finden sich nur fünf Gerichtsberichte von ihr im BT und wenige Feuilletons. An der fehlenden Gunst des Publikums kann es nicht gelegen haben, denn noch im Dezember 1931 wurde Tergit auf Wunsch der Leser als besonders beliebte Persönlichkeit in der *Weltspiegel*-Beilage abgebildet. Im Interview mit Henri Jacob Hempel erzählt sie 1979: »Daraufhin schrieb der Goebbels: Nun kennen wir also auch diese miese Jüdin. Das ist mir so gleichgültig gewesen wie nur irgendetwas. Schließlich hat man das ja nicht als Todesurteil auffassen können. Dies schrieb Goebbels im Berliner ›Angriff‹.«

Gute Beziehungen hatte die Capri-Runde besonders zu den Kollegen der *Weltbühne*, Rudolf Olden war Verteidiger Carl von Ossietzkys in den Prozessen 1931 und 1932. Tergit schrieb seit längerem für die *Weltbühne*, 1929 und 1931 je ein Mal unter dem Pseudonym »Christian Thomasius«, ab 1932 unter ihrem Namen und sehr häufig. Wer damals für die *Weltbühne* schrieb, stand mit einem Bein im Gefängnis, dessen war sich die Autorin bewusst. Im Rückblick nannte sie die kleinen roten Hefte ein »Auffangbecken für liberale Geister, die letzten Liberalen konnten dort die ansonsten ungern gehörte Wahrheit schreiben. Gegen das Geflagge, gegen das Geschrei, gegen eine falsche Skala der Werte, in der die zivilistischen Tugenden tief unter den militärischen standen.« Es ist der Untergang der humanen Atmosphäre in Moabit, den sie beschreibt, die Hochzeit der Sondergerichte ohne Verteidigung und sorgsame Beweisaufnahme – »es ist ein Bürgerkriegsgericht«, schreibt sie am 6. September 1932. Am 28. Februar 1933 erscheint ihr letzter Artikel in der *Weltbühne* (»Brolat«), fünf Tage später, in der Nacht vor der Reichstagswahl, steht der »Sturm 33« vor ihrer Wohnungstür in Berlin-Tiergarten, um sie zu verhaften, es ist die Nacht ihrer 39. Geburtstages.

Zwei Nazis hätten sie damals gerettet, erzählte sie Jens Brüning: Der Kollege einer rechten Zeitung, den sie sofort anrief, und der neue Polizeipräsident Mittelbach, den sie vom Gericht kannte. Trotzdem floh sie am nächsten Tag aus Deutschland, obwohl es scheinbar gar keinen Grund gab, »denn die haben sich ja alle wunderbar benommen, der Mittelbach, der Herr von Lützow, die Nazis sind wieder gegangen«. Aber sie wusste durch ihre Gerichtspraxis, mit welchen Leuten sie es zu tun hatte. In ihrem unveröffentlichten Roman *So war's eben*, den man als eine epischere Fortsetzung des *Käsebier* lesen kann, erlebt die Hauptfigur Grete, eine junge Journalistin, genau diesen Überfall, worauf ihr Schwiegervater ihr Vorwürfe macht: »Du hättest dich eben nicht um Politik kümmern dürfen. Es ist alles wie unterm Sozialistengesetz. Sie wollen den Leuten einen Maulkorb umhängen. Ganz richtig, dass du ein bisschen zum Wintersport fährst.« Grete, ein Alter Ego Gabriele Tergits, fährt am nächsten Tag nach Spindlermühle im tschechischen Riesengebirge, wo junge Leute nachts im Spaß an die Türen hämmern und SA-Überfall spielen – so verrückt und unglaubwürdig schien allen, was sich in Deutschland abspielte. Eine reale Geschichte, wie in den Erinnerungen nachzulesen ist.

Nur einen Gerichtsbericht hat Tergit noch geschrieben, nachdem sie von der Tschechoslowakei aus zuerst nach Palästina, dann nach London ins Exil gegangen war: Über den Veit-Harlan-Prozess 1949 in Hamburg. Sie berichtete für die *Neue Zeitung*, die erstmals am 17. Oktober 1945 in München erschien und auch eine Berliner Ausgabe hatte. Sie wurde von der amerikanischen Besatzungsbehörde herausgegeben und trug den Untertitel »Eine amerikanische Zeitung für die deutsche Bevölkerung«. Der Prozess verstörte sie, wegen des Freispruchs für diesen Filmregisseur, der sich den Nationalsozialisten angedient und »Jud Süß« gedreht hatte und der überdies völlig uneinsichtig, ja geradezu beleidigt auf alle Vorwürfe reagierte: »Mein Film ist ein Kunstwerk, ich hatte doch nur die Möglichkeit, Propaganda in Kunst umzuwandeln.«

Tergit schrieb auch Feuilletons für die *Neue Zeitung*, in denen sich ihr Entsetzen über dieses Deutschland ausspricht, das die Welt mit Krieg und Mord überzogen hatte: »Kalte Umschläge aus Deutschland«, so ein treffender Titel 1948. Die heutige Lektüre der *Neuen Zeitung* zeigt auf harte und erschütternde Weise, dass die Schriftstellerin durch die erzwungene Emigration nicht nur ihr Sprach-Umfeld, sondern auch ihren Stoff verloren hatte. Deutschland hatte genug gute Autoren, um diese Zeitung zu füllen, und sie saß weitab in London – worüber sollte sie in dieser Aufbruchszeit für deutsche Leser schreiben? Ihre »Briefe aus London« für den Berliner *Tagesspiegel* waren eine Möglichkeit, doch auch sie wurden in den 1950er Jahren nicht mehr gedruckt. Gerade die Mitarbeit an der *Neuen Zeitung* bewahrt einen wichtigen Aspekt ihres Werkes: Ihren spezifischen Blick über diese Zeitenwende hinweg. Sie erklärte unmittelbar nach dem Krieg den Lesern die gelassene Menschlichkeit der Briten und verfasste über das Leid der Juden in Berlin und über das Exil ihren dritten, stark autobiographischen Roman *So war's eben*. In den Gesprächen der geflohenen Journalisten in New York, dem letzten Drittel des Romans, kommt auch zur Sprache, was Tergit selbst nach ihrer Flucht am meisten gekränkt hatte: Dass die deutschen Kollegen, nach der Vertreibung der meisten Redaktionsmitglieder, unter anderem von Theodor Wolff und Rudolf Olden, die Zeitung weiterführten, ohne ein Wort. Sie missbrauchten den guten Namen des Blattes »um die Hitler'sche Politik der Welt begreiflich zu machen«, so Tergit.

Sobald sie 1948 ihren britischen Pass besaß, kehrte sie jedes Jahr für einige Wochen nach Berlin zurück, das sie liebte und wo noch viele alte, bewährte Freunde von ihr arbeiteten. Anfang der fünfziger Jahre schrieb sie: »Berlin (hat) eine große Anziehungskraft, nicht trotzdem es eine arme, schwer leidende Stadt ist, sondern weil es das ist. Berlin hat nicht teil am deutschen Aufstieg aus positiver Handelsbilanz, Versicherungsbauten, Flüchtlingselend und Schlagsahne. Wenn Bayern und das Rheinland gewaltige Kriegsgewinnler sind, so ist Berlin ein gigantischer Kriegsverlierer (...) Berlin nimmt tagaus, tagein die Kämpfer aus jener Schlacht auf, in der am meisten gelitten und gestorben wurde, der Schlacht um die Freiheit.«

Es ist erstaunlich, wie frisch und lebendig sich Tergits Gerichtsberichte – die ja als Gebrauchstexte verfasst wurden – auch heute noch lesen. In die vorliegende Auswahl wurden alle Artikel aufgenommen, die Spezifisches über die Zeit aussagen, ungewöhnliche Geschichten erzählen oder interessante Individuen schildern. Wichtig war es auch, Tergits politischen Blick zu zeigen, der gerade in Momenten der Gefahr besonders klar und scharf wurde. So erfährt man aus ihren Artikeln mehr über das Lebensgefühl und die Gesellschaft jener Jahre als aus jedem Geschichtsbuch.

Anmerkungen

(1) »entartet« hier im Sinne von »aus der Art geschlagen«. Erst die Nationalsozialisten gaben dem Wort die menschenverachtende Bedeutung.

(2) Dr. Magnus Hirschfeld, Nervenarzt und Sexualforscher, wegen seiner fortschrittlichen Theorien und seines Einsatzes für Homosexuelle angefeindet.

(3) § 51 Strafgesetzbuch: »Eine strafbare Handlung ist nicht vorhanden, wenn der Täter zur Zeit der Begehung der Handlung sich in einem Zustand von Bewusstlosigkeit oder krankhafter Störung der Geistestätigkeit befand, durch welchen seine freie Willensbestimmung ausgeschlossen war.« (heute § 21 StGB)

(4) Bismarck-Bündler: rechtsnationaler, paramilitärischer Verband.

(5) »Der Stahlhelm. Bund der Front-Soldaten«, größter Kampfbund der »Nationalen Opposition« in der Weimarer Republik. Von den Nationalsozialisten 1934 als »Nationalsozialistischer Deutscher Frontkämpferbund« gleichgeschaltet.

(6) Iwan Baruch Kutisker und Julius Barmat: jüdische Angeklagte in einem spektakulären Inflations- und Bestechungs-Prozess, 1924.

(7) Petitio principii: Verwendung eines unbewiesenen, erst noch zu beweisenden Satzes als Beweisgrund für einen anderen Satz.

(8) Gabriel de Riqueti (1749–1791), Marquis de Mirabeau, französischer Aufklärer, Politiker und herausragender Redner.

(9) Reichsbanner Schwarz-Rot-Gold, Bund aktiver Demokraten, 1924 von den drei Parteien der Weimarer Koalition (SPD, Zentrum, DDP) gegründeter Wehrverband zum Schutz der Republik.

(10) In contumaciam: Urteil in Abwesenheit des Angeklagten, der trotz Ladung nicht zur Verhandlung erschienen war.

(11) Schwarze Reichswehr: Paramilitärische Formationen, die unter Bruch des Versailler Friedensvertrages von der Reichswehr unterhalten oder gefördert wurden. Ihnen standen der Abrüstung entzogene Waffenkontingente aus dem Ersten Weltkrieg zur Verfügung.

(12) Peripetie: Entscheidender Umschlagpunkt (aus der ›Poetik‹ des Aristoteles).

(13) Salvarsan: Arsenhaltiges Arzneimittel zur Behandlung von Syphilis.

(14) Carpe diem, lat.: »Genieße den Augenblick« (Horaz)

(15) Fall Barmat (s. Anmerkung 4).

(16) William Shakespeare, »König Richard der Dritte«, 1. Aufzug, 3. Szene (Übersetzung von Tieck/Schlegel).

(17) Gerhard Johann David von Scharnhorst (1755–1813), preußischer General und Reformer des Heeres, er öffnete die Offizierslaufbahn auch für bürgerliche Anwärter.

(18) Grigorij Jewesejewitsch Sinowjew (1883–1936), sowjetischer Politiker und Gegenspieler von Stalin, 1936 hingerichtet.

(19) Organisation Consul: 1920 gegründet, nationalistischer und antisemitischer Kampfbund mit dem Ziel, eine Militärdiktatur zu errichten. Organisierte die Attentate auf den Zentrumspolitiker Matthias Erzberger und Außenminister Walther Rathenau. Später der SS unterstellt.

(20) Carl Severing (1875–1952), Politiker, Mitglied der SPD. 1920–1926 und 1930–1932 preußischer Innenminister. General Hans von Seeckt (1866–1936), Chef der Reichs-

wehr, konservativer Gegner der Nationalsozialisten. Starb 1936 an Herzversagen.

Hermann Ehrhardt (1881–1971), Korvettenkapitän a. D., Freikorpsführer. Er gründete 1919 die »Brigade Ehrhardt«, die führend am Kapp-Putsch beteiligt war, und nach dessen Scheitern die »Organisation Consul«. Er war ein Kritiker Hitlers. Nach dem sog. »Röhm-Putsch« floh er zunächst in die Schweiz, ab 1936 lebte er unbehelligt in Österreich.

(21) Zitat aus William Shakespeare, »König Richard der Dritte«, 1. Aufzug, 4. Szene (Übersetzung Tieck/Schlegel).

(22) Krümpersystem: System zur Umgehung einer Begrenzung des Heeres, entwickelt von Gerhard von Scharnhorst. Soldaten wurden im Schnellverfahren ausgebildet, dann in eine Reservearmee entlassen; sie hießen »Krümper«.

(23) Reichsbanner Schwarz-Rot-Gold: s. Anmerkung 9. Rot Front: Kampfbund der KPD.

(24) femme, frz. Frau; hier im Sinne von »femme fatale«.

(25) Alfred Döblin (1878–1957), Schriftsteller und Psychiater. Autor des Romans »Berlin Alexanderplatz« (1929).

(26) Spartakusbund: Während des Ersten Weltkriegs von Karl Liebknecht und Rosa Luxemburg als sozialistischer Anti-Kriegs-Bund gegründet. Nach dem Krieg neu gegründet, ging er im Dezember 1918 in der KPD auf. Im Januar 1919, nach dem Spartakus-Aufstand, wurden seine bekanntesten Mitglieder, Liebknecht, Luxemburg und Walter Mehring ermordet.

(27) Anspielung auf: William Shakespeare, »Othello, der Mohr von Venedig«.

(28) Couloirs, frz. Gänge, Flure. Hier im Sinne von inoffiziellen Kommunikationskanälen.

(29) Dr. Walter Jaffé, jüdischer Rechtsanwalt, emigrierte 1938 nach Paris.

(30) §51: Unzurechnungsfähigkeit, §175: Straftatbestand der Homosexualität (StGB).

(31) Witib, altmodisch: Witwe.

(32) Carl Sternheim (1878–1942), Dramatiker. Seine Stücke sind bissige Satiren auf das wilhelminische Bürgertum.

(33) §81 Strafprozessordnung: Die Anordnung der Untersuchung eines Tatverdächtigen in einer psychiatrischen Klinik.

(34) BVG: Berliner Verkehrs-Aktiengesellschaft, gegründet 1928, um die privaten Hochbahn-, Straßenbahn- und U-Bahn-Gesellschaften Berlins zu vereinigen.

(35) Curt Bois (1901–1991), Schauspieler und Kabarettist. Die Überschrift ist einer seiner Schlager-Titel in der Komödie »Phäa« von Fritz von Unruh.

(36) Marieluise Fleißer (1901–1974), sozialkritische Schriftstellerin; sie erhielt 1935 Schreibverbot.

(37) Dr. Alfred Klee (1875–1943), Rechtsanwalt, im KZ Westerbork ermordet.

(38) Dr. Hans José Rehfisch (1891–1960), Rechtsanwalt und Dramatiker, 1933 Berufsverbot, 1938 emigrierte er nach London, wo er den deutsch-jüdischen Kulturverein »Club 43« mitbegründete, in dem Gabriele Tergit oft Vorträge hielt.

(39) Maria Paudler (1903–1990), erfolgreiche Film- und Theaterschauspielerin. In Neubabelsberg befanden sich die UFA-Filmstudios.

(40) Courtoisie, frz.: Höflichkeit, Feingefühl.

(41) Sling, d. i. Paul Schlesinger, Begründer der literarischen Gerichtsreportage. Er schrieb für die »Vossische Zeitung« und starb 1928, mit nur fünfzig Jahren.

(42) Der Fall Flessa war 1926 Tergits erster auswärtiger Prozess als Sonderberichterstatterin, in Frankfurt/M.; Sling be-

richtete ebenfalls. Die Krankenschwester Flessa hatte Dr. Seitz erschossen, weil er ihre Liebe nicht erwiderte.

(43) Der »Angriff«: Tageszeitung der deutschen Arbeitsfront, herausgegeben von Joseph Goebbels.

(44) Zeitung der NSDAP.

(45) RFSS: Reichsführung der SS

(46) NSKK: Nationalsozialistisches Kraftfahrer Korps.

(47) Hauptmann a. D. Walther Stennes: Bis April 1931 oberster SA-Führer in Berlin und im östlichen Teil Deutschlands. Er kämpfte gegen Hitlers Strategie der legalen Machtübernahme, und als 1931 der Konflikt eskalierte, ließ Stennes seine Leute die Zentrale der NSDAP und die Büros des »Angriffs«, besetzen. Er wurde aus der Partei ausgeschlossen und verließ Deutschland 1933.

(48) Max Reinhardt (1875–1943), Schauspieler, Regisseur und Theaterleiter. Er inszenierte gern an ungewöhnlichen Orten, in Zirkuszelten, Gärten oder Kirchen. Begründete mit Hugo von Hofmannsthal die Salzburger Festspiele. Seine Inszenierungen waren aufwendig, mit vielen Statisten und modernster Bühnentechnik. 1937 floh er in die USA.

(49) dies ater, lat: Schwarzer Tag, Unglückstag.

(50) Sklarek-Prozess: Einer der größten Korruptionsskandale der Weimarer Republik, er löste eine Regierungskrise aus. Tergit schrieb 1932 darüber in der »Weltbühne«. Der Prozess begann 1929.

(51) Walter Hasenclever (1890–1940), Schriftsteller und Theaterautor, Pazifist, Freund und Co-Autor von Kurt Tucholsky. 1927 entstand seine Komödie »Ein besserer Herr«. 1933 wurde er aus Deutschland ausgewiesen und nahm sich 1940 im Internierungs-Lager Les Milles in der Provence das Leben.

(52) Sondergerichte: Nach der »Notverordnung gegen den poli-

tischen Terror« vom 9. August 1932 von der Reichs-
regierung von Papen eingerichtet. Verteidigungs-Rechte
der Angeklagten waren massiv eingeschränkt und Rechts-
mittel gegen die Urteile ausgeschlossen.

(53) Franz Freiherr von Papen (1879–1969), im Juni 1932 von
Reichspräsident Hindenburg zum Reichskanzler ernannt.
Er entmachtete die SPD-geführte Regierung und schwächte
damit die Demokratie. Im Dezember 1932 entmachtet; im
Januar 1933 Mitglied des Kabinetts unter Hitler, trat er
1934 zurück. Anschließend wurde er als Botschafter des
Deutschen Reiches nach Wien und später nach Ankara
entsandt.

(54) Bezieht sich auf die Fememordprozesse (s. »Gestalten aus
dem Fememordprozess/Gespenster«, BT 25. März 1927).

(55) Dr. Hans Litten (1903–1938), Rechtsanwalt, unterstützte die
»Rote Hilfe«. 1933 verhaftet, Freitod im KZ Dachau.

(56) Lettre de cachet (frz.): Schriftlicher Geheimbefehl des Königs, durch den missliebige Personen ohne Gerichtsbeschluss verhaftet oder hingerichtet wurden (in Frankreich
besonders gefürchtet in den Jahren vor der Revolution von
1789).

(57) Sturm 33: Die Sturmtrupps bestanden aus jeweils fünf
Basisgruppen mit je 12 Mann und bildeten das Funda-
ment der SA (Sturm-Abteilung), als diese nach der Aufhebung des NSDAP-Verbots ab Dezember 1926 straff hie-
rarchisch organisiert wurde. Der Sturm 33, ansässig in
Charlottenburg mit mehreren »Sturmlokalen«, galt als besonders brutal. Dieser Trupp überfiel Gabriele Tergit und
ihre Familie in der Nacht des 4. März 1933 in ihrer Wohnung Siegmundshof 22, gegenüber des S-Bahnhofs Tier-
garten. Am nächsten Tag floh die Schriftstellerin aus
Deutschland.

(58) Deutsche Zentrumspartei, 1870 gegründet, Vertreterin des katholischen Deutschlands.

(59) Besprisornis: abgeleitet vom russischen Besprisorniki, russ. die obdach- und elternlosen Kinder, deren Zahl in der Sowjetunion nach Krieg und Bürgerkrieg auf 4 Millionen geschätzt wurde.

(60) Veit Harlan (1899-1964), Regisseur, Schauspieler und Drehbuchautor, ausgebildet bei Max Reinhardt. Sein Propagandafilm »Jud Süß« wurde SS-Kommandos vor antijüdischen Einsätzen gezeigt. Harlan wurde 1949 freigesprochen, was Tergit empörte, und setzte seine Regiearbeit in den 1950er Jahren in Deutschland fort.

(61) Fritz Kortner (1892-1970), Schauspieler und Regisseur, emigrierte 1933 nach England und später in die USA; er kehrte nach dem Krieg nach Deutschland zurück.

(62) Julius Bab (1880-1955), Dramatiker und Theaterkritiker, Verfechter der literarischen Moderne. Mitbegründer des Kulturbundes Deutscher Juden, Mitarbeiter an der »Schaubühne«, der späteren »Weltbühne«. 1938 emigrierte er in die USA.

(63) Jürgen Fehling (1885-1968), einer der wichtigsten deutschen Regisseure; die Nationalsozialisten setzten ihn auf die »Führerliste« der »Gottbegnadeten« Künstler.

(64) Leopold Jessner, 1878 in Königsberg geboren, starb 1945 in Hollywood. Expressionistischer Theater- und Filmregisseur, Vertreter des politischen Theaters der 1920er Jahre. Berühmt wurde die »Jessnersche Treppe« als Zentrum seiner streng gegliederten Bühnenräume.

(65) Attentat auf Hitler im November 1939 im Münchner Bürgerbräu-Keller, ausgeführt durch Johann Georg Elser (1903-1945).

(66) »Oliver Twist«-Film: Englische Verfilmung des gleichnami-

gen Romans von Charles Dickens von 1948; die Rolle des Juden Fagin spielte Alec Guinness, Regie führte David Lean. Bei der deutschen Premiere 1949 in Berlin kam es zu gewaltsamen Auseinandersetzungen, da jüdische Demonstranten den Film für antisemitisch hielten.

(67) Eugen Klöpfer (1886–1950), ab 1935 Vizepräsident der Reichs-Theaterkammer, 1936 Intendant des Berliner Theaters am Nollendorfplatz, 1937 Eintritt in die NSDAP. 1944 von Hitler in die Künstler-Liste der »Gottbegnadeten« aufgenommen.

(68) Emil Jannings (1884–1950) wurde berühmt durch seine Rolle als »Professor Unrat« neben Marlene Dietrich im »Blauen Engel«. Nach 1933 spielte er in dem NS-Propaganda-Film »Ohm Krüger«, bei dem er auch die künstlerische Leitung innehatte.

(69) Erich Engel (1891–1966), Film- und Theaterregisseur, u. a. am Deutschen Theater in Berlin.

(70) Lion Feuchtwanger (1884–1958), Schriftsteller, 1933 ausgebürgert. Sein Roman »Jud Süß« erschien 1925.

(71) »Der Stürmer«: Antisemitische Wochenzeitung, gegründet 1923; Auflage 1938: 480000.

(72) Norbert Wollheim (1913–1998), musste sein Jura-Studium 1933 abbrechen. Geschäftsführer des Bundes deutsch-jüdischer Jugend. Nach 1938 organisierte er Kindertransporte der jüdischen Gemeinde nach Großbritannien und Schweden, 1943 wurde er mit seiner Familie nach Auschwitz deportiert und überlebte als Einziger.

Gerichtsreportagen von Gabriele Tergit
1924–1949

Abkürzungen:
BBC – Berliner Börsen Courier
BT – Berliner Tageblatt
WB – Weltbühne
NZ – Neue Zeitung, Ausgabe Berlin

Editorische Bemerkung:

Angesichts der enormen Zahl von Artikeln war eine Auswahl dringend geboten. Schließlich wiederholen sich viele Motive, und ein großer Teil der Artikel erschöpft sich in seiner Funktion als aktueller Gebrauchstext. Die psychologisch, soziologisch und historisch interessantesten Fälle und besten Schilderungen wurden in die Auswahl aufgenommen.

Die Orthographie wurde nach der neuen Rechtschreibung vereinheitlicht, offensichtliche Druckfehler wurden beseitigt.

1924

Kreislauf (BBC, 16. September 1924)
Die Sittlichkeit auf der Leiter (BBC, 3. Oktober 1924)
Morphium (BBC, 6. Oktober 1924)
Der Autounfall. Ein Fall vor dem Amtsgericht Berlin-Mitte (BBC, 11. Oktober 1924)

Die europäische Schuld. Die Verurteilung des Algeriers Ali Bouzed (BBC, 18. Oktober 1924)

Das Mitglied der Liedertafel. Ein Fall von Behördenbeleidigung (BBC, 22. Oktober 1924)

Geständnisse des »Freiherrn von Egloffstein« (BBC, 15. November 1924)

Der Egloffstein-Prozess. Der Mann, der nicht nur von Idealismus lebte (BBC, 16. November 1924)

Der Mann, der die Zeit verstand. Der Hochstapler Oertel-Egglofstein (BBC, 18. November 1924)

Ein zerbrochenes Leben. Bedingte Begnadigung für Dr. Wiener und Frau von Germar (BBC, 27. November 1924)

Faustrecht (BBC, 29. November 1924)

Groß-Berlin. Tragödie der Mutter. »Versuchter Totschlag an ihrem Kind« (BBC, 2. Dezember 1924)

Doppelseitige Detektivgeschichte I. Die Maniküre und der Biberpelz (BBC, 3. Dezember 1924)

Die fünfte Verhandlung. Gertrud Nägler vor dem Schwurgericht (BBC, 4. Dezember 1924)

Doppelseitige Detektiv – Geschichte II. Der Detektiv und die Mandoline (BBC, 12. Dezember 1924)

Nebenbei. Der Schlips (BBC, 17. Dezember 1924)

Zeugen im Eggert-Prozess (BBC, 19. Dezember 1924)

Reinheit, Klatsch und Schutzlosigkeit. Der Meineidsprozess Eggert-Metzger (BBC, 21. Dezember 1924)

Jahrgang 1903. Unterschlagung, Betrug, Urkundenfälschung (BBC, 28. Dezember 1924)

Kaffeehaus und Falschmünzer. Ein Prozess aus der Inflationszeit (BBC, 31. Dezember 1924)

1925

Der Schreiber. Baron von Kollas und die heiratslustige Dame (BT, 15. Januar 1925)

Geldgeschäfte. »Darlehen ohne Sicherheit « – Die Schröpfung kleiner Leute (BT, 20. Januar 1925)

Tragödie eines Unglücklichen §51? (BT, 23. Januar 1925)

Spitzbuben. Sie wollten nur eine Schreibmaschine stehlen (BT, 27. Januar 1925)

Das hypnotisierte Mädchen. Die verschwundene Uhr und der große Unbekannte (BT, 29. Januar 1925)

Alles um Geld. Der Gefangenenbefreiung angeklagt (BT, 5. Februar 1925)

Das vereitelte Sprengattentat vor Gericht. Beginn des Kommunistenprozesses (BT, 7. Februar 1925)

Das verkaufte Altpapier. Zuchthaus für einen Gerichtsschreiber (BT, 13. Februar 1925)

Das umstrittene Datum. Viel Lärm um nichts (BT, 14. Februar 1925)

Gerichtsspreu. Revolver, Pfeifenhülle oder Hausschlüssel? (BT, 17. Februar 1925)

Gerichtsspreu. Eine Moabiter Begegnung und ein Nachspiel (BT, 20. Februar 1925)

Die Tragödie der alten Jungfer. Die Lehrerin Stegemann vor Gericht. Zu acht Monaten Gefängnis verurteilt (BT, 21. Februar 1925)

Der Vagabund (BT, 26. Februar 1925)

Gerichtsspreu (BT, 3. März 1925)

Gerichtsspreu. Zivilprozess mit sich selbst (BT, 4. März 1925)

Der versuchte Vatermord (BT, 10. März 1925)

Der Geliebte (BT, 13. März 1925)

Der Mord am Scharmützelsee (BT, 14. März 1925)

Der Undankbare (BT, 15. März 1925)

Der Held im Spiegel (BT, 24. März 1925)

Die veränderte Nase (BT, 28. März 1925)

Die Verlassene (BT, 9. April 1925)

Gereiztheiten. Idyll aus einem völkischen Café (BT, 17. April 1925)

Gerichtsspreu (BT, 15. April 1925)

Das Filetbeefsteak (BT, 20. April 1925)

Gerichtsspreu. Das verkaufte Motorrad (BT, 23. April 1925)

Frauenmeineid. Die Tragödie des alternden Mädchens (BT, 29. April 1925)

Die Frage nach den »Beziehungen« (Der Montag Morgen, 4. Mai 1925)

Swetana, das Mückenmittel (BT, 7. Mai 1925)

Der neue Prozess Egloffstein. Unter dem Einfluß einer dämonischen Frau (BT, 23. Mai 1925)

Enttäuschte Freier. Das reiche Mädchen mit den guten Beziehungen (BT, 30. Mai 1925)

Die reizende Wirtin. Nötigung, Hausfriedensbruch und Beleidigung (BT, 11. Juni 1925)

Die Frau Baronin, der Vielfraß und die Perlenschnur (BT, 12. Juni 1925)

Die Jockeis. Ein Nachspiel zum Prozess Lewicki (BT, 16. Juni 1925)

Eifersucht. Anklage wegen versuchten Totschlags (BT, 17. Juni 1925)

Der Überfall auf die Chinesen. Das gerichtliche Nachspiel. Drei Monate Gefängnis für die Angreifer (BT, 17. Juni 1925)

Die falsche Dollarnote (BT, 24. Juni 1925)

Brandstiftungen (BT, 30. Juni 1925)

Liebestragödie. Verkäuferin und Student (BT, 8. Juli 1925)

Die Tragödie der Eifersucht. Der Mordprozess Enke-Koschwitz (BT, 8. Juli 1925)

Versuchung (BT, 10. Juli 1925)

Russische Falschmünzer vor Gericht. Emigrantenschicksale (BT, 14. Juli 1925)

Das Taschenbuch des Amerikaners. Taschendiebe vor Gericht (BT, 17. Juli 1925)

Der »bunte Rock« (BT, 28. Juli 1925)

Der Tod auf der Straße. Eine gefährliche Haltestelle (BT, 8. August 1925)

Das Sittlichkeitsverbrechen (BT, 12. August 1925)

Wie komme ich zu meinem Gelde? Eine Anklage wegen Unterschlagung (BT, 19. August 1925)

Der Majoratserbe. Der Anfang der Laufbahn des Herrn v. Keudell (BT, 27. August 1925)

Der Invalide (BT, 29. Aug 1925)

Die illegitime Reise nach Westerland. Ein Beleidigungsprozess (BT, 8. September 1925)

Die Tänzerin (BT, 15. September 1925)

Ein Glas Milch. Eine Szene aus dem Wuchergericht (BT, 23. September 1925)

Der Zuhälter (BT, 26. September 1925)

Die große Hilflosigkeit (BT, 1. Oktober 1925)

Das verlorene Gedächtnis. Ein Meineidsprozess in Moabit (BT, 2. Oktober 1925)

Moabiter Bilderbogen. Dreieinhalb Millionen. Sechs Personen suchen eine Erbschaft (BT, 5. Oktober 1925)

Der Wächter. Eine schwankende Geschichte (BT, 13. Oktober 1925)

Nachtgestalten. 22 Kokainhändler vor Gericht (BT, 14. Oktober 1925)

Tragödie im Tanzsaal. Das Ende eines fröhlichen Abends (BT, 17. Oktober 1925)

Gattenmord. Dr. Schreiber vor den Geschworenen (BT, 19. Oktober 1925)

Der Sohn einer Magd. Wieder ein Totschlagsprozess in Moabit (BT, 22. Oktober 1925)

Das friedliche Heim. Ein Silberhochzeiter, Frau Schmidts Katze, Herrn Schierlings Kopf und eine rätselhafte Prügelei (BT, 28. Oktober 1925)

Eine duftige Gerichtsverhandlung. Coty, City, Warenschutzgesetz und Betrug (BT, 10. November 1925)

Kommunisten und Schupo (BT, 20. November 1925)

Aus den Berliner Gerichtssälen. Ein Rechtssucher (BT, 21. November 1925)

Die »Perle« (BT, 29. November 1925)

Kleine Diebe... Das Pfand, sechs Mark, drei Monate Gefängnis und ein Autounglück (BT, 14. Dezember 1925)

Teufel Alkohol. Der Mann, der die Zeche bezahlte (BT, 18. Dezember 1925)

Dollars. Der Herr mit dem Bleistift hinterm Ohr (BT, 23. Dezember 1925)

Gerichtsspreu. Ecarté im Gerichtszimmer (BT, 23. Dezember 1925)

Moabiter Bilderbogen. Drei Diebe (BT, 31. Dezember 1925)

1926

Bigamie. Der Mann, der vergessen hat (BT, 9. Januar 1926)

Opfer der Inflation. Die Geschäfte des Geschäftsführers. – Ein Prozess um das Prinzip (BT, 17. Januar 1926)

Aus den Berliner Gerichtssälen. Die verschwundenen Akten (BT, 22. Januar 1926)

Der Radiomeineid. Die »leibhaftige Gemeinheit« vor Gericht. Demonstration für eine Freigesprochene (BT, 28. Januar 1926)

Die unnatürliche Tochter (BT, 30. Januar 1926)

Die Carmen vom Weddingplatz. Eine Braut, die den Bräutigam verleugnet (BT, 9. Februar 1926)

Der Weg zum Milliardär. Weltkonzerngründer Köhn vor den Richtern (BT, 14. Februar 1926)

Viel Lärm um einen Auflauf. Ein Prozess um acht Mark, das Prinzip und den »Geist der Gemeinschaft« (BT, 16. Februar 1926)

»Wir kennen die Frauen nicht«. Ein weißhaariger Gatte und ein weiser Richter (BT, 26. Februar 1926)

Völkische »Helden«. Ein Prozess wegen Widerstandes gegen die Staatsgewalt und ein Vorsitzender, der sich alles gefallen lässt (BT, 3. März 1926)

Die Freundin. Itals Unterschlagung vor Gericht (BT, 7. März 1926)

Die Beichte. Szene aus Moabit (BT, 12. März 1926)

Moabiter Bilderbogen. Ein Tag vor dem Einzelrichter. Sechsfüßler, Fahrräder, ein Umzug mit Folgen und ein Morphinist (BT, 13. März 1926)

Ehen vor Gericht. Meineid (BT, 16. März 1926)

Der Fall Hölscher. Die Aussage der Frau Dr. Ruckert (BT, 17. März 1926)

Das Briefgeheimnis. Und ein eifersüchtiger Ehemann (BT, 18. März 1926)

Der Prozess Hölscher. Das Plädoyer des Staatsanwaltes (BT, 19. März 1926)

Kutisker gegen Kukirol. Was ist ein »Schieber«? (BT, 22. März 1926)

Liebe um jeden Preis (BT, 25. März 1926)

Verbrechen aus Liebe. Ein Jahr Gefängnis für drei Tage (BT, 30. März 1926)

Die Doppelgängerin (BT, 1. April 1926)

»2 mal 2 = 5«. Das Einmaleins der Liebe (BT, 8. April 1926)

Spritweber vor Gericht. Die Bettkarte, die Autos und der Luxus (13. April 1926)

Der Angeklagte Peters (BT, 13. April 1926)

Der »Klub der anständigen Leute«. Kutisker & Co. – Sittlichkeit und Geschäft (BT, 15. April 1926)

Enthüllungen im Spritprozess. Von Interessenten bezahlte Polizeibeamte. – Kommissar Peters und der Beamtenabbau (BT, 20. April 1926)

Der gesunde Herr Sklarz. Die »Schönheitsfehler« der Staatsbank (BT, 21. April 1926)

Versunkene Zeiten. Ein Inflationsprozess (BT, 24. April 1926)

Zeugen im Spritprozess. Der Fortgang der Verhandlung (BT, 28. April 1926)

Die große Rede eines kleinen Mannes. Es war einmal eine Revolution... (BT, 6. Mai 1926)

Das Spiel mit dem Tode. Tötung auf ausdrückliches Verlangen. Ein Jugendlicher vor Gericht (BT, 7. Mai 1926)

Moabiter Bilderbogen. Skizzen aus Berliner Gerichtssälen (BT, 16. Mai 1926)

Moabiter Bilderbogen. Skizzen aus Berliner Gerichtssälen (BT, 28. Mai 1926)

Moabiter Bilderbogen. Notizen aus Berliner Gerichtssälen. Lügen (BT, 3. Juni 1926)

»Brandstifter!« (BT, 15. Juni 1926)

Das altmodische Mädchen. Skizze aus Moabit (BT, 26. Juni 1926)

Moabiter Bilderbogen. Knüppke und die Staatsgewalt. Ein imaginärer Unfall, ein beleidigter Gendarm und was sich später zutrug. Geldverleih im Kreise. Der Pfandschein (BT, 30. Juni 1926)

Der betrügerische Vertreter (BT, 3. Juli 1926)

Gotteslästerung. Ein seltsamer Prozess (BT, 6. Juli 1926)

Der unlautere Wettbewerber (BT, 6. Juli 1926)

Ein Dieb mit Charakter (BT, 16. Juli 1926)

Das internationale Papier. Passvergehen vor Gericht. (BT, 18. Juli 1926)

Ein russischer Fürst vor Gericht. Wegen Scheckbetrugs (BT, 23. Juli 1926)

Moabiter Bilderbogen. Szenen aus den Gerichtsferien (BT, 29. Juli 1926)

Die Tragödie der Schwester Flessa. Der Revisionsprozess in Frankfurt a. M. (BT, 29. Juli 1926)

Die Freunde des Dr. Seitz. Zeugenvernehmung im Frankfurter Mordprozess (BT, 4. August 1926)

Der Frankfurter Mordprozess. Fortsetzung der Zeugenvernehmung (BT, 4. August 1926)

Die Rivalin der Krankenschwester. Erregte Szenen im Frankfurter Mordprozess. Die Verlobte des Dr. Seitz als Zeugin (BT, 5. August 1926)

Der Tod des Dr. Seitz. Weitere Zeugenvernehmung im Frankfurter Mordprozess (BT, 5. August 1926)

Das Seelenleben der Flessa. Der Gefängnispfarrer als Zeuge (BT, 6. August 1926)

Die Sachverständigen im Prozess Flessa. »Eine schwere Psychopathin« (BT, 6. August 1926)

Der Strafantrag im Flessa-Prozess. 13 Jahre Zuchthaus beantragt. – Das Kolleg der Ärzte (BT, 7. August 1926)

Vor dem Urteil im Flessa-Prozess. Der letzte Verhandlungstag (BT, 7. August 1926)

»Das Perlenhalsband der Kaiserin Zita«. Wenn Damen Geschäfte machen... (BT, 19. August 1926)

Der Kampf um die Fahne. »Politik« vor Gericht (BT, 25. August 1926)

Heiratsgeschäfte. Der Vertrag, die Zumutung und die Nötigung (BT, 5. September 1926)

Freunde (BT, 16. September 1926)

Der zweite Spritprozess. Persönliches und Dienstliches aus dem Hauptzollamt (BT, 18. September 1926)

Der Ehevertrag. Eine Szene aus Moabit (BT, 22. September 1926)

Die ererbte Liebesraserei. Zwei Schüsse auf dem Treppenflur (BT, 24. September 1926)

Der juristische Ausschnitt. Wem Bell ein Amt gibt, dem gibt er auch ein Gewand (BT, 26. September 1926)

Der leibhaftige Unfug vor Gericht. Die Geschichte von dem Mann, der kein Mann sein will (BT, 29. September 1929)

Der Gentleman Wald. Eine Zeugenvernehmung, die keine wurde (BT, 30. September 1926)

Prozesse ums tägliche Brot. Die »Schwarzfahrt« (BT, 7. Oktober 1926)

Der seltsame Räuber Güldenstern. Ein Stegreifdichter ohne Geld (BT, 9. Oktober 1926)

Rassereinheit am Richtertisch. Die Vorgeschichte einer üblen Nachrede. Ein Beleidigungsprozess nach der Ehescheidung (BT, 23. Oktober 1926)

Komödie um einen Irren. Der Abschriftsteller und Arrangeur, ein Paragraph und eine goldene Uhr (BT, 4. November 1926)

Moderne Gretchentragödie. Mädchen - Liebhaber - Arzt - Hebamme (BT, 5. November 1926)

Nachkriegsehe (BT, 9. November 1926)

Der Liebeswechsel (BT, 12. November 1926)

Paradoxa (BT, 16. November 1926)

Der Rezitator vor Gericht (BT, 20. November 1926)

Moabiter Bilderbogen. Kampfhähne vor Gericht (BT, 23. November 1926)

Hochstaplerinnen und Betrüger. Die Kumpane (BT, 24. November 1926)

Kinder nach Bedarf. Eine Geschichte von zehn Kindern, die nicht geboren sind, von einem »zehnfachen Vater« und von zehn kinderlosen »Müttern«... (BT, 9. Dezember 1926)

Ein Schuss in der Laube. Der Mordprozess Schwarz-Lietzkow (BT, 10. Dezember 1926)

Moabiter Bilderbogen. Was für ein Tag... (BT, 28. Dezember 1925)

Erfinderschicksal. Szene aus Moabit (BT, 30. Dezember 1926)

1927

Politik in der vierten Klasse. Auch ein Prozess um die Schwarze Reichswehr (BT, 27. Januar 1927)

Die Schönheit (BT, 29. Januar 1927)

Die Schuldnerin (BT, 30. Januar 1927)

Irrungen, Wirrungen... Fräulein Käthes »Scheidungsklage«, und der falschen Baronin Glück und Ende (BT, 2. Februar 1927)

Der Reiter auf dem Regenbogen. Wieder einmal der rote Tausender vor Gericht (BT, 5. Februar 1927)

Der Fall Machan-Kolomak. Das Mädchen, seine Umgebung und sein »Fall«. Von unserer Sonderkorrespondentin (BT, 16. Februar 1927)

Der Angler. Zwei Männer und eine Frau (BT, 26. Februar 1927)

Zuchthausstrafe für eine Siebzigjährige. Am Ende der Tage (BT, 3. März 1927)

Das Narrenhaus. Eine anonyme Anzeige (BT, 6. März 1927)

Von außen und von innen. Berliner Haus. Der Ehezerrütter, die Wasserleitung, die Angetrauten (BT, 8. März 1927)

Rechtliche Klarstellung mit Unhöflichkeit. Der Brief an den Mieter Meyer und was dafür bezahlt werden musste (BT, 9. März 1927)

Der achtzehnjährige Krieg (BT, 10. März 1927)

Nach 27jähriger Ehe. Zwei Schüsse in der Nacht (BT, 15. März 1927)

Gestalten aus dem Femeprozess. Gespenster (BT, 25. März 1927)

Firma Hund und Co. Prima Einbrüche auf Bestellung. Auch eine Agentur... (BT, 26. März 1927)

Der alte Kutscher und die »neue« Zeit. Ein Chauffeur unter Anklage fahrlässiger Tötung (BT, 29. März 1927)

Die »Existenz« und die Beamtenbestechung. Ein »kriminalistischer Streifzug« und seine Folgen (BT, 1. April 1927)

Der »Verwandte des Herrn Professors«... und wie ein hübscher Nachmittag enden kann (BT, 12. April 1927)

Wieder Frau Hauptmann Holz. Der dritte Prozess vertagt (BT, 28. April 1927)

Szenen aus Moabit. Die Sphinx aus der Grenadierstraße (BT, 30. April 1927)

Die weibliche Psyche (BT, 18. Mai 1927)

Der Fünfzehnjährige. Der Mord von Oranienburg nochmals vor Gericht (BT, 24. Mai 1927)

Molnar und die Telefonistin (BT, 25. Mai 1927)

»Stellvertreter Gottes«. Ein Hochstapler vor Gericht (BT, 1. Juni 1927)

Die Hündin Barbara. Ein Prozess um das Alter und die Beschaffenheit einer Hundedame (BT, 11. Juni 1927)

»Vom Leben getötet«. Beginn des Prozesses Kolomak. Verhandlung unter Ausschluss der Öffentlichkeit (BT, 15. Juni 1927)

Lisbeth Kolomaks Lebenswandel. Aussage gegen Aussage. Der zweite Tag im Bremer Kuppeleiprozess (BT, 16. Juni 1927)

Die Freunde der Lisbeth Kolomak. Zeugenvernehmung im Bremer Prozess (BT, 16. Juni 1927)

Zusammenstöße im Kolomak-Prozess. Die Zeugin Lotte (BT, 16. Juni 1927)

»Schwöre nur einen Meineid…«. Die weitere Zeugenvernehmung in Bremen (BT, 17. Juni 1927)

Jahrgang 1907. Der Prozess Kolomak. I Die Eltern und die Kinder. II Das Verfahren (BT, 16. Juni 1927)

Nach dem Urteil im Prozess Kolomak (BT, 18. Juni 1927)

Aufstieg. Das Mädchen Piroschke (BT, 24. Juli 1927)

Montag und Donnerstag Überfall. Heimkehr zu den deutschen Belangen (BT, 11. August 1927)

Um einen Hund… Ein Zusammenstoß auf der Straße, ein rätselhafter Todesfall und ein völlig unverständliches Urteil (BT, 30. August 1927)

Eheidyll. Eine handgreifliche »Familienszene« und ein sonderbares Urteil (BT, 20. September 1927)

Zwischen Tür und Angel. Sehnsucht nach dem Café ist manchmal Hausfriedensbruch (BT, 23. September 1927)

Der Lügner. Dr. Hackbarth und sein Aufenthalt im »Lazarett« (BT, 24. September 1927)

Bestraft, weil vorbestraft… Unverständliche Gerichtsurteile (BT, 25. September 1927)

Cavalleria rusticana (BT, 6. Oktober 1927)

Der Unduldsame (BT, 13. Oktober 1927)

Das arme Mädchen (BT, 20. Oktober 1927)

Bettler. Überfall der keiner war (BT, 27. Oktober 1927)

Das Vergnügen. Wenn man auf der Straße zärtlich umarmt wird (BT, 30. Oktober 1927)

Die Fragen des Staatsanwalts. Eine Feststellung (BT, 3. November 1927)

Streiflichter zum Breslauer Mordprozess. Schuldig oder nicht? (BT, 4. November 1927)

Nach dem Freispruch. Streiflichter vom Breslauer Prozess (BT, 7. November 1927)

Der Totschlag um das Osterei. Das Dummchen (BT, 19. November 1927)

Zwei heitere Freisprüche. Eine falsche Unterschrift und eine falsche Aussage (BT, 20. November 1927)

Der gesteinigte Nebenbuhler (BT, 30. November 1927)

Der Widerstand (BT, 3. Dezember 1927)

»Frau Groß«. Auch ein Meineidsprozess (BT, 7. Dezember 1927)

Die Geschäfte der Frau Ohlerich. Ein Rattenkönig von Prozessen um 45 Mark (BT, 9. Dezember 1927)

Sensation im Prozess Kolomak. Verhandlung bis zum Frühjahr vertagt. Ein in Amerika lebender Zeuge muss vernommen werden (BT, 16. Dezember 1927)

Alfred Döblin vor Gericht. Der Zahnarzt und der Dichter (BT, 21. Dezember 1927)

Zwischenfall im D-Zug-Seitengang. Die »Internationalen« (BT, 30. Dezember 1927)

1928

Der Wunschtraum eines Preußen. Eine Bahnschutzmarke, Gewaltfimmel und Autoritätsglaube (BT, 6. Januar 1928)

Herrn Blanks Erlebnis. Das gestörte Tiergarten-Rendezvous (BT, 7. Januar 1928)

Hoffen und Harren... Die »solide Basis« und die Vorschüsse auf die Seligkeit (BT, 8. Januar 1928)

Das Postamt als Liebestempel (BT, 12. Januar 1928)

Zwei Bankdirektoren vor dem Kadi. »Versuchte Erpressung« (BT, 21. Januar 1928)

Die Sühne. Was soll man mit der gebrochenen Ehe machen? (BT, 27. Januar 1928)

Zwei rote Rosen… Ein zarter Kuss und Hohn auf Spartakus (BT, 18. Februar 1928)

Der verborgte Brillantring (BT, 23. Februar 1928)

Straßenbahnszene mit juristischen Folgen. Der junge Schaffner und sein alter Fahrgast (BT, 29. Februar 1928)

Tegel – Klein-Kleckersdorf. Kleiner Moabiter Bilderbogen (BT, 21. März 1928)

Das Rendezvous. Geschichte vom Frühling und von der Einsamkeit (BT, 20. April 1928)

Kampf um eine Wohnung (BT, 21. April 1928)

Die Raben. Ein Sittenbild aus dem Tiergartenviertel (BT, 29. April 1928)

Der Prozess gegen die Hellseherin. »Detektei animismus« (BT, 1. Mai 1928)

In Trance vor dem Richtertisch. Somnambules Gespräch im Gerichtssaal. Frau Günther-Geffers, die Hellseherin (BT, 3. Mai 1928)

Moabiter Bilderbogen. Die Frau, der Mann und das Geld (BT, 8. Juni 1928)

Bigamie (BT, 13. Juni 1928)

Der Phantast (BT, 17. Juni 1928)

Das Urteil gegen Vogeler (BT, 20. Juni 1928)

Moabiter Bilderbogen. Wer war es? – Das Geld vor dem Kadi (BT, 23. Juni 1928)

»Beweise« (BT, 30. Juni 1928)

Moabit. Drei Stühle aus Nussbaum (BT, 21. Juli 1928)

Der beleidigte Rechtsanwalt. Ein aufgeregter Mann vor Gericht (BT, 25. Juli 1928)

Die Teufelsnadel. Ein Landhaus für ein Abenteuer (BT, 1. August 1928)

Die Teufelsnadel. Eine Journalistengeschichte (unveröffentlichtes Typoskript o. D., Fortsetzung von »Die Teufelsnadel« vom 1. August 1928. Nachlass Tergit, DLA Marbach)

Er ist an allem schuld (BT, 7. August 1928)

Schiller markiert Einbruch. Aber: Wer andern eine Grube gräbt, fällt selbst hinein (BT, 7. August 1928)

Armes Ehegespons (BT, 17. August 1928)

Herr über Leben und Tod. Der Richter i. V. und die Gerichtskosten (BT, 19. August 1928)

Vier Wochen Gefängnis… Kleine Auswahl von Taten, die für diese Strafe zu begehen sind (BT, 5. September 1928)

Syndikus der Taschendiebe (BT, 13. September 1928)

Der lebende Leichnam (BT, 13. September 1928)

Hexenverbrennung (BT, 18. September 1928)

Freundschaft am Wedding (BT, 26. September 1928)

Ohne Verteidiger (BT, 29. September 1928)

Wochenmarkt (BT, 7. Oktober 1928)

Der Streber. Tragödie des Mannes, der Feldwebel werden wollte (BT, 11. Oktober 1928)

1929

Schuld und Sühne. Zweierlei Schuld, zweierlei Sühne… (BT, 17. Februar 1929)

Paragraph 218. Ein Fall aus tausend Fällen (BT, 23. Februar 1929)

Frau Heiduck. Urteil im Moabiter Totschlagsprozess: 2 Jahre Gefängnis (BT, 9. März 1929)

Ein falscher Name und eine vergessene Lenkstange (BT, 16. März 1929)

Der »Misthund« (BT, 26. März 1929)

Um Binders Tod. Die Privatklage der Erben (BT, 9. April 1929)

Kampf um ein Kind. Das Herz gegen den Paragraphen (BT, 10. April 1929)

Krankheit Liebe. Der Chauffeur und die Frau (BT, 12. April 1929)

Geist auf Raten (BT, 13. April 1929)

Nachtwächter und Schullehrer (BT, 21. April 1929)

Der Erfinder. Was würde heute aus Werner von Siemens? (BT, 27. April 1929)

Kamel in Beige (BT, 30. April 1929)

Der Sohn einer Magd. Tragödie der Arbeitslosigkeit (BT, 12. Mai 1929)

»Sie sind ja verrückt!«. Der Erniedrigte und Beleidigte (BT, 19. Mai 1929)

MOABIT. Zwei Prozesse um eine ungehörige Redensart (BT, 24. Mai 1929)

Die Spitzel-Zentrale. Auftakt zum Orlow-Prozess (BT, 12. Juni 1929)

Angeklagter Stinnes (BT, 18. Juni 1929)

Der lebende Leichnam. Quod est in actis... (BT, 13. Juli 1929)

Berlichingen contra Bajonette. Die Reichswehr und der Kohlenmann (BT, 20. Juli 1929)

Der »letzte Ritter«... und das Mädchen, das die Einnahmen bekam (BT, 25. Juli 1929)

Weh' dem, der liebt. Der kurze Prozess Monroy (BT, 2. August 1929)

Moabit oder Der Kotau (von Christian Thomasius, WB, 13. August 1929)

Die schweigende Frau (BT, 17. August 1929)

Die Toten-Klage. Niesebeins Selbstmord und unfreiwilliges Fortleben (BT, 20. August 1929)

Um ein paar Mark. Der Trick mit den falschen Ausweisen (BT, 24. August 1929)

Kleiner Tag in Moabit (BT, 28. August 1929)

Zwei Urteile. Darf ein Automobilist einen ungezogenen Jungen züchtigen? (BT, 30. August 1929)

Die Felle auf dem Bahnhof. Gesunde Pleite mit Reserven (BT, 3. September 1929)

Ein »besserer Herr«. Der alte Trick der Heiratsschwindler (BT, 6. September 1929)

Für 15 Mark Seide. Der Coupon in der Einholetasche (BT, 8. September 1929)

»Erfolgs-Mappe« (BT, 10. September 1929)

Erbverein Emmerich. Um die Millionen der Astors (BT, 14. September 1929)

Ist Alter Krankheit? (BT, 21. September 1929)

Tragödie eines Vaters. Darf ein Selbstmörder sein Kind mit in den Tod nehmen? (BT, 24. September 1929)

Zwei Brandstiftungen. Komplizierte Prozesse. – Cherchez la femme (BT, 26. September 1929)

Der rebellierende Erfinder. Ein Freispruch und eine neuartige Urteilsbegründung (BT, 13. Oktober 1929)

Mord wegen Unordnung. Giftgas über die Ehefrau (BT, 18. Oktober 1929)

Gretchen-Tragödie. Der Osterspaziergang ins Mittelalter (BT, 20. Oktober 1929)

Prozess um Caligula. Der Prozess um den englischen Zuchthengst (BT, 31. Oktober 1929)

Der Fall Langanke. Die Wiederaufnahme des Blutschande-Prozesses (BT, 2. November 1929)

Der natürliche Vater? Prozess Langanke, zweiter Tag (BT, 3. November 1929)

Musikerbörse. Posaune, Zither und Saxophon in Moabit (BT, 9. November 1929)

Merkwürdige Existenzen. Höhensonne und Verführung (BT, 13. November 1929)

Der Diebstahl im Zuge. Hat man die richtigen Taschendiebe gefasst? (BT, 15. November 1929)

Das Gift. Der Vater, der Freund und eine Achtzehnjährige (BT, 1. Dezember 1929)

Hosea in Staaken (BT, 4. Dezember 1929)

Kindesmord (BT, 5. Dezember 1929)

Die Heiratsschwindlerin. Eine Fünfundfünfzigjährige und ihre vier Verehrer (BT, 8. Dezember 1929)

Kindesmord aus Irrtum. Eine Postkarte und zwei Analphabeten (BT, 10. Dezember 1929)

Eltern vor Gericht. Gefängnis-Urteil im Prozess Schmiedel (BT, 11. Dezember 1929)

Wunschträume. Der letzte Gerichtstag im alten Jahr (BT, 31. Dezember 1929)

1930

Zweierlei Deutsch. Vom Leerlauf der Justiz (BT, 10. Januar 1930)

Kleiner Telefonkrieg (BT, 18. Januar 1930)

Lieber Geld als Adel. Um eine Witwenpension (BT, 18. Januar 1930)

Wenn man fahrlässig schwört... (BT, 23. Januar 1930)

Zärtlicher Briefwechsel. Oder Jahrgang 1904 (BT, 25. Januar 1930)

Männerraub und Frauenrecht. Wenn die beste Freundin... (BT, 26. Januar 1930)

Drei Prozesse. Große Betrüger, kleine Betrüger, mittlere Betrüger (BT, 31. Januar 1930)

Zigeunerweisen. Wahrsagen und Beschwören ist noch immer ein gutes Geschäft (BT, 7. Februar 1930)

Medizin aus den Sternen. »Nervus atropathicus« mit Bewährungsfrist (BT, 25. April 1930)

Wo ist Wahrheit? Streiflichter aus Moabit (BT, 29. April 1930)

Der politische Sprachschatz (BT, 1. Mai 1930)

Heiratsantrag: Kein Spaß. Skizze aus Moabit (BT, 7. Mai 1930)

Gesellschafts-Skandal. Ohrfeigen oder Faustschlag? (BT, 9. Mai 1930)

70 Pfennige – und drei Monate Gefängnis (BT, 13. Mai 1930)

König Lear an der Havel (BT, 25. Mai 1930)

Wozu ist ein Freund verpflichtet? Nicht beschenken, sondern abrechnen (BT, 27. Mai 1930)

Die Betrügerin. Ein alltäglicher Fall aus Moabit (BT, 20. Juni 1930)

»Dirne« aus Hass. Meineid, – damit der Mann wegen Zuhälterei verurteilt wird (BT, 29. Juni 1930)

Die Dame (BT, 6. Juli 1930)

Moabiter Bilderbogen. Der Romantiker. Nächtliche Zwiesprache. Die Absteige G.m.b.H (BT, 9. Juli 1930)

Moabiter Addition. 50 Mark + ein Ring + ein getäuschtes Herz = fünf Monate Gefängnis (BT, 12. Juli 1930)

Sieben Angeklagte. »Ich habe auf alle Fälle den Mann auch noch gegen den Kopf geschlagen.« (BT, 16. Juli 1930)

Nach dem Urteil (BT, 17. Juli 1930)

»Helden« der Straße. Erwachende oder verwahrloste Jugend? (BT, 17. Juli 1930)

Das gestotterte Kaninchen. Eine Frau macht sich selber unglücklich (BT, 20. Juli 1930)

Jugend-Tragödie. Dramatische Szenen vor den Neuköllner Schöffen (BT, 30. Juli 1930)

Die verstopfte Düse. Seltenes Beispiel von der Treue eines Automobils (BT, 28. August 1930)

»Kameraden« (BT, 3. September 1930)

Mietswucher? Deckt das Strafgesetz Verordnungen, die sich dauernd ändern? Streit um den Baukosten-Zuschuss (BT, 5. September 1930)

Nächtlicher Buch-Handel. Sonderbare Angeklagte in einem alltäglichen Prozess (BT, 7. September 1930)

Die alte Waschfrau. Privatissimum über Berliner Waschküchen (BT, 11. September 1930)

Wut. Viereinhalb Stunden im Vorzimmer sitzen kostet 75 Mark (BT, 12. September 1930)

Korf nicht existent (BT, 14. September 1930)

Kommunisten vor Gericht (BT, 19. September 1930)

Die natürliche Mutter. Zwei Frauen unter Anklage der Kindes-Entführung (BT, 21. September 1930)

Täter oder Opfer? Mordprozess aus dem Schwurgericht (BT, 26. September 1930)

»Wohltäter« aus Wut. Der Raub im Bezirksamt vor Gericht (BT, 27. September 1930)

Paul Ottos Verwandlung. Prozess um einen Namen (BT, 28. September 1930)

Krankheit Liebe (BT, 4. Oktober 1930)

Nachuntersuchung. Das Problem der Vertrauensärzte (BT, 18. Oktober 1930)

Moabiter Skizzen (BT, 31. Oktober 1930)

Modernes Märchen. Erzählungen nachts um halb vier (BT, 12. November 1930)

Verführte Verführerin. Fünf Monate Gefängnis für die »tolle Lissy« (BT, 29. November 1930)

Die Erbschaft. Das Märchen vom reichen Onkel aus Nebraska (BT, 10. Dezember 1930)

Strafe: 375 Mollen. »Viel Geld« in zweierlei Gestalt (BT, 13. Dezember 1930)

Der »Goldmacher« von Hilden. Geniale Tricks des Färbers Kurschildgen. Alchimisten-Prozess in Düsseldorf (BT, 17. Dezember 1930)

Kantinen im Monde. Oder – männliche Milchmädchenrechnung (BT, 18. Dezember 1930)

Das Scheuen-Urteil. Fürsorge-Problem vor dem Landtag (BT, 19. Dezember 1930)

Frauenfreund. Der Mann, der »glücklich« machte (BT, 21. Dezember 1939)

Alter Mann. Ein kleiner, trauriger Prozess (BT, 24. Dezember 1930)

Blutrausch. Die Folgen des Polizeiknüppels (BT, 31. Dezember 1930)

1931

Die Spieler. 3000 Prozent Zinsen in Monte. – System und Vertrag (BT, 6. Januar 1931)

Das Recht auf Scheidung. Die Ehetragödie vor dem Schwurgericht (BT, 9. Januar 1931)

Der Schwachsinnige (BT, 9. Januar 1931)

Paragraph 218... Abtreibungsprozess ohne Frauen (BT, 14. Januar 1931)

Ebeling und die Erinnye. Von einem Pumpgenie, einer falschen Dollarnote und einer Frau (BT, 15. Januar 1931)

»Ich mache alles mit den Beinen«. Curt Bois vor Gericht (BT, 17. Januar 1931)

Sänger-Krieg (BT, 17. Januar 1931)

Den Falschen erwischt. Wenn man jemand auf eine Reise nach Sibirien schicken möchte (BT, 21. Januar 1931)

Kettenbriefe... Scherz, tiefere Bedeutung oder grober Unfug? (BT, 22. Januar 1931)

Ein paar Schläge... Richter über Kinder-Züchtigung (BT, 29. Januar 1931)

Kleine Strafe – große Strafe. Ein Urteil und eine Rechnung (BT, 1. Februar 1931)

Der Gas-Sparer. Eine Düse, Psychologie und das vergessene Notizbuch (BT, 8. Februar 1931)

Die spanische Fliege. »Alles um Marion« (BT, 12. Februar 1931)

Der Prozess der Fleißerin. 30 Mark Geldstrafe (BT, 15. Februar 1931)

Moabiter Bilderbogen. Die Geschichte einer Wahlfälschung. – Nelly und der Wachtmeister (BT, 25. Februar 1931)

Apostel Paulus auf Reisen. Von Sauerkohl- und Blumenkohlohren (BT, 27. Februar 1931)

Die Eltern schwiegen. Der neue Totschlags-Prozess in Moabit (BT, 3. März 1931)

Ein Kriminalbeamter wurde geholt... Er half – und kam auf die Anklagebank (BT, 4. März 1931)

Geburten-Regelung? Ein Prozess um »unzüchtige Mittel« (BT, 8. März 1931)

Die Phantastin. Freispruch: »Ein Fall außerhalb jeder Norm.« (BT, 11. März 1931)

Der Bar-Mixer. Ist das Gefängnis eine Erziehungs-Anstalt? (BT, 14. März 1931)

Affäre um Pferdefleisch. Intrigenspiel in der Wirtshausküche (BT, 17. März 1931)

Das Zwischengeschöpf. Herr Fräulein Otto und seine Frau (BT, 20. März 1931)

Ehebruch. Ist die verweigerte Aussage immer ein Schuldbeweis? (BT, 22. März 1931)

Diebe. Ein Fingerabdruck genügt. – Der Chef und die Wäsche (BT, 29. März 1931)

Moabiter Skizzen. Das Leben der Taschendiebe (BT, 8. April 1931)

Einbruch auf Bestellung. Oder: »Berlin Alexanderplatz« (BT, 10. April 1931)

Ein leichtes Gewerbe. Kaum gekannt, schon geküsst... Heiratsschwindel, ein Kinderspiel (BT, 11. April 1931)

Helden der Straße. Zwei Prozesse gegen nationalsozialistische Rowdies (BT, 21. April 1931)

Der Meineidsprozess. Schwere Strafe. – Ursache: Klatsch (BT, 23. April 1931)

Schmiergelder. Der Fall Matthiessen vor Gericht (BT, 23. April 1931)

Die »Dada« der Prominenz. Filmkünstler brauchen eine Kinderfrau (BT, 25. April 1931)

Mutter – Tragödie. Frau Lonny Barth freigesprochen (BT, 28. April 1931)

Atmosphäre der Missbilligung (von Christian Thomasius, WB, 5. Mai 1931)

Die Willensfreiheit. Der Oberlandjäger will reformieren (BT, 8. Mai 1931)

Der Totschläger. Wie ein Freudenmädchen mit der Notverordnung in Konflikt kam (BT, 14. Mai 1931)

Paragraph für Erpresser. Wenn einem Frauenarzt das Krankenjournal gestohlen wird (BT, 17. Mai 1931)

Die Berliner Rasse. Kolleg im Scheuen-Prozess (BT, 21. Mai 1931)

Gastspiel in Potsdam. Maria Paudler, angeklagt und freigesprochen (BT, 21. Mai 1931)

Zwei Detektivinnen. »Sie brachte Blumen mit und Früchte.« (BT, 23. Mai 1931)

Nachtgespenst vor Gericht. Die Kehrseite der Romantik (BT, 29. Mai 1931)

Späte Sühne. Elf Jahre nach der Tat auf der Anklagebank (BT, 7. Juli 1931)

Oedipus-Komplex. Der Totschlag am Adoptivsohn (BT, 8. Juli 1931)

Auf dem grünen Rasen gestrauchelt. Drei Monate Gefängnis für den bestochenen Kriminalbeamten (BT, 10. Juli 1931)

Kapitel Unterwelt. Schwerverbrecher und Chauffeure (BT, 11. Juli 1931)

Die Astral-Branche. Sterndeuter untereinander (BT, 14. Juli 1931)

Selbstjustiz. Alt-Landsberg ist weit weg von Berlin (BT, 15. Juli 1931)

Geld ohne Chance. Was macht man mit unterschlagenen 140000 Mark? (BT, 19. Juli 1931)

218 ohne Not. Sittenbild aus Moabit (BT, 22. Juli 1931)

Die 49er Urkunde. Der Dieb aus dem Reichstag zu Gefängnis verurteilt (BT, 29. Juli 1931)

Geld ist Schicksal. Die ungewöhnliche Straftat eines Justizangestellten (BT, 1. August 1931)

Die Gefangene. Teils von Bourdet, teils aus Berlin O (BT, 5. August 1931)

Geist und Kriminalität. Der Mann, dem nur im Gefängnis was einfällt (BT, 7. August 1931)

Das Plagiat (BT, 14. August 1931)

Begräbnis der Liebe. Einige Stunden in einer Ehescheidungskammer beim Landgericht I (BT, 16. August 1931)

Plünderung oder Mundraub? (BT, 20. August 1931)

Der Freund (BT, 22. August 1931)

Bauerntragödie (BT, 29. August 1931)

Moabit. Edle Motive = 1 Jahr Zuchthaus (BT, 1. September 1931)

Am Rande des Gerichts. Von Zuhörern und Wachtmeistern (BT, 2. September 1931)

Ein Tor ärgert sich. Beleidigungs-Prozess um eine Mietskaserne (BT, 8. September 1931)

Der Schwindler. »Lerne klagen, ohne zu leiden« (BT, 12. September 1931)

Der Raubüberfall auf den Briefträger Assatz vor Gericht (BT, 16. September 1931)

Sensation! Sensation! Unterwelt, die keine war (BT, 20. September 1931)

Das Urteil des Richters Tolk (BT, 25. September 1931)

Das Mädchen. Ein Bild aus Moabit (BT, 30. September 1931)

Wiederaufnahme beantragt. Die Tragödie eines Landarztes. – Opfer des Konkurrenzkampfes (BT, 2. Oktober 1931)

Pommern! – Beleidigung? Aus welchem Land darf man nicht sein? (BT, 11. Oktober 1931)

Geld allein… Moabiter Totschlags-Prozess (BT, 15. Oktober 1931)

Nachspiel. Der Mann, der ins Gefängnis wollte (BT, 25. Oktober 1931)

Der 5 Uhr-Tee (BT, 31. Oktober 1931)

Staatsanwalt Hagedorn. Nachspiel zu dem Roman »Mechtildis« (BT, 5. November 1931)

Opfer. Sascha von der nationalen Opposition fälscht den Wahlzettel (BT, 12. November 1931)

Der Wilderer aus Berlin (BT, 14. November 1931)

Die Aufgeregten. Oder: Verlängerter Beleidigungsprozess mit Scharfschießen (BT, 17. November 1931)

Verhängnisvolles Geld. Bild aus Moabit (BT, 20. November 1931)

Die sinnlose Tat. Bild aus Moabit (BT, 22. November 1931)

Der Wunschtraum. Bild aus Moabit (BT, 24. November 1931)

Wer schießt aus Liebe? (BT, 5. Dezember 1931)

Atmosphäre des Bürgerkriegs (BT, 18. Dezember 1931)

1932

Wilhelm der Dritte erscheint in Moabit (WB, 26. Januar 1932)

Die Schuhe sind schuld. Der Mann aus Buch kauft sich einen
  Revolver (BT, 28. Januar 1932)

Armes Kind... Mitleid in Moabit (BT, 5. Februar 1932)

Justiz zerbricht sich den Kopf. Amsel und Drossel derselbe
  Vogel! – Kein Gastrecht für Piepmätze (BT, 7. Februar 1932)

Frauen im Gerichtsgebäude (*Weltspiegel*, Wochenendbeilage des
  BT, 21. Februar 1932)

Moritz Rosenthal (WB, 22. März 1932)

Brolat (WB, 5. April 1932)

Der Richter Keßner (WB, 12. April 1932)

Expertendämmerung (WB, 19. April 1932)

Felsenecke (WB, 3. Mai 1932)

Sklareks, die sympathischen Menschen (WB, 17. Mai 1932)

Soelling (WB, 24. Mai 1932)

Pastor Cremer (WB, 31. Mai 1932)

Wer schwindelt Heirat? (BT, 5. Juni 1932)

Ob Jud oder Christ (WB, 28. Juni 1932)

Bürgerkriegsgericht (WB, 6. September 1932)

Bettler (WB, 20. September 1932)

Die Kronzeugin (WB, 27. September 1932)

Freigesprochen (WB, 11. Oktober 1932)

Landarbeiter (WB, 20. Dezember 1932)

Deutsche Besprisornis (WB, 27. Dezember 1932)

1933

Brolat (WB, 28. Februar 1933) (Bericht über die weitere Vernehmung)

1949

Der erste Tag im Veit-Harlan-Prozess (NZ, 4. März 1949)
Zum Harlan-Prozess (unveröffentlichtes Typoskript, 4. März
1949, Nachlass Tergit, DLA Marbach)

Inhaltsverzeichnis

Die Sittlichkeit auf der Leiter 7

Der Mann, der die Zeit verstand. Der Hochstapler
Oertel-Egglofstein 9

Jahrgang 1903. Unterschlagung, Betrug, Urkundenfälschung 12

Kaffeehaus und Falschmünzer. Ein Prozess aus der
Inflationszeit 14

Das hypnotisierte Mädchen. Die verschwundene Uhr
und der große Unbekannte 15

Das umstrittene Datum. Viel Lärm um nichts 18

Die Tragödie der alten Jungfer. Die Lehrerin Stegemann
vor Gericht 20

Der Mord am Scharmützelsee 22

Der Held im Spiegel 25

Gereiztheiten. Idyll aus einem völkischen Café 27

Swetana, das Mückenmittel 29

Der Überfall auf die Chinesen. Das gerichtliche
Nachspiel. Drei Monate Gefängnis für die Angreifer 31

Die falsche Dollarnote 33

Brandstiftungen 35

Russische Falschmünzer vor Gericht. Emigrantenschicksale 38

Der Invalide 41

Die große Hilflosigkeit 43

Nachtgestalten. 22 Kokainhändler vor Gericht 45

Die »Perle« 47

Der Radiomeineid. Die »leibhaftige Gemeinheit«
vor Gericht 49

Die unnatürliche Tochter 51
Viel Lärm um einen Auflauf. Ein Prozess um acht Mark,
    das Prinzip und den »Geist der Gemeinschaft« 53
Völkische »Helden«. Ein Prozess wegen Widerstandes
    gegen die Staatsgewalt und ein Vorsitzender,
    der sich alles gefallen lässt 55
Die Doppelgängerin 57
Der Angeklagte Peters 60
Versunkene Zeiten. Ein Inflationsprozess 62
Die große Rede eines kleinen Mannes. Es war einmal
    eine Revolution... 64
Moabiter Bilderbogen. Skizzen aus Berliner
    Gerichtssälen 66
Gotteslästerung. Ein seltsamer Prozess 69
Das internationale Papier. Passvergehen vor Gericht 71
Der Kampf um die Fahne. »Politik« vor Gericht 74
Rassereinheit am Richtertisch. Die Vorgeschichte einer
    üblen Nachrede 76
Paradoxa 79
Politik in der vierten Klasse. Auch ein Prozess um die
    Schwarze Reichswehr 80
Die Schönheit 82
Die Schuldnerin 84
Der Reiter auf dem Regenbogen. Wieder einmal der
    rote Tausender vor Gericht 86
Der Fall Machan-Kolomak. Das Mädchen, seine
    Umgebung und sein »Fall« 88
Gestalten aus dem Femeprozess. Gespenster 99
Der alte Kutscher und die »neue« Zeit. Ein Chauffeur
    unter Anklage fahrlässiger Tötung 105
Die weibliche Psyche 107
Nach dem Urteil im Prozess Kolomak 109

Montag und Donnerstag Überfall. Heimkehr zu den
	deutschen Belangen															113
Zwischen Tür und Angel. Sehnsucht nach dem Café ist
	manchmal Hausfriedensbruch											115
Der gesteinigte Nebenbuhler												116
Alfred Döblin vor Gericht. Der Zahnarzt und der Dichter		119
Zwei rote Rosen... Ein zarter Kuss und Hohn
	auf Spartakus															121
Tegel – Klein-Kleckersdorf. Kleiner Moabiter Bilderbogen		122
Das Rendezvous. Geschichte vom Frühling und von der
	Einsamkeit																125
Kampf um eine Wohnung													127
Bigamie																		130
Die Teufelsnadel. Ein Landhaus für ein Abenteuer				131
Die Teufelsnadel. Eine Journalistengeschichte
	(unveröffentlichtes Typoskript, Fortsetzung von
	»Die Teufelsnadel«)													133
Syndikus der Taschendiebe												134
Vier Wochen Gefängnis... Kleine Auswahl von Taten,
	die für diese Strafe zu begehen sind								136
Hexenverbrennung														138
Wochenmarkt																140
Paragraph 218. Ein Fall aus tausend Fällen						141
Die Spitzel-Zentrale. Auftakt zum Orlow-Prozess				143
Ein falscher Name und eine vergessene Lenkstange				145
Geist auf Raten															148
Der Erfinder. Was würde heute aus Werner von Siemens?		150
Kamel in Beige															152
Angeklagter Stinnes														153
Berlichingen contra Bajonette. Die Reichswehr und der
	Kohlenmann															157
Weh' dem, der liebt. Der kurze Prozess Monroy					158

Die Toten-Klage. Niesebeins Selbstmord und
  unfreiwilliges Fortleben   161
Gretchen-Tragödie. Der Osterspaziergang ins Mittelalter   163
Musikerbörse. Posaune, Zither und Saxophon in
  Moabit   166
Die Heiratsschwindlerin. Eine Fünfundfünfzigjährige
  und ihre vier Verehrer   168
Kindesmord aus Irrtum. Eine Postkarte und zwei
  Analphabeten   169
Zweierlei Deutsch. Vom Leerlauf der Justiz   172
Kleiner Telefonkrieg   174
Zigeunerweisen. Wahrsagen und Beschwören ist noch
  immer ein gutes Geschäft   177
Der politische Sprachschatz   179
Die Dame   179
Moabiter Bilderbogen. Der Romantiker.
  Nächtliche Zwiesprache. Die Absteige G.m.b.H   182
Moabiter Addition. 50 Mark + ein Ring + ein getäuschtes
  Herz = fünf Monate Gefängnis   184
Nach dem Urteil   186
»Helden« der Straße. Erwachende oder
  verwahrloste Jugend?   187
Die alte Waschfrau. Privatissimum über Berliner
  Waschküchen   191
Wut. Viereinhalb Stunden im Vorzimmer sitzen kostet
  75 Mark   184
Kommunisten vor Gericht   192
Die natürliche Mutter. Zwei Frauen unter Anklage
  der Kindes-Entführung   194
»Wohltäter« aus Wut. Der Raub im Bezirksamt vor
  Gericht   196
Modernes Märchen. Erzählungen nachts um halb vier   198

Kantinen im Monde. Oder – männliche
    Milchmädchenrechnung 200
Paragraph 218... Abtreibungsprozess ohne Frauen 201
»Ich mache alles mit den Beinen.« Curt Bois vor Gericht 203
Der Prozess der Fleißerin. 30 Mark Geldstrafe 204
Der Bar-Mixer. Ist das Gefängnis eine Erziehungs-Anstalt? 206
Helden der Straße. Zwei Prozesse gegen
    nationalsozialistische Rowdies 209
Die »Dada« der Prominenz. Filmkünstler brauchen
    eine Kinderfrau 211
Mutter – Tragödie. Frau Lonny Barth freigesprochen 214
Atmosphäre der Missbilligung 217
Paragraph für Erpresser. Wenn einem Frauenarzt das
    Krankenjournal gestohlen wird 219
Die Berliner Rasse. Kolleg im Scheuen-Prozess 221
Gastspiel in Potsdam. Maria Paudler,
    angeklagt und freigesprochen 223
Zwei Detektivinnen. »Sie brachte Blumen mit und
    Früchte« 224
218 ohne Not. Sittenbild aus Moabit 227
Geist und Kriminalität. Der Mann, dem nur im Gefängnis
    was einfällt 230
Begräbnis der Liebe. Einige Stunden in einer
    Ehescheidungskammer beim Landgericht I. 231
Plünderung oder Mundraub? 235
Am Rande des Gerichts. Von Zuhörern und
    Wachtmeistern 236
Sensation! Sensation! Unterwelt, die keine war 241
Nachspiel. Der Mann, der ins Gefängnis wollte 242
Wer schießt aus Liebe? 243
Atmosphäre des Bürgerkriegs 246
Wilhelm der Dritte erscheint in Moabit 251

Armes Kind... Mitleid in Moabit   253
Frauen im Gerichtsgebäude   256
Felsenecke   258
Sklareks, die sympathischen Menschen   260
Wer schwindelt Heirat?   262
Bürgerkriegsgericht   265
Die Kronzeugin   269
Freigesprochen   271
Landarbeiter   279
Deutsche Besprisornis   284
Brolat   290
Der erste Tag im Veit-Harlan-Prozess   293
Zum Harlan-Prozess (unveröffentlichtes Typoskript)   297

Nicole Henneberg, »Montag und Donnerstag Überfall«   303
Anmerkungen   319
Liste sämtlicher Gerichtsreportagen von Gabriele Tergit   327

Gabriele Tergit

Effingers

Roman

912 Seiten, btb 71972
Herausgegeben von Nicole Henneberg

Die Wiederentdeckung eines Jahrhundertromans

»Effingers« ist ein Familienroman – eine Chronik der
Familie Effinger über vier Generationen hinweg. Außer
dass sie Juden sind, unterscheidet sich ihr Schicksal in
nichts von dem anderer gutsituierter gebildeter Bürger im
Berlin der Jahrhundertwende. Alle fahren sie im sich immer
wiederholenden Lebenskarussell, das sich durch Glück,
Schmerz, Leichtsinn, Erfolg und Scheitern dreht. Erst als der
Nationalsozialismus sich breitmacht, wird aus dem deutschen
Schicksal der Effingers ein jüdisches.

»Sogstoff! Lesen! Wirklich!«
Volker Weidermann, Das literarische Quartett

»Es gibt keinen anderen Roman, der wie dieses Werk, das
untergegangene Berlin und die Welt der jüdischen Berliner
rettet. Er ist von einer verstörenden Wahrhaftigkeit.«
Jens Bisky, Süddeutsche Zeitung

btb

Gabriele Tergit

Käsebier erobert den Kurfürstendamm

Roman

400 Seiten, btb 71556
Herausgegeben von Nicole Henneberg

Berlin im Winter 1929: Ein Zeitungsreporter entdeckt in einem billigen Varieté den Volkssänger Käsebier. Um Eindruck in seiner Redaktion zu machen, schreibt er ihn zum Megastar hoch. Doch wie lange kann der Rausch anhalten?

»Gebannt verschlingt man diesen rasanten Roman. Denn er kann es mit den Büchern von Hans Fallada und Erich Kästner ohne Weiteres aufnehmen.«
NZZ

»Warum erzählt dieser alte Roman besser, aufregender und stimmiger über die deutsche Hauptstadt, als es die meisten Bücher heutiger Autoren tun?«
Der Spiegel

»Ein weiblicher Alfred Polgar – nur leidenschaftlicher.«
Focus

btb

Gabriele Tergit

Etwas Seltenes überhaupt

Erinnerungen

416 Seiten, btb 71920
Herausgegeben und mit einem Nachwort von Nicole Henneberg

Zweifelsfrei gehört Gabriele Tergit zu den bemerkenswertesten
und mutigsten Frauen des 20. Jahrhunderts. Als erste
weibliche Gerichtsreporterin der Weimarer Republik
machte sie anhand scheinbar unbedeutender Fälle auf die
großen Problematiken ihrer Epoche aufmerksam. Aus
der Position einer sozialkritischen Beobachterin heraus
beschrieb sie die Gewalt und den zunehmenden Einfluss der
Nationalsozialisten. Diese setzten Gabriele Tergit ganz oben
auf die Liste politischer Gegner, was sie schließlich zur Flucht
aus Deutschland zwang …

»In Gabriele Tergits Erinnerungen lebt das Berlin der 1920er
Jahre wieder auf, mit allen Kuriositäten und Absurditäten,
gesellschaftlichen Auseinandersetzungen und großen
menschlichen Tragödien.«
Neues Deutschland

»Eine glasklare Sicht auf die Dinge, ein sprühender Geist, ein
Mutterwitz vor dem Herrn.«
Deutschlandfunk Kultur

btb